Ob in Schule, in Unternehmen oder im täglichen Leben: Um der heutigen Informationsflut gerecht zu werden, müssen wir lebenslang lernen. Lernen ist aber nur die halbe Miete. Denn das, was man gelernt hat, kann man auch wieder verlernen. Erst wenn wir Zusammenhänge verstanden haben, können wir dauerhaftes Wissen aufbauen. Der Hirnforscher und Neurobiologe Henning Beck kennt die neuesten wissenschaftlichen Forschungsergebnisse. Anschaulich erklärt er, wie echtes Verstehen unser Denken auf den Kopf stellt. Er hinterfragt Lernmethoden kritisch und zeigt darüber hinaus konkrete Wege für Problemlösungen auf.

HENNING BECK, Jahrgang 1983, studierte Biochemie in Tübingen. Anschließend wurde er an der dortigen Graduate School of Cellular & Molecular Neuroscience promoviert. Er arbeitete an der University of California in Berkeley, publiziert regelmäßig in der *WirtschaftsWoche* und für das *GEO-Magazin*, hält Vorträge zu Themen wie Hirnforschung und Kreativität und ist Autor von *Hirnrissig* (2015) und *Irren ist nützlich!* (2017). Henning Beck lebt in Frankfurt am Main.

Henning Beck

DAS NEUE Lernen

heißt Verstehen

Ullstein

Besuchen Sie uns im Internet:
www.ullstein.de

Wir verpflichten uns zu Nachhaltigkeit
- Papiere aus nachhaltiger Waldwirtschaft und anderen kontrollierten Quellen
- ullstein.de/nachhaltigkeit

FSC
www.fsc.org
MIX
Papier | Fördert gute Waldnutzung
FSC® C021394

Ungekürzte Ausgabe im Ullstein Taschenbuch
1. Auflage Juli 2021
4. Auflage 2024

Umschlaggestaltung: zero-media.net, München
Titelabbildungen: © Hans Scherhaufer
Titelillustration: © dreamstime.com, bearbeitet von Henning Beck
Innenabbildungen 4 bis 7, S. 98 f.: © Elena Groß
Satz: LVD GmbH, Berlin
Gesetzt aus der Aldus nova Pro
Druck und Bindearbeiten: ScandBook, Litauen
ISBN 978-3-548-06457-4

Inhalt

Vorwort

Ich bin gern zur Schule gegangen. Es klingt komisch, aber ich habe es geliebt, neue Sachen zu lernen. Jeden Tag durfte ich was ausprobieren und habe etwas Neues erfahren. Und das auch noch gratis! Was für ein Geschenk. Während für viele meiner Mitschüler der wohl schönste Tag der Schulzeit die Abschlussfeier nach der Übergabe des Abiturzeugnisses war (so wurde es zumindest mehrfach versichert), erinnere ich mich besonders gern an meine Einschulung. Was für ein Tag! Ich durfte endlich dorthin, wo man so viel lernen konnte.

Okay, es gibt drei Gründe für diese positive Erinnerung. Vielleicht hatte ich besonderes Glück mit meinen Lehrern (das kann ich weitestgehend bejahen). Möglicherweise war meine Schule besonders fortschrittlich (nicht unbedingt). Oder ich habe einen an der Waffel. Schließlich hat das Lernen in der Schulzeit heute ein eher durchwachsenes Image. Ein Blick in die deutsche Sprache reicht, um einen Eindruck davon zu gewinnen, wie man über das Lernen denkt. Denn hier wird nicht nur gelernt, sondern gepaukt, gebüffelt, geochst, repetiert, Wissen eingebimst, eingebläut, durchgekaut, eingetrichtert oder sogar eingehämmert. Grundgütiger, Lernen muss offenbar grässlich sein. Zumindest, wenn man es so betreibt, wie es diese Verben nahelegen: Lernen als mechanischer Prozess, bei dem Wissen von A nach B geschafft werden soll.

Lernen ist allgegenwärtig. Ständig muss man sich irgendwo fortbilden, ob schulisch, beruflich oder privat, um auf dem neuesten Stand zu bleiben. Der Fortschritt ist so gewaltig, dass selbst Lern- und Lehrprofis zurückzubleiben drohen. »Lernen ist wie Rudern gegen den Strom, sobald man aufhört, treibt man zurück«, las ich neulich in meinem Poesiealbum. Worte von meinem Grundschulkumpel, der noch nicht ahnen konnte, dass uns heute kein Strom, sondern ein reißender Sturzbach zurücktreibt. Denn die weltweite Informationsmenge wächst atemberaubend schnell. In der Zeit, in der ich diesen Satz hier schreibe, werden auf Facebook gerade knapp 22 Terabyte an Daten generiert, arbeitet Google 1,2 Millionen Suchanfragen ab und bietet YouTube 100 Stunden neue Videos an. Mein Satz hingegen hat nur 210 Bytes. Auch wenn viele der im Internet kursierenden Daten Schrott sind, wer soll mit der stetig wachsenden Menge noch Schritt halten? Kann man überhaupt noch so viel lernen, wie an Informationen erzeugt wird?

Überhaupt: Ist Lernen noch zeitgemäß? Wer vor 15 Jahren vor dem Fernseher bei »Wer wird Millionär?« was nicht wusste, der hat nachgedacht … So richtig mit aktivem Gehirn. Heute ist das zu einem Google-Wettbewerb verkommen. Die Hauptstadt von Madagaskar? Schnell das Smartphone gezückt, und schon ist die Antwort in wenigen Sekunden auf dem Bildschirm.

Aber wenn man alles Wissen überall googeln kann, wozu soll man dann noch etwas auswendig können? Oder lernen? Oder in die Schule, zu einem Ausbildungskurs oder einer Weiterbildung gehen? Braucht doch keiner zu wissen, wann die USA unabhängig wurden, wer den »Zauberlehrling« geschrieben hat oder ob Salzsäure ätzender ist als Salpetersäure. Kann man schließlich schnell nachschlagen. Gewiss, in einer Quizsendung kann man damit vielleicht ein paar Euro abstauben, aber sonst? Irgendwie ist es paradox: Obwohl es permanent so viel Neues gibt in der Welt, erscheint Lernen noch nie so überflüssig wie heute.

Zumal wir vielleicht bald gar nicht mehr die besten Lernenden auf der Welt sind. Jahrtausende konnten wir uns sicher sein, dass wir etwas können, was niemand sonst auf der Welt ähnlich gut beherrscht: nämlich Informationen schnell auszuwerten, abzuspeichern und sich daran anzupassen, sprich: zu lernen. Doch das ändert sich gerade, denn unsere geistige Vormachtstellung wird herausgefordert – von Computersystemen, die angeblich ebenfalls lernen sollen. Nur viel schneller als der Mensch. Wenn das Lernen wirklich darin besteht, eine Menge an eintreffenden Informationen auszuwerten und abzuspeichern, werden wir, so die beunruhigende Prophezeiung, bestimmt schon bald gegen maschinelles Lernen verlieren. Fragen Sie den weltbesten Poker-, Schach-, Go- oder Starcraft-Spieler. Gegen ein maschinell lernendes Spielsystem hat ein Mensch keine Chance mehr. Lernen – das scheint ein Auslaufmodell zu sein, ein prä-digitaler Anachronismus, total von gestern.

Doch keine Sorge. Lernen ist ja schön und gut, aber es ist überhaupt nichts Besonderes. Alle möglichen Lebewesen tun es: Hühnchen lernen, Tiger lernen, Pottwale lernen, sogar Computer lernen – nur wir Menschen, wir können verstehen. Wer etwas gelernt hat, kann es auch verlernen. Wenn man aber etwas einmal verstanden hat, kann man es nicht »ent-verstehen«. Denn Verstehen bedeutet, dass man die Art ändert, *wie* man denkt. Es geht nicht darum, *was* man ins Gedächtnis packt, sondern wie man es verwenden kann. Das ist weitaus wichtiger als das Lernen selbst – und wie ich auf den folgenden Seiten beweisen werde, ist Verstehen etwas, das auf absehbare Zeit Menschen vorbehalten bleibt. Allen Computerfortschritten zum Trotz.

Sie können Hunderte Bücher kaufen, in denen erklärt wird, wie man besser lernt. Es gibt haufenweise didaktische und pädagogische Konzepte, unterschiedliche Schulformen und Bildungsideale – mit dem eigentlichen Verstehen beschäftigt man sich hingegen kaum. Selbst in der Naturwissenschaft fristet das Phänomen des Verstehens ein Schattendasein. Dabei kann doch derjenige, der versteht, Dinge verändern, Ursache und Wirkung erkennen, Neues erschaffen oder Bestehendes hinterfragen. Wer gut lernt, besteht am Ende die Prüfung. Tolle Sache. Doch wer versteht, kann anschließend mit seinem Wissen auch etwas anfangen: Der kann dann neue Informationen nicht nur fehlerfrei abspeichern, sondern aktiv verändern. Der kann Probleme nicht nur effizient abarbeiten, sondern kreativ lösen. Der kann Pläne machen, sich selbst hinterfragen und die Welt gestalten. Denn wer versteht, geht einen Schritt weiter. Verstehen ist der Anfang jeder Veränderung.

Die Wissenschaft vom Verstehen ist natürlich keine Neuerfindung. Schon die antiken Philosophen befassten sich mit dem Phänomen der Erkenntnis, und ganze geisteswissenschaftliche Forschungszweige haben sich auf das Verstehen spezialisiert. Das soll in diesem Buch auch geschehen. Ziel ist es, dass Sie verstehen, was beim Verstehen passiert – und wie das am besten gelingt.

Auch wenn die antiken Erkenntnisphilosophen gewiss kluge Köpfe waren: Dass es ihr eigener Kopf war, der ihre tollen Gedanken hervorbrachte, dachten nicht alle. Heute sind wir schlauer, denn nach allem, was wir wissen, findet der menschliche Verstehensprozess im Gehirn statt – und was für ein Glück: Praktischerweise habe ich genau das studiert. Das hilft, um mit Ihnen auf den folgenden Seiten eine kleine Reise durch die Denk- und Erkenntnisprozesse des Gehirns zu machen. Verstehen kann nicht ohne Lernen gelingen (umgekehrt ist das allerdings durchaus der Fall). Deswegen gibt's zu Beginn des Buches einen Einblick in die Techniken, die ein Gehirn anwendet, um neue Informationen zu lernen und »abzuspeichern«. Natürlich ist Lernen nicht genug, sonst sollten wir wirklich Angst vor selbstlernenden Algorithmen und künstlicher Intelligenz haben. Aus diesem Grund erfahren Sie in Kapitel 2 die besonderen Tricks, die ein Gehirn auf Lager hat, um Wissen und Denkkonzepte zu erzeugen und zu verstehen.

Wie sagte schon Goethe: »Es ist nicht genug zu wissen, man muss es auch anwenden.« Recht hat er, mein Frankfurter

Stadtgenosse, – aus diesem Grund gibt es in Kapitel 3 einen Einführungskurs darüber, wie Verstehen gelingt. Wenn man so will, wird man hier in den wichtigsten »kognitiven Kampftechniken« geschult, mit denen man selbst verstehen und andere verstehen lassen kann. Wer danach weiß, was Wissen ist und wie man es erwirbt (also versteht), der muss sein Wissen nur noch sinnvoll anwenden. Verständnis ist immerhin der beste Nährboden für gute Ideen und Entscheidungen. Aus diesem Grund gibt es im Anschluss noch ein paar Hinweise, wie clevere Bildung gelingen kann und wie man selbst neues Wissen und Ideen entwickelt.

Lernen ist gut, Verstehen ist besser, und überdies genießt das Verstehen einen weitaus angenehmeren sprachlichen Ruf als das Lernen. Man versteht schließlich nicht nur, sondern man kapiert es auch, man begreift, man checkt, schnallt, rafft, peilt, hat den Durchblick oder steigt durch die Sache durch. Als würde man hinter die Kulissen schauen und etwas sehen, was sonst verborgen ist. Das machen wir jetzt auch. Blättern Sie ruhig um, Sie werden überrascht sein.

LERNEN 1

1.1 Wo die Festplatte im Kopf sitzt

Alles Wissen fängt damit an, dass man denkt. Natürlich gibt es viele Lernformen, die kein bewusstes Denken voraussetzen (zum Beispiel das Lernen von automatisierten Bewegungsabläufen), in diesem Buch aber soll es darum gehen, wie wir Informationen bewusst verarbeiten und lernen – um schlussendlich zu verstehen, um was es geht. Verstehen ist ohne Lernen nicht denkbar. Und ohne Denken ist Lernen nicht denkbar. Doch was ist das überhaupt, ein Gedanke in unserem Kopf? Wo versteckt sich das, was wir gelernt haben?

Das Problem mit einem Gehirn ist: Man sieht ihm nicht an, wie es funktioniert. Wenn Sie es aufschneiden und von außen draufschauen, dann sehen Sie anderthalb Kilo Wasser, Eiweiß und Fett. Nicht besonders ansehnlich auf den ersten Blick, aber welche Innerei kann das schon von sich behaupten? Ein solches Gehirn ist ungefähr so groß wie eine große Mango und, wenn letztere sehr reif ist, dann ist auch die Konsistenz recht ähnlich. Schnell drängt sich die Frage auf, die seit Jahrtausenden die Menschen beschäftigt: Wie sollen denn daraus die ganzen Gedanken kommen?

In unserem Alltag sind wir es gewohnt, dass die Dinge einen festen Platz haben. Wenn wir etwas abspeichern wollen, dann legen wir es an einem Ort ab, damit wir es später dort wiederfinden. Sie können einen Goldbarren nehmen, ihn in ein Schließfach einschließen (ihn dort abspeichern) und ihn später wieder herausholen, wenn Sie ihn brauchen. Man speichert Dinge immer irgendwo ab – also muss es fürs Speichern immer einen Ort (einen *Speicherplatz*) geben. Deswegen könnte man annehmen, dass auch unser Gehirn eine Art »Speicherplatz für Informationen« ist. Das mag schon am Wort an sich liegen: »Speicher« leitet sich vom Lateinischen *spicarium* ab – dem Wort für Getreidespeicher, in dem die Getreideähren (lat. *spica*) gebunkert wurden. Jeder Speicherplatz ist deswegen die moderne Form einer antiken Getreidehalle. Vielleicht kommt es daher, dass man vom »Stroh im Kopf« spricht, wer weiß …

Ein Speicher ist also ein Ort. Punkt. Und wenn man etwas abspeichert, dann muss man das an diesem Ort ablegen. Doppelpunkt: Das stimmt für das Gehirn nicht. Wenn Sie einen Goldbarren für viele Jahre in Ihrem Schließfach lassen und ihn dann wieder rausholen, sieht er noch genauso aus wie damals, als Sie ihn eingeschlossen haben. Das ist bei Informationen und Gedanken in Ihrem Kopf anders. Denn diese verändern sich permanent, werden verarbeitet und verfremdet – und liegen auch nicht irgendwo in Ihrem Kopf rum. Das macht die Sache etwas knifflig, wenn man verstehen will, wie das Gehirn Informationen speichert und lernt. Das sind nämlich zwei verschiedene Dinge. Gelerntes verhält sich zum Gedächtnis wie ein leckeres Brot zu einem Getreidespeicher. Nur wenn Sie das Abgespeicherte (ob Informationen oder Getreide) verarbeiten, kommt was Schönes dabei heraus. Diese Verarbeitung ist das Lernen – und das Endprodukt (der Gedanke in Ihrem Kopf) das Gelernte.

Die Musik des Denkens

Sie können in einem Gehirn keine Gedanken finden, auch keine Informationen, keine Erinnerungen, keine Daten, keine Emotionen und kein Wissen. Sie finden bloß Nervenzellen, die miteinander verschaltet sind – und erst ihr Zusammenspiel erschafft das, was wir »Denken« nennen.

Das ist Ihnen zu abstrakt? Stellen Sie sich vor, Sie gehen in ein Konzert. Sie sehen das Orchester vor sich sitzen. Aber niemand spielt. Wenn Sie dieses schweigende Orchester vor sich sitzen sehen, dann haben Sie keine Ahnung, welche Lieder dieses Orchester gerade gespielt hat oder als Nächstes spielen könnte. Ganz genauso verhält es sich bei einem Gehirn: Wenn Sie es aufschneiden, dann haben Sie keine Ahnung, welche Gedanken dieses Gehirn denken kann (wenngleich ein solch aufgeschnittenes Gehirn nicht mehr viel denken dürfte, ein einfacher Fall). Die Struktur eines Systems sagt also noch nicht viel darüber aus, wie das System funktioniert. Kein Mensch kann beim Anblick eines Orchesters oder dem eines Gehirns ableiten, was die nächste Melodie oder der nächste Gedanke sein wird. Gewiss, es hilft, wenn man die anatomischen Strukturen kennt – aber das reicht nicht aus. Das wäre so, als würde man über Frankfurt hinwegfliegen und mithilfe der Luftbilder beurteilen wollen, wie diese Stadt funktioniert. Man würde wohl unterscheiden können, wo es Wohngebiete, Parks, Einkaufspassagen und Geschäftsviertel gibt. Man könnte auch erkennen, wo besonders viel Verkehr ist – was sich allerdings hinter den Mauern verbirgt, wie das genaue Zusammenspiel erfolgt, das bleibt unklar.

Wenn ein Orchester eine Musik spielt, nimmt es einen Zustand ein. Doch so genau Sie auch in einem Orchester nachschauen, Sie werden die Musik nirgendwo finden. Denn die Musik ist das, was entsteht, wenn die Musiker zusammenspielen. Mehr noch: Ein und dasselbe Orchester kann zwei völlig unterschiedliche Musikstücke spielen. An einem identischen Ort können also zwei völlig verschiedene Aktivitäten vorhanden sein. Ganz ähnlich im Gehirn: Ein und dasselbe Nervennetzwerk kann völlig unterschiedlich aktiviert sein. Genau diese Aktivität ist das, was man »Gedanke« nennen könnte. So ein Gedanke wäre dann nicht irgendwo gespeichert (wie auf einer Festplatte), sondern er wäre die Art, wie das Gehirn gerade ist.

Wenn man auf diese Weise unterschiedliche Zustände erzeugt, hat das einen gewaltigen Vorteil: Es ist nicht ortsgebunden. Stellen Sie sich wieder ein Orchester vor, das gerade den Anfang von Beethovens berühmter Symphonie Nummer 5 spielt: ba-ba-ba-baaaa. Es könnten einmal nur die Streicher diese Melodie spielen oder nur die Holzblasinstrumente oder nur die Trompeten. Die Melodie würden Sie immer wiedererkennen. Außerdem könnten sie zusätzlich zur eigentlichen Melodie auch deren Dynamik verändern. Sie könnten die gleiche Melodie einmal crescendo (also allmählich stärker werdend) oder piano (eher leise) oder mezzoforte (mittellaut) spielen. Auch das kriegen Sie mit, wenn Sie zuhören – die Änderung des Zustands kann also selbst wiederum einen Bedeutungsinhalt darstellen. Auch das ließe sich auf das Gehirn übertragen. Ein Gedanke muss nicht zwangsläufig die Art sein, wie sich Nervenzellen gerade synchronisieren. Er könnte auch das sein, wie sich diese Synchronisierung gerade *ändert*.

Kurzer Exkurs: Der Heilige Gral der Hirnforschung

Von einem Orchester wissen wir so ziemlich alles bis ins kleinste Detail. Wir können erklären, wie die einzelnen Instrumente funktionieren. Wir wissen auch, wie das Orchester im Großen und Ganzen zusammengesetzt ist. Wir kennen die Dynamik der Musiker untereinander und können beschreiben, wie aus dem Zusammenspiel der sich überlagernden Schallwellen, die aus den Instrumenten kommen, Musik wird.

Was das Gehirn anbelangt, so wissen wir auch sehr gut, wie seine Einzelteile funktionieren. Wie die Nervenzellen ihre Strukturen ändern, welche Gene sie aktivieren, welche Botenstoffe sie ausschütten und welche Effekte diese wiederum haben. Klar, es ist nicht alles bis ins kleinste Detail bekannt, doch die grundlegenden Funktionsprinzipien der Nervenzellen kann man gut beschreiben. Wir wissen auch, wie das große Ganze des Gehirns aufgebaut ist. Wir wissen, wo im Gehirn das Sehen verarbeitet wird, Sprache, Motorik oder Gefühlszustände. Hier muss man fairerweise zugeben, dass dieser grobe Aufbau des Gehirns zwar mehr und mehr kartografiert wird, aber wie die Verschaltungen im Einzelnen funktionieren, weiß man nicht. Außerdem sind Großteile des Gehirns in ihrer Funktion noch unverstanden. Viele dieser Gebiete liegen in den sogenannten Assoziationsfeldern. Das sind Areale, die unterschiedlichste Funktionen höheren Denkens ermöglichen. Also viel von dem, was wir bewusstes Denken, Sprache oder Gedächtnis nennen oder was zur Planung von Handlungen notwendig ist.

Was wir auch nicht wissen: Wie wird aus dem Zusammenspiel der einzelnen Nervenzellen das, was wir Gedanke nennen? Wie erfolgt diese Synchronisation von vielen Tausend oder Millionen Zellen, und wie wird diese Dynamik gesteuert? Das, was letztendlich in einem Musikstück die Musik ausmacht, diese Parallele (so es sie denn gibt) ist im Gehirn nicht entschlüsselt – wenn man so will der neuronale Code, der bestimmt, was unser Denken ist.

Es mag sein, dass kein Biologe diese Frage jemals beantworten kann. Auch kein Instrumentenbauer kann beurteilen, wie Musik in einem Orchester funktioniert. Außerdem könnte es sein, dass wir eine völlig andere Art von Wissenschaft oder Betrachtungsweise brauchen, wenn wir beschreiben wollen, wie ein Gedanke entsteht. Wenn wir uns im Orchester einen einzelnen Musiker anschauen und seine Aktivität aufzeichnen, dann wissen wir am Ende alles über ihn, aber nichts darüber, wie die gesamte Melodie entsteht – dazu müsste man auch wissen, wie sich die Schallwellen der anderen Musiker mit denen des ersten Instruments überlagern und wie diese Überlagerung schließlich zu etwas Höherem führt, der Musik nämlich.

Wir kennen solche Grenzübertritte auch aus anderen wissenschaftlichen Bereichen, der Physik zum Beispiel. Ein einzelnes Molekül hat nachweislich keine eigene Temperatur, aber eine Geschwindigkeit. In diesem Augenblick stößt es ohne Probleme mit über 1000 km/h auf Ihre Haut (dass Sie das nicht mitbekommen, liegt daran, dass ein einzelnes Luftmolekül sehr klein und leicht ist). Wenn ich die Geschwindigkeit von sehr vielen Luftmolekülen messen würde und dann eine Statistik dazu aufstelle, kann ich aus der Geschwindigkeitsverteilung aller Luftmoleküle ableiten, welche Temperatur im Raum herrscht. Sie ergibt sich eben genau aus allen Geschwindigkeiten aller Moleküle. Bewegen sie sich schneller, ist es wärmer, werden sie langsamer, wird es kälter. Irgendwann scheint eine Grenze übertreten zu werden – von der Geschwindigkeit eines einzigen Moleküls zu einer umfassenderen Eigenschaft, der Temperatur.[1] Man kann diesen Moment wunderbar mathematisch beschreiben – mit der Boltzmann-Verteilung, die genau diesen Zusammenhang zwischen Geschwindigkeit der Moleküle und Temperatur herstellt.

Vielleicht gibt es auch eine Boltzmann-Verteilung für das Gehirn. Vielleicht gibt es mathematische oder informatische Modelle, die beschreiben, wie aus der Aktivität einzelner Nervenzellen eine Dynamik entsteht, die wir von Gedanken kennen. Nach heutigem Stand wissen wir aber nicht, ob es diese Mathematik des Denkens überhaupt gibt. Wenn es sie gäbe, dann wäre das der »Heilige Gral der Hirnforschung«, den zu finden die Erklärung des Geistes verspräche.

Dirigenten im Gehirn?

Zurück zum Lernen und Denken: Ein Gedanke ist also die Art und Weise, wie die Nervenzellen zusammenspielen. Wenn ich Ihnen jetzt auftrage, sich an Ihr letztes Weihnachtsfest zu erinnern, dann wird nicht irgendwo in Ihrem Gehirn eine Weihnachtsfest-Nervenzelle aktiv und daraufhin die Erinnerung ausgelöst. Vielmehr nehmen die Nervenzellen einen Zustand ein, und dieser Zustand ist die Erinnerung. Noch mal zum Orchestervergleich: Ein Lied wird ja auch nicht irgendwo abgespeichert, sondern immer wieder neu erzeugt, wenn die Musiker spielen.

Wir bleiben im Bild: In einem Orchester gibt es einen Dirigenten, der es ermöglicht, dass die einzelnen Bestandteile eines Orchesters zur richtigen Zeit in der richtigen Intensität miteinander wechselwirken (also Musik spielen). Ohne Dirigenten wüssten die Musizierenden nicht, wann genau welcher Einsatz erfolgen müsste. Die Musik würde kollabieren. Nur der Dirigent kann das Chaos zügeln und eine Ordnung entstehen lassen.

Doch das ist nicht die einzige Art, wie eine geordnete Struktur aus der Summe der Einzelteile entstehen kann. Wenn Sie schon mal bei einem sehr guten Konzert waren, kennen Sie nämlich auch eine andere Variante: Das Konzert ist vorbei, tosender Applaus brandet auf. Mehrfach verbeugen sich die Musiker vor dem applaudierenden Publikum, der Beifall nimmt kein Ende. Und dann entsteht manchmal etwas Sonderbares: Plötzlich synchronisiert sich das Klatschen, aus dem Nichts heraus (es gibt ja keinen Vorklatscher) entsteht eine geordnete Struktur, ein Klatschrhythmus.

Ganz Ähnliches kennen wir von Nervenzellen, die sich untereinander synchronisieren und zu geordneten Rhythmen abstimmen können. Wenn dies intensiv genug wird, die Nervenzellen in ihrer Aktivität also sehr rhythmisch und synchron sind, kann man ihre elektrischen Entladungen sogar messen – und zwar mit Elektroden, die man von außen auf den Kopf aufsetzt. Aus dem Chaos können neuronale Netze also eine Ordnung erzeugen, ganz ohne Dirigenten. Zu lernen bedeutet für ein solches System, dass es sich an wiederkehrende Muster anpasst. Mit jedem Mal stimmen sich die Nervenzellen untereinander ein bisschen besser ab, sie »üben« ein Muster regelrecht ein, damit es bei der nächsten Gelegenheit besser ausgelöst werden kann. Dieser Anpassungsprozess eines Nervennetzwerks ist das, was wir Lernen nennen.

Übende Nervenzellen

Damit ein Orchester ein Musikstück gut spielen kann, muss es das Stück einüben. Das findet auf zwei Ebenen statt: auf der Ebene der einzelnen Instrumente und auf der Ebene des gesamten Orchesters. Ein einzelner Musiker muss schließlich zunächst einmal sein Instrument beherrschen, sonst hat es keinen Sinn, mit anderen zu spielen. Andererseits müssen sich die Musiker im Laufe der Zeit auch in ihrem Zusammenspiel verbessern – und gerade für Letzteres braucht es den Dirigenten.

Dieses zweistufige Lernverhalten gibt es auch im Gehirn: ein detailliert filigranes auf der Ebene der Nervenzellen und ein größeres, systemisches auf der Ebene ganzer Nervennetzwerke. Das Nervenzellen-Lernverhalten muss dabei besonders schnell ablaufen, denn eintreffende Reize sind ja oft nicht von langer Dauer, das bedeutet: Nervenzellen müssen in wenigen Sekunden auf einen Reiz reagieren, sich anpassen und diese Veränderung dauerhaft verankern. Wenn Sie auf eine heiße Herdplatte fassen, sollten Sie schließlich nicht lange überlegen, dass das keine so gute Idee war. Im Gegensatz dazu sind die Prozesse, die ganze Nervennetzwerke umstrukturieren, viel langsamer und können Stunden, Tage oder Wochen dauern. Beides zusammen ermöglicht es uns, besonders clever zu lernen – schnell und adaptiv, wenn die Zeit knapp ist; langsamer und dauerhafter, um auch langfristige Entscheidungen zu treffen und dafür weit zurückliegende Erinnerungen zu verwenden.

Zunächst zu den einzelnen Nervenzellen. Diese sind vergleichsweise faul, sie sind sogar die faulsten Zellen in unserem Körper. Sie teilen sich während ihres Lebens nicht weiter, sie vermehren sich auch nicht (bis auf wenige Ausnahmen), und sie sind fortwährend lebensmüde. Damit eine Nervenzelle überhaupt überlebt, muss sie nämlich immer wieder aktiviert werden, ansonsten tötet sie sich selbst.

Nervenzellen arbeiten nicht allein, sondern immer im Team. Damit das auch gut gelingt, sind sie miteinander durch Kontaktstellen (die Synapsen) verbunden. Na ja, nicht ganz verbunden, denn eine Synapse ist eher eine enge Kontaktstelle, an der eine Nervenzelle einer anderen ganz dicht auf die Pelle rückt. Es bleibt immer eine winzig kleine Distanz, aber diese ist so gering, dass freigesetzte Botenstoffe von einer Nervenzelle schnell zur anderen gelangen können. Das Besondere ist nun, diese Synapsen sind keine bloßen Stecker, bei denen eine Nervenzelle an die andere angeschlossen ist, sondern es sind sehr dynamische Gebilde. Wenn eine Nervenzelle stark erregt wird (zum Beispiel, indem ein elektrisches Signal von anderen Nervenzellen auf ebenjene Nervenzelle einwirkt), dann schüttet sie Botenstoffe über die Synapse an die nächste Nervenzelle aus. Das bleibt nicht ohne Folgen. Je häufiger das passiert, desto mehr werden sich die beiden beteiligten Nervenzellen darauf einstellen. Die Synapse wird größer, die Botenstoffe werden üppiger ausgeschüttet, und die Empfängernervenzelle wird ihre Struktur so verändern, dass die Übertragung das nächste Mal ein kleines bisschen besser gelingt. Umgekehrt gilt genauso: Wird eine Synapse dauerhaft nicht benutzt, verfällt sie wie ein Bahnhof, der irgendwo im Nirgendwo steht und nicht mehr angefahren wird. Kein Verkehr, keine Notwendigkeit für Renovierungen und Ausbesserungen. So ist das Leben, was nicht benötigt wird, kommt weg. Stellen Sie sich mal die Alternative vor: Ihr Gehirn würde ständig irgendwelche unbenutzten Nervenzellen mit sich herumschleppen. Was für eine Verschwendung.

In der Populärwissenschaft hört man des Öfteren, dass beim Lernen automatisch neue Synapsen erzeugt werden. Das stimmt, aber nicht ganz. Es ist eben mindestens genauso wichtig, dass sich Nervenzellen zurückbilden oder Synapsen absterben. Nur so kann ein Netzwerk effizient (also energiesparend) funktionieren. Diese Form der Informationsverarbeitung hat einen riesigen Vorteil. Das Nervennetzwerk kann sich völlig eigenständig an Reize anpassen. Es trainiert sich quasi selbst, ohne dass man ihm sagen müsste, wie genau. Das ist prima – aber das hat auch drei gewaltige Nachteile:

Erstens wäre ein solches lernendes System sehr langsam, denn es ist auf viele Wiederholungen angewiesen. Nur wenn oft wiederholt wird, haben die Nervenzellen auch die nötige Zeit, um sich an die häufigen Wiederholungen anzupassen.

Zum Zweiten wäre ein solches System nach einem Lernvorgang perfekt angepasst – an die Informationen, mit denen es trainiert wurde, mehr nicht. Je intensiver ein Informationsreiz auf das Nervennetzwerk einwirkt, desto besser wird dieser auch dort abgebildet. Man zahlt jedoch einen Preis, denn neue Informationen können dann umso schwerer dazugelernt werden. Ein Phänomen, das man auch aus der Statistik kennt und »Overfitting« nennt, das Überangepasstsein an einen Daten- oder Informationssatz.[2] Vereinfacht gesagt, je intensiver man etwas lernt, desto mehr fokussiert man sich auf die kleinsten Details und sieht das große Ganze nicht mehr. Dann wird es irgendwann schwierig, etwas Neues zu lernen. Wer dreißig Jahre lang Schornsteinfeger war, dem wird es schwerfallen, auf Sommelier umzuschulen. Nicht nur weil das Lernen im Alter mühsamer ist, sondern auch weil ein lernendes System immer dazu tendiert, viel Expertise in einem Gebiet anzusammeln.

Zum Dritten läuft so ein langsames und überangepasstes Nervennetzwerk Gefahr zu kollabieren. In der Wissenschaft ist dieses Phänomen seit einigen Jahrzehnten bekannt, man nennt es »katastrophales Vergessen«.[3]

Katastrophales Vergessen

Stellen Sie sich vor, eine Information (also ein bestimmtes Reizmuster) trifft immer wieder auf ein Nervennetzwerk – zum Beispiel das Bild einer Gurke. Die Nervenzellen stellen fest: »Ui, dieses Muster scheint wichtig zu sein. Passen wir die Kontaktstellen untereinander mal so an, dass das Muster das nächste Mal einfacher ausgelöst werden kann.« Das Netzwerk lernt also dieses konkrete Muster. Wenn es wirklich so ist, dass Nervenzellen viele Wiederholungen brauchen, damit sie sich an einen neuen Reiz anpassen können, dann wäre allein dieser Schritt schon sehr langwierig. Man müsste ja Dutzende, wenn nicht Hunderte oder Tausende Male eine Gurke anschauen.

Nehmen wir an, das ist tatsächlich passiert, und das Nervennetzwerk hat sich nach vielen Wiederholungen an die Gurke angepasst (also gelernt). Plötzlich trifft ein anderes Muster ein, in diesem Fall vielleicht das Bild eines Kreuzfahrtschiffes. Nun unterscheidet sich ein Kreuzfahrtschiff nicht unwesentlich von einer Gurke, doch es gibt auch vielleicht die eine oder andere Gemeinsamkeit. Eine Gurke ist schließlich auch ein längliches Objekt und schwimmt im Wasser. Manche Zellen, die also schon für das Gurkenmuster aktiv waren, sind nun auch für das Kreuzfahrtschiffmuster aktiv. Eben noch waren sie auf das Gurkenmuster trainiert, jetzt werden sie ins Kreuzfahrtschiffmuster eingebunden und müssen dafür wiederum ihre Kontaktstellen anpassen. Was für ein Hin und Her! Die Nervenzellen werden quasi neu trainiert und könnten sich im schlimmsten Fall zu stark auf das Kreuzfahrtschiff einstellen. Wenn das passiert, ist aber das mühsam trainierte Gurkenmuster nicht mehr in den Kontaktstellen der Nervenzellen zu finden. Mit anderen Worten: Eine neue Information hat eine alte verdrängt. Der Vorteil eines Nervennetzwerks, dass die identischen Nervenzellen nämlich völlig unterschiedliche Aufgaben erfüllen können, würde hier nach hinten losgehen, es käme zum katastrophalen Vergessen.

Damit das nicht passiert, muss das Netzwerk ein Gleichgewicht aus Stabilität und Formbarkeit einhalten. Ist es zu formbar, kollabieren alte Erinnerungen, weil sie von neuen verdrängt werden. Wird das System zu stabil, kann es sich nicht schnell genug anpassen. Das Gehirn muss also einen Trick auf Lager haben.

1.2 Das Lernsystem des Gehirns

Es war ein trüber Septembernachmittag im Jahre 1987. Ich setzte mich vor einen brandaktuellen Atari 1040 STF, der, meiner Meinung nach, beste Heimcomputer seiner Generation. Alles dabei, was später erst mit Microsoft Windows den PC-Markt erobern sollte: Maus, Festplatte mit 1-Megabyte-Speicherplatz, Tastatur, Bildschirm, Textverarbeitungs- und Grafikprogramme und: Spiele. Haufenweise Spiele, die ich als kleiner Junge im Vorschulalter natürlich super fand, Pac-Man, Bumerang, Schach ... Besonders Pac-Man hatte es mir angetan, das Spiel, bei dem man ein Gesicht punktemampfend durch ein Labyrinth steuern muss. Ein Heidenspaß.

Ohne es darauf abgesehen zu haben, lernte ich, wie man das Spiel am besten spielen muss. Die Herausforderung mag vergleichsweise banal erscheinen, doch bei genauerem Betrachten ist die Sache gar nicht so einfach. Man muss zunächst die Spielregeln lernen. Da ich zu diesem Zeitpunkt noch nicht ausreichend lesen konnte und keiner mir die Regeln erklärt hatte, brachte ich sie mir selbst bei – und zwar je öfter ich spielte. Zum anderen musste ich erkennen, welche Spielstrategie besonders zielführend ist. Schließlich sollte man die Spielfigur nicht planlos über den Bildschirm scheuchen, sondern dafür sorgen, dass sie möglichst effizient und auf kürzestem Weg die Belohnungspunkte einsammelt, ohne von den Gespenstern erwischt zu werden. Und zu guter Letzt musste auch noch meine Augen-Hand-Koordination geschult werden. Sprich, ich lernte unterbewusst eine Bewegungsstrategie. Innerhalb kürzester Zeit wurde ich immer besser im Pac-Man-

Spielen. Waren mir die ersten Level zunächst noch unglaublich schwergefallen, erschienen sie mir nach ein paar Tagen, in denen ich in immer höhere und schwierigere Spielstufen vorgedrungen war, kinderleicht.

Lernen passiert offenbar ständig, auch dann, wenn wir es gar nicht beabsichtigen. Viele stellen sich vor, dass man für das Lernen ein geschütztes Umfeld schaffen muss, in dem man den Wissenserwerb besonders effizient gestaltet. Gelernt wird in einem Klassenzimmer oder einem Schulungsraum, man setzt sich an einen Schreibtisch, um zu lernen, oder man nimmt sich abends noch ein paar Stunden, um den Lernstoff durchzugehen. Dabei unterteilt unser Gehirn seine Zeit nicht in Phasen des Lernens und Nichtlernens. Im Gegenteil, wir sind permanent darauf ausgerichtet, Neues zu erfahren und die eintreffenden Sinnesreize so zu sortieren, dass wir sie das nächste Mal leichter und besser verarbeiten können. Das Gehirn passt sich permanent an. Wie gelingt ihm das genau?

Ein Empfangsbereich im Gehirn

Das Gehirn arbeitet mit Nervennetzwerken. Um die gewaltigen Nachteile (zum Beispiel das katastrophale Vergessen oder die Inflexibilität), die ein solches System mit sich bringt, zu umgehen, wendet es beim Lernen einen Kniff an: Informationen werden nicht sofort, sondern über eine Zwischenstation verarbeitet. Denn damit neue Informationen auch dauerhaft im Gehirn verfestigt werden können, müssen sie sich als würdig erweisen und durch diese Empfangshalle hindurch. Natürlich sagt kein Neuroanatom »Empfangshalle«, sondern Hippocampus, das klingt wissenschaftlicher und erinnert obendrein daran, dass diese Hirnstruktur entfernt einem Seepferdchen (lat. *hippocampus*) mit eingekringeltem Schwanz ähnelt. In jeder Hirnhälfte haben wir einen Hippocampus, jeder in etwa so groß wie zwei Fingerkuppen, mit grob gerundeten vierzig Millionen Nervenzellen.[4] Im Vergleich zu den etwas mehr als achtzig Milliarden Nervenzellen, die wir insgesamt im Gehirn haben, ist das nicht besonders viel (weniger als ein Tausendstel). Diese Nervenzellen sitzen allerdings an einer wichtigen Stelle – nämlich dort, wo sich entscheidet, ob wir uns später an die eintreffenden Informationen erinnern.

In Frankfurt, wo ich wohne, gibt es einige sehr hohe Geschäftsgebäude, in deren oberen Etagen Büros und Besprechungsräume sind. Wenn man dort hinwill, muss man sich im Eingangsbereich anmelden. Von hier aus wird eine Kontaktperson im Büroturm angeklingelt, damit sie einen in Empfang nimmt. Wenn ich einfach so ins Gebäude laufen würde, bestünde schließlich die Gefahr, dass ich in irgendeine Besprechung reinplatze, in der ich nichts verloren habe. Natürlich ist die räumliche Trennung im Gehirn nicht ganz so streng wie in einem Bürogebäude, doch die Funktion des Hippocampus ist ähnlich wie die einer Rezeption: Eine Information trifft zunächst auf den Hippocampus und löst dort ein entsprechendes Aktivitätsmuster der Nervenzellen aus. Dieses Erregungsmuster kann anschließend ins Großhirn weitergeleitet werden.

Die Rezeption eines Büroturms kann natürlich nicht unendlich viele Gäste gleichzeitig abfertigen. Andererseits muss es im Empfangsbereich auch besonders schnell gehen, damit nicht schon am Eingang ein Stau entsteht. Ähnlich geht der Hippocampus vor. Er arbeitet schnell, aber nicht besonders dauerhaft. Schließlich ist er nicht der Ort unseres Gedächtnisses, sondern sorgt dafür, dass die Informationsmuster schnell in die Großhirnrinde weitergeleitet werden, in der sie dann dauerhaft verankert werden können. Nachdem er die wichtigsten Infos aufgenommen hat, geht die eigentliche Arbeit erst richtig los. Er muss Teile der Großhirnrinde trainieren, damit die dortigen Netzwerke auch ausreichend Möglichkeit haben, ihre Kontaktstellen anzupassen. So schnell und kurzfristig der Hippocampus arbeitet, so langsam und langfristig tickt das Großhirn. So geht nicht verloren, was einmal im Langzeitgedächtnis angekommen ist.

Lernen im Schlaf

Der Hippocampus ist also gewissermaßen der Gedächtnistrainer des Großhirns – gleichzeitig ist er auch der Flaschenhals für neue Informationen. Seine Aufnahmekapazität ist dabei begrenzt, also muss sichergestellt werden, dass er nicht überlastet wird. Ansonsten würde es zu einem Informationsstau kommen. Ganz ähnlich, wie wenn sich viele Menschen in einem Eingangsbereich drängeln. In einer Empfangshalle könnte man mit Drehkreuzen arbeiten, im Straßenverkehr mit Blockabfertigung, und das Gehirn … schläft.

Der Schlaf stellt eine prima reizarme Umgebung dar, in der der Hippocampus nicht mit neuen Informationen konfrontiert wird. Diese Gelegenheit lässt sich der Hippocampus nicht entgehen und spult die wichtigsten Infos des Tages wieder ab,[5] präsentiert sie in Form von Aktivitätsmustern immer und immer wieder dem Großhirn, bis auch die dortigen Nervenzellen feststellen: »Junge, Junge – das scheint ein wichtiges Muster zu sein. Am besten justieren wir unsere Verbindungen so, dass das Muster das nächste Mal leichter ausgelöst werden kann.« Und schon lernt selbst das vergleichsweise träge Großhirn etwas Neues. Irgendwann wird der Hippocampus gar nicht mehr gebraucht, und das Großhirn kann völlig selbstständig ein Informationsmuster erzeugen. Fertig ist das Langzeitgedächtnis.

Dies ist der Grund dafür, dass Gelerntes nach einer durchgeschlafenen Nacht besser präsent ist, als wenn man die ganze Zeit wach geblieben wäre. Anders gesagt: Wer direkt nach dem Vokabellernen ein kurzes Nickerchen hält, kann sich anschließend besser an die Vokabeln erinnern. Dafür muss man auch kein Hirnforscher sein, denn das ist schon seit über neunzig Jahren bekannt, also lange bevor man anfing, die Hirnaktivität beim Schlafen zu untersuchen.[6]

Aktuell geht man davon aus, dass das austarierte Wechselspiel zwischen Hippocampus und Großhirn in den verschiedenen Schlafphasen fürs Lernen besonders wichtig ist. Im Tiefschlaf könnte der Hippocampus besonders intensiv auf das Großhirn einwirken und die Infos des Tages wiederholen. Im Traumschlaf spielt hingegen das Großhirn seine Stärke aus und verknüpft die neuen Aktivitätsmuster mit älteren – und kommt so auf neue Ideen.[7] Das kann man leicht bei sich beobachten, wenn man versucht, sich an seine Träume zu erinnern. Diese sind häufig eine Mischung aus Aktuellem und länger Zurückliegendem.

Dass der Schlaf besonders wichtig fürs Lernen ist, bedeutet jedoch nicht, dass der Hippocampus während des Wachseins untätig wäre. Im Gegenteil, neuere Untersuchungen sprechen eher dafür, dass der Hippocampus sofort loslegt und seine Aktivitätsmuster dem Großhirn präsentiert und nicht erst Stunden später.[8] Die Frage ist nur: Wie entscheidet der Hippocampus, welche Information lernwürdig ist und welche so banal, dass er nicht schon wieder das Großhirn dafür aktivieren muss? Wenn der Hippocampus bei jeder Information das ganze Aktivierungsprogramm anwerfen würde, würden wir zwar permanent lernen – aber zu viel Energie verschwenden. Wenn ich immer wieder in dasselbe Bürogebäude gehe, um dort meine Kontaktperson zu treffen, muss ich mich schließlich auch nicht mehr ausführlich am Empfang anmelden, weil man mich schon kennt. Dann werde ich irgendwann einfach durchgewunken und kenne meinen Weg in den sechzigsten Stock.

Der Passierschein neuer Informationen

Im Empfangsbereich eines Wolkenkratzers wird ein Besucher nach dem anderen »abgearbeitet«, also begrüßt, vermerkt und weitergeleitet. Ganz Ähnliches macht der Hippocampus auch. Er arbeitet Informationen nacheinander ab – und das Kriterium dafür, ob eine Information anschließend dem Großhirn präsentiert wird, hängt von zwei Dingen ab: Erstens, unterscheidet sich die Information von der vorherigen? Zweitens, ist die Information neuartig und überraschend?

Unterscheidet sich ein Reiz vom vorherigen, ist dies ein Signal dafür, dass ein neuer Lerninhalt beginnt. Das ist sogar direkt in der Aktivität des Hippocampus sichtbar. Man fand dies heraus, als man Probanden in einem Hirnscanner mit einer Lernaufgabe konfrontierte. (Anmerkung meinerseits: Ich benutze das etwas plakative Wort Hirnscanner, um nicht jedes Mal funktioneller Magnetresonanztomograf schreiben zu müssen. Das Prinzip ist das Gleiche: Menschen liegen in einer magnetischen Röhre und dürfen sich möglichst wenig bewegen. Anschließend kann man mit diesem Gerät sichtbar machen, wo im Gehirn gerade besonders viel Blut langfließt, wenn nachgedacht wird. Nach dem Motto: Wo viel gedacht wird, muss auch viel Blut hin. Indirekt erhält man so Aufschluss darüber, wie sich das Gehirn seine Gedankenarbeit einteilt.) Konkret sollten sich die Testpersonen kurze Videoclips anschauen, wobei sogleich die Aktivität des Hippocampus aufgezeichnet wurde. Ob der Hippocampus aktiv war, hing allerdings nicht vom Inhalt des Videos ab, sondern davon, ob er sich *änderte*.[9] Als würde der Hippocampus mit einem geistigen Lesezeichen Ende und Anfang von Informationen markieren. Veränderungen sind das Hauptkriterium dafür, dass wir ein Lerninteresse zeigen. Wenn alles gleichbleibt, brauchen wir es auch nicht zu lernen.

Eine lernwürdige Information muss überdies auch neuartig

sein. Erst dann muss der Hippocampus sein ganzes Lernprogramm für das Großhirn anwerfen. Offenbar kann das Großhirn nämlich auch dem Hippocampus mitteilen, ob eine Information schon mal verarbeitet wurde. Schließlich ist der Hippocampus viel zu kurzsichtig für weitreichende Erinnerungen. Es könnte ja sein, dass schon vor vielen Jahren mal gelernt wurde, wie die 16 Bundesländer Deutschlands heißen. Genau dies teilt die Großhirnrinde dem Hippocampus mit, damit sich dieser nicht erneut abmühen muss.[10] Ganz ähnlich wie am Empfang eines Bürogebäudes: Dort könnte aus der Chefetage ein Anruf nach unten in die Empfangshalle gehen, mit der Bitte, mich schnell passieren zu lassen, da ich schon ein paar Mal da war.

Lernende Maschinen

Kurzes Zwischenfazit an dieser Stelle: Das Gehirn nutzt einen Trick beim Lernen und aktiviert zwei verschiedene Lernsysteme – ein schnelles (den Hippocampus), was das langsame System (die Nervennetzwerke im Großhirn) trainiert. So umgeht es das Problem, dass neu eintreffende Informationen ältere vernichten. Die Nervennetzwerke haben auch mehr Zeit, ein langfristiges Gedächtnis aufzubauen und müssen nicht sofort hektisch auf jede Information reagieren (das übernimmt schon der Hippocampus).

Es spricht einiges dafür, dass dieses Lernprinzip gewaltige Vorteile hat, die sogar unabhängig vom Gehirn nutzbar sind. Denn moderne Computersysteme funktionieren nach einem ganz ähnlichen Prinzip. Als man die ersten lernenden Maschinen konstruierte, stand man schließlich vor den gleichen Problemen. Der Durchbruch vor einigen Jahren gelang, als man das grundlegende Lernprinzip des Gehirns kopierte: Man simulierte einen Hippocampus im Computer und nannte ihn

»*replay buffer*«. Ein schöner Begriff, das muss ich als Neurowissenschaftler den IT-Kollegen zugestehen. Denn er verdeutlicht, was ein Hippocampus tut: Er ist ein Zwischenspeicher mit dem Ziel, das Zwischengespeicherte immer wieder abzuspielen.

Spielen ist auch genau das richtige Stichwort, denn den Lernerfolg solcher »selbstlernender Algorithmen« testete man mithilfe von Computerspielen. Natürlich nicht irgendwelchen, sondern Atari-Computerspielen (und ich kann ganz genau nachvollziehen, warum, denn sie machen viel Spaß). Man konstruierte ein künstliches Netzwerk, das in sehr vereinfachter Form die Verbindungen von Nervenzellen untereinander simuliert. Anschließend präsentierte man dem Netzwerk ein Computerspiel (zum Beispiel Pac-Man) und ließ es spielen. Nach jedem Spiel gab es für das Netzwerk ein Feedback. So weit, so gut. Das können Menschen auch noch. Doch ein künstliches Netzwerk macht keine Pause. Man kann es in einigen Stunden millionenfach dasselbe Computerspiel spielen lassen. Mit jedem Mal passt das simulierte Netzwerk im Computer seine Verknüpfungen an, sodass es nicht denselben Fehler zweimal macht. Außerdem spielt es nicht permanent neue Spiele, sondern rekapituliert auch schon gespielte Spiele im »replay buffer«. Wäre es ein Gehirn, würde man sagen, es schläft und spielt die wichtigsten Infos noch mal durch. Bei künstlichen neuronalen Netzwerken spricht man vom »*experience replay*«, dem Wiederholen von Erfahrungen. Das Prinzip ist dasselbe: Das Netzwerk darf nicht mit zu vielen Informationen überschüttet werden, sonst setzt katastrophales Vergessen ein.

Diese Technik des selbstständigen (man sagt auch unüberwachten) Lernens von Maschinen ist noch nicht besonders alt. Ihre Erfolge sind umso beeindruckender. 2015 schlugen die ersten künstlichen Netzwerke menschliche Spieler in 49 verschiedenen Atari-Spielen.[11] Ein Jahr später der spektakuläre und medienwirksame Durchbruch im asiatischen Brettspiel

Go. Ein maschinell lernendes Netzwerk schlug einen der besten Spieler, indem es zuvor millionenfach Go-Brettspiele selbst gespielt hatte und außerdem mit menschlichen Spielzügen gefüttert worden war.[12] Auch dieser Triumph war nur von kurzer Dauer. Kaum anderthalb Jahre später lernte ein maschinelles Netzwerk komplett selbstständig, indem man ihm nur die Spielregeln einprogrammierte und es anschließend knapp fünf Millionen Mal gegen sich selbst spielen ließ. Nach noch nicht mal drei Tagen hatte dieses Netzwerk ein übermenschliches Spielniveau erreicht und war für alle Go-Programme unschlagbar geworden.[13] Von menschlichen Gegnern redet da schon lange keiner mehr. Überhaupt: Sie wollen ein Spiel gegen eine Maschine gewinnen? Vergessen Sie's. Mit den derzeitigen Techniken des maschinellen Lernens ist jedes beliebige Spiel für solche Computer kein Problem mehr: Schach, Poker, Monopoly – selbst kooperative Spiele, bei denen man mit anderen Mitspielern zusammenarbeiten muss. Solange es genügend Trainingsdaten gibt und sich weder die Spielregeln noch die Spielbedingungen ändern, klappt das prima. In einer Welt aus unendlichem Datenmaterial und unendlicher Rechenpower können solche Computersysteme alles lernen.

Dieses Beispiel zeigt, wie gut sich das grundlegende Lernprinzip unseres Gehirns eignet, um Informationen schrittweise zu verarbeiten. Die Tatsache, dass es sich auch komplett ohne Gehirn anwenden lässt (in Maschinen nämlich), deutet darauf hin, dass es sich vielleicht sogar um ein universelles Prinzip handelt. Es ist also nicht so, dass Informationen erst in den Hippocampus als Zwischenspeicher kommen und dann ins Großhirn weitergeleitet werden, weil unser Gehirn nun mal so aufgebaut ist und sich die eintreffenden Informationen bitte schön an diese anatomische Reihenfolge zu halten haben. Sondern womöglich ist es andersherum: Unser Gehirn ist so aufgebaut, weil es einfach ein cleveres Lernprinzip für neuronale Netzwerke ist. Ob es hingegen das Einzige ist, darüber kann man trefflich spekulieren. Kraken und Tintenfische lernen zum Beispiel auch überraschend gut – haben aber keinen Hippocampus und noch nicht mal ein Gehirn, wie wir es kennen. Allerdings Netzwerke, die wohl ähnliche Funktionen wie Hippocampus und Großhirn erfüllen. Es könnte also sein, dass viele Wege nach Rom führen. Der menschliche scheint schon mal nicht allzu schlecht zu sein. Zumindest ist das Gehirn sehr gut darin, zwei Grundprobleme des Lernens zu lösen: das katastrophale Vergessen und die Langsamkeit neuronaler Netzwerke. Ein Problem bleibt trotzdem noch, das Phänomen des Overfittings, des Überangepasstseins an den Lerninhalt.

1.3 Vergessen und Verfälschen: Geheimwaffen des Lernens

Ende Juni 2015 hatte Google ein richtiges Problem. Der Softwareentwickler Jacky Alciné twitterte ein Bild aus seiner Fotosammlung. Zu sehen waren Aufnahmen von Hochhäusern, Fahrrädern, Autos und seinen Freunden. Die Google-Bilderkennungssoftware, die auf einem maschinell lernenden System aufbaut, hatte diese Bilder automatisch mit entsprechenden Überschriften versehen. Die Hochhauslandschaft war als »skyscraper« markiert, die Autos auf dem Parkplatz mit »cars« betitelt, und seine Freunde waren »Gorillas«.[14] Das Pikante daran: Auf dem Bild waren keine Gorillas, sondern Jackys Kumpels zu sehen – allesamt Afroamerikaner. Das wirft natürlich kein gutes Licht auf die supertolle Künstliche-Intelligenz-Technologie von Google. Rassismus pur in digitaler Form.

Das Problem, dem sich Computersysteme (ob von Google, Facebook, Amazon oder jemand anderem) und auch Gehirne beim Lernen stellen müssen, nennt sich »Overfitting«, das Überangepasstsein an einen Datensatz. Wenn man die ganze Zeit mit einem engen Datensatz lernt, dann ist man am Ende auch perfekt an diesen Datensatz angepasst. Leider nur an diesen – und ein Transfer fällt schwer. Sosehr der IT-Gigant Google für seine Fortschritte im Bereich des maschinellen Lernens gefeiert wird (und das zu Recht, schließlich habe ich allein im letzten Teilkapitel dreimal Arbeiten von Google-Ingenieuren zitiert), so schwer tut er sich, mit dem Gorilla-Bilderkennungsproblem umzugehen. Selbst knapp drei Jahre später war dafür noch keine Lösung gefunden. Google hatte einfach notdürftig seine Software zensiert und die Begriffe »Gorilla«, »Schimpanse« und »Affe« verboten.[15] Paviane und Orang-Utans wurden übrigens weiterhin richtig benannt.

Auch Amazon ist nicht vor falschen Begriffszuordnungen gefeit. So erkannte ein Amazon-Gesichtserkennungssystem noch Mitte 2018 fälschlicherweise 28 US-Kongressabgeordnete als Verbrecher, nachdem deren Porträtähnlichkeit offenbar zu groß mit Fahndungsfotos von komplett anderen Personen war (auch hier waren überdurchschnittlich oft schwarze Abgeordnete betroffen).[16] Es gibt viele Gründe, weshalb das geschehen kann, aber ein Problem sind die Datensätze, mit denen man lernt. »Müll rein, Müll raus«, sagt da der Informatiker. Wenn ein Computersystem mit unzureichenden Daten lernt, kommt es logischerweise auf unsinnige Ergebnisse. Weil man Gesichtserkennungssoftware überwiegend mit Bildern von männlichen, hellhäutigen, mittelalten Amerikanern trainiert, braucht man sich nicht zu wundern, dass die Software mehr Fehler macht, je dunkelhäutiger und weiblicher die zu erkennenden Gesichter sind.[17]

Auch hier nehme ich Amazon in die Pflicht: Vor Kurzem kaufte ich mir online fünf Liter Motoröl. Es war ein einzelner Kauf – und trotzdem werde ich seitdem mit Angeboten von Öladditiven, Scheibenwischern, Startkabeln und Ölfiltern zugeschüttet. Das nenne ich ein überangepasstes System. Ganz Ähnliches mit Kinderklamotten: Kaufen Sie einmal Babywindeln oder Socken in Größe 19, wird der Vorschlagsalgorithmus auch zukünftig munter weiterhin Windeln und Babysocken vorschlagen – auch wenn die Kleinen längst selbst aufs Klo gehen können. So schlau kann diese künstliche Intelligenz also nicht sein. Neulich wurde mir von Amazon sogar mein eigenes Buch zum Kauf vorgeschlagen. Leute, ich kenne mein Buch! Nun gut, ich gebe zu, ich schaue quasi täglich bei Amazon, wie sich meine Bücher verkaufen – das reicht für Amazon, um zu erkennen, dass ich mir mal eines meiner Bücher zulegen sollte. Und das, obwohl ich als Autor für mein eigenes Buch registriert bin und mich Amazon daher kennen sollte.

»Klar, Maschinen sind doof«, werden Sie sagen, »so etwas kann mir nicht passieren.« Sind Sie sich da so sicher? Gewiss lernen Gehirne besser als maschinelle Systeme. Doch fällt es einem Mitteleuropäer mitunter schwer, Gesichter von Asiaten oder Schwarzafrikanern auseinanderzuhalten. Um es klar zu sagen: Afrikaner sehen nicht alle gleich aus – aber wir sind nach vielen Jahren in ständiger Umgebung von hellhäutigen Mitteleuropäern nun mal besonders gut an diesen »Datensatz« angepasst. Deswegen dauert es seine Zeit, bis man die Gesichter aus einem anderen Kulturkreis treffsicher auseinanderhalten kann.

Fairerweise muss ich natürlich anführen, dass heutige Gesichts- (oder besser gesagt Muster-)Erkennungssysteme durchaus beachtliche Leistungen erzielen. So können aktuelle Computersysteme mittlerweile doppelt so gut erkennen, ob ein Gesicht einem japanischen, koreanischen oder chinesischen Menschen zugeordnet werden muss.[18] Das liegt auch daran, dass sich solche Systeme einige Tricks vom Gehirn abschauen. Denn das weiß schließlich, wie man sich nicht zu sehr an einen Datensatz anpasst. Cleveres Vergessen ist die Zauberformel.

Mentale Geheimwaffe: Vergessen

Viele Menschen denken, dass es beim Lernen darauf ankommt, möglichst viele Informationen dauerhaft verfügbar zu machen. Wenn Sie dieses Buch durchgelesen und alle Wörter und Sätze gelernt haben, dann brauchen Sie es schließlich nicht noch mal zu lesen. Alles ist ja dann in Ihrem Gehirn drin (wo auch immer das genau sein mag). Das ist falsch. Wenn Sie sich nämlich auf alle Details stürzen, dann sind Sie viel zu sehr an den Datensatz (nämlich die Wörter und Sätze in diesem

Buch) angepasst. Würden Sie das immer so machen, müssten Sie sich erstens sehr viel merken (das wäre organisch durchaus möglich), zweitens erkennen, was wirklich wichtig ist (das fällt bei vielen Informationen schon schwerer), und drittens müssten Sie die Informationen kombinieren und für neue Situationen anwendbar machen (das wäre dann kaum machbar). Zu viele Informationen führen in den geistigen Overkill. Anders gesagt: »*When we collect everything, we understand nothing.*« Das stammt nicht von mir, sondern von Edward Snowden – und der kannte sich bekanntlich mit dem Datensammeln aus.

Was könnte man also tun, um nicht überangepasst in die Datenfalle zu tappen? Die cleverste Methode ist das, was man umgangssprachlich »Vergessen« nennt, wissenschaftlich ausgedrückt ein transientes (also vorübergehendes) Gedächtnis. Der positive Effekt des Vergessens kommt besonders in abwechslungsreichen und sich verändernden Umgebungen zum Tragen. Dann nämlich ist Vergessen von Vorteil, weil es verhindert, dass man sich an sonderbare Einzelfälle erinnert und diese verallgemeinert. Außerdem ermöglicht es dadurch ein anpassungsfähiges Verhalten, denn ansonsten wäre man irgendwann viel zu langsam im Denken.

Die gute Nachricht ist also: Menschen sind Weltmeister im Vergessen. Der eigentliche Witz des Lernens besteht nämlich nicht nur darin, dass man sich viel behält. Vielmehr besteht gutes Lernen aus dem Gleichgewicht zwischen einer stabilen Erinnerung und cleverem Vergessen. Interessanterweise gehen Menschen auch genauso vor, wenn sie eine Erinnerung aufbauen. Zeigt man Probanden zunächst eine Reihe unterschiedlicher Videos und bittet sie eine Woche später, sich noch mal an diese Videos zu erinnern, dann berichten die meisten vom groben Inhalt, weniger von den Details.[19] Es ist schließlich viel aussagekräftiger, sich in groben Zügen an ein Tennismatch zu erinnern und daran, wer gewonnen hat, als daran, welches Trikot die Kontrahenten trugen. Interessanterweise konnten die Testteilnehmer in diesem Experiment einige Details wieder hervorkramen, wenn man ihnen grob mitteilte, worum es in dem Video eine Woche zuvor ging. Zwei, drei Stichpunkte, und schon kamen reichhaltigere Erinnerungen zustande. Doch das gelingt eben nur dann besonders gut, wenn man das große Ganze schon im Kopf hat – das bereitet nämlich anschließend den Boden für die Details.

Je abwechslungsreicher die Welt um uns herum, desto wichtiger ist es, dass man Dinge auch vergisst. Die aktuellen Modelle der Lernwissenschaft gehen sogar davon aus, dass lernende Systeme nur möglich sind, weil sie auch vergessen. Ein Gehirn schafft das mithilfe von zwei verschiedenen Tricks:[20] Zum einen sind die Kontaktstellen zwischen den Nervenzellen nicht dauerhaft stabil, sie können sich anpassen. Doch nur, wenn die Kontaktstellen auch abgeschwächt werden oder komplett abgebaut werden können, ist erfolgreiches Lernen möglich. Zum anderen kann man auch einfach Unruhe in ein Nervennetzwerk reinbringen, damit ein Gedächtnisinhalt vergessen wird. Ganz ähnlich wie in einem Orchester. Wenn Sie dort, ganz plötzlich, zwei Fagotte, fünf Geigen und vier Trompeten entfernen, dafür vier E-Gitarren, drei Klaviere und zwei Schlagzeuge hinzufügen, gerät das ganze Orchester durcheinander, und bisherige Musikstücke können nicht mehr so wie zuvor gespielt werden. Dafür sind nun neue, zuvor unbekannte Melodien möglich. Auch im Gehirn gibt es eine Region, bei der ständig neue Musikinstrumente, Pardon, Nervenzellen, eingebaut werden: der Hippocampus. Neue Nervenzellen bringen natürlich mächtig Unruhe in ein Netzwerk und sorgen dafür, dass der Hippocampus alte Informationen vergisst. Offenbar ist es nur dadurch möglich, dass ebenjener Hippocampus so schnell neue Gedächtnisinhalte aufbauen kann.

So paradox es klingen mag: Neue Nervenzellen im Gehirn sind kein Zeichen dafür, dass man neue Erinnerungen aufbaut. Im Gegenteil, neue Nervenzellen sind wichtig, damit man Altes vergessen kann. Nur dadurch ist es möglich, überhaupt Neues zu lernen.

Die Obergrenze des … äh … na … des … Lernens

Vergessen ist wichtig, damit man sich nicht zu sehr an einen Datensatz anpasst. Oder weniger informatisch ausgedrückt: damit man nicht so engstirnig wird im Kopf. Noch einen anderen Vorteil bringt das Vergessen mit sich. Es verhindert, dass unser Lernsystem irgendwann überfordert und ausgebremst wird.

Es soll Menschen geben, die ihre E-Mails in Ordnern gruppieren und nach Sendern, Empfängern oder Themen sortieren. Ich hingegen verzichte aufs aufwendige Sortieren und speichere meine E-Mails unstrukturiert in meinem E-Mail-Programm ab. Wenn ich irgendwann mal eine bestimmte E-Mail brauche, nutze ich die Suchfunktion. Die Sache ist nur: Seit meiner ersten E-Mail aus dem Jahr 1997 habe ich so gut wie noch keine E-Mail gelöscht. Mittlerweile haben sich einige Zehntausend angesammelt, und ich stelle fest, dass das Suchen immer länger dauert. Dasselbe Phänomen kennt man auch von anderen Nachrichtendiensten: Wer in einem endlosen Whatsapp-Chat ein Schlüsselwort sucht, muss durchaus ein paar Sekunden warten.

Das kann auch im Gehirn passieren. Jeder kennt die Situation, dass einem etwas auf der Zunge liegt, aber man kommt einfach nicht drauf. Dieser Schauspieler in diesem Hollywoodfilm mit Emma Stone? Na …, der hieß … Egal. Die Namen von Hollywoodschauspielern kann man schnell googeln. Das ist bei Namen von Arbeitskollegen oder dem neuen Typen im Bekanntenkreis nicht so leicht der Fall – und schon ist das kognitive Malheur passiert.

Wo befindet sich dieser Name, wenn er einem »auf der

Zunge liegt«? Um das herauszufinden, beobachtete man die Hirnaktivität von Probanden, während sie sich an Namen und Bilder erinnern sollten.[21] Interessanterweise kam dabei heraus, dass Vergesslichkeit im Gehirn etwas anderes ist als das »Auf-der-Zunge-Liegen«. Wer etwas vergessen hat, der aktiviert zwar die Regionen für das Langzeitgedächtnis in der Großhirnrinde, doch eigentlich ist schon klar, dass diese Mühe vergebens ist. Beim Auf-der-Zunge-Liegen ist hingegen die Fähigkeit gestört, das auszusprechen, was man ohnehin weiß. Man hat die Erinnerung schon noch im Kopf (also beispielsweise den Namen). Das ist dann richtig nervig. Sokrates meinte noch: »Ich weiß, dass ich nichts weiß.« Das ist immerhin beruhigend. Denn was anderes ist viel schlimmer: »Ich weiß, dass ich es weiß, aber ich komm nicht drauf.« Da steht man schnell da wie ein Depp.

Wer sich also viel gemerkt hat, der braucht auch manchmal länger, bis er an die gemerkte Information rankommt. Dies mag ein Grund dafür sein, dass Auf-der-Zunge-liegen-Phänomene mit dem Alter zunehmen. Wer ein halbes Jahrhundert Lebenszeit deutlich überschritten hat, der hat einfach auch schon so viel erlebt, dass es kognitiven Aufwand bedeutet, die passenden Informationen richtig zusammenzustellen und sich zu erinnern. Wer gerade fünf geworden ist, der hat keine großen Probleme, den Überblick über sein Gedächtnis zu behalten. Dies konnte sogar in theoretischen Modellen nachgewiesen werden. Simuliert man nämlich einen Lernprozess in einem künstlichen neuronalen Netzwerk (also einem Computersystem, wie man es in anderer Form auch für das Lernen von Atari-Spielen oder Gesichtern einsetzt), dann wird das System immer langsamer, je mehr Informationen es verarbeiten muss.[22] Es ist offenbar ein prinzipielles Problem des Lernens: Je mehr man weiß, desto länger dauert es, das Gelernte zu aktivieren.

Die Lösung lautet Vergessen. Denn wer weniger weiß,

kommt an das, was er weiß, schneller ran. Nun könnte man sagen, da hat man ja die Wahl zwischen Pest und Cholera, entweder sich nicht mehr daran erinnern oder es gleich gar nicht mehr zu wissen. Super. Doch eine andere Wahl haben wir nicht. Clevere Gehirne sind in der Lage, schnell das Wichtige vom Unwichtigen zu trennen und sich nur an das Wesentliche zu erinnern.

Vergessen ist kein Zeichen eines geistigen Verfalls – zumindest nicht, solange man sich daran erinnert, dass man etwas vergisst. Prinzipiell bewahrt uns das Vergessen vor einem Informationsoverkill. Ich weiß zum Beispiel noch nicht mal die Telefonnummer meiner Schwester (die soll sich mein Smartphone »speichern«) – aber ich weiß, wann ich sie anrufen muss. Denn Lernen bedeutet, Wissen anwenden zu können. Es nur zu speichern wäre viel zu wenig. Im Umkehrschluss heißt das aber auch: Das Gedächtnis ist unzuverlässig. Wir behalten nicht alle Dinge, schlimmer noch, wir verfremden und verfälschen sie. Und das zu Recht, denn ansonsten könnten wir uns nicht auf Neues einstellen. Sprich: Wir könnten nicht lernen.

Paradoxe Geständnisse

Samstag, 26. Oktober 1996, die 14-jährige Darrelle Exner macht sich in der kanadischen Stadt Regina auf den Heimweg. Dort kommt sie nie an. Die Polizei findet stattdessen ihren Leichnam bei einem Mann namens Kenneth Patton – doch nicht nur er, sondern auch drei weitere Tatverdächtige, allesamt Bekannte des Opfers, kommen für den Mord infrage. Da wäre zum einen ein 17-jähriger Kumpel, der nach einer mehrstündigen Befragung endlich zugibt, Darrelle zu Tode geprügelt zu haben. Mit diesem Geständnis ist er aber nicht allein. Auch Douglas Firemoon gesteht, das Mädchen erstochen zu haben. Als wäre das noch nicht genug, gibt es noch ein drittes Geständnis, denn auch Joel Labadie behauptet, dass er das Mädchen getötet habe. Ein Opfer, aber gleich drei Personen, die unabhängig voneinander behaupten, das Mädchen ermordet zu haben? Und zwar nicht, um irgendjemanden zu schützen, sondern in voller Überzeugung, dass sie es auch waren? Das klingt reichlich widersprüchlich. Die Wahrheit kam durch einen DNA-Test heraus. Der wirkliche Täter war keiner von den dreien, sondern Kenneth Patton.[23] Allein die Tatsache, dass das Mädchen stranguliert wurde (was keiner der angeblich Geständigen behauptet hatte), hätte die Polizei stutzig machen müssen. Aber was sind schon kalte Fakten gegen das lebhafte Geständnis eines Tatverdächtigen?

Das ist nichts Ungewöhnliches. Falsche Zeugenaussagen sind der Hauptgrund schlechthin für Fehlurteile. Allein in den USA sind bis heute 102 Personen aufgrund von falschen Geständnissen verurteilt worden, obwohl ein anschließender DNA-Test das Gegenteil bewies.[24] Warum verhalten sich Menschen nur so seltsam und beschuldigen sich selbst oder werden gar zum Tode verurteilt, obwohl sie es eigentlich besser wissen müssen? Die Antwort lautet: weil sie es nicht besser wissen können. Der Grund liegt darin, wie das Gehirn arbeitet, wenn es lernt und später Gedächtnisinhalte reaktiviert.

Update fürs Gehirn

Kurzer Test an dieser Stelle: Denken Sie bitte jetzt an Ihre Einschulung! Jetzt!

In diesem Moment wird nicht irgendwo die Erinnerung an Ihre Einschulung im Gehirn »abgerufen«, auch wenn man das umgangssprachlich so sagt. Vielmehr synchronisieren sich die Nervenzellen so, dass ein Muster entsteht, das dieser Erinnerung entspricht. So ähnlich wie Musiker in einem Orchester ein Musikstück für einen konkreten Augenblick erzeugen. So präzise die Musiker jedoch spielen, sie werden es nie schaffen, ein Musikstück immer exakt gleich vorzutragen, es ist immer ein bisschen anders. Und noch mehr: In dem Moment, in dem die Musik gespielt wird, kann sie verändert werden – und das kann sich darauf auswirken, wie das nächste Mal gespielt wird.

Vergleichbar verhält es sich im Gehirn. Sobald man eine Erinnerung erzeugt, ist sie immer ein bisschen anders als die Male davor. Sie denken heute anders an Ihre Einschulung zurück als noch vor acht Jahren, und in zwanzig Jahren wird Ihre Erinnerung wieder eine andere sein. Außerdem verändert sich Ihre Erinnerung immer dann, wenn Sie sie aktivieren. Genau dieser Moment der Aktivierung ist kritisch, die Erinnerung ist labil und potenziell gefährdet für Einflüsse von außen. Genau deswegen können Menschen durch eine suggestive Fragestellung in einem Polizeiverhör dazu verleitet werden, sich Erinnerungen auszudenken.

Dieser Zustand wird in der Neurowissenschaft »Rekonsolidierung«, also Rückversicherung, genannt. Die Nervenzellen aktivieren gerade eine Erinnerung und sind in diesem Moment lernbereit. Ihre Kontaktstellen sind besonders sensibel und darauf eingestellt, sich zu verändern. Hört man in diesem Moment ein Stichwort von außen, baut man das in seine eigene Erinnerung ein. Lässt man das Ganze anschließend ein bisschen ruhen, dann verschmelzen vorherige und neue Erinnerung, und man kann am Ende Wahrheit und Fiktion nicht mehr auseinanderhalten.

Einen Grund dafür haben Sie vor wenigen Seiten schon gelesen: Wenn Menschen Erinnerungen aufbauen (zum Beispiel, wenn sie Videoclips schauen), orientieren sie sich zunächst am groben Gesamtbild. Die Details kommen erst im Nachhinein. Aber, und das ist wichtig, wenn man eine Hilfestellung gibt, kann man Details hervorlocken. Was würde wohl passieren, wenn man diese Hilfestellung manipuliert? Wenn man also

Stichworte für vermeintliche Ereignisse aus der Vergangenheit gibt, die so aber nie passiert sind?

Genau das untersuchte man bei Museumsbesuchern. Konkret bat man die Teilnehmer bei einer Audioguide-Führung durch ein naturkundliches Museum an der US-Ostküste. Die Leute bekamen Kopfhörer aufgesetzt, über die sie Informationen zu den einzelnen Exponaten erhielten. Zwei Tage später präsentierte man ihnen Bilder der Ausstellungsstücke, man reaktivierte also die Erinnerung an den Museumstrip. Was die Probanden allerdings nicht wussten: Ab und zu hatte man Bilder dazwischen gemogelt, die Exponate zeigten, die gar nicht auf der Route lagen. Man nutzte also den sensiblen Moment der Erinnerung, um diese zu verändern. Damit aus diesen, dazwischen gemogelten, Bildern auch echte Erinnerungen wurden, wartete man zwei weitere Tage und fragte dann ab, welche Bilder die Museumsbesucher gesehen hatten. Siehe da: Über ein Viertel der Teilnehmer behauptete, Bilder gesehen zu haben, die gar nicht auf der Museumstour gezeigt wurden.[25]

Wie wir die Angst verlernen

Auf den ersten Blick scheint das alles schockierend: Wir lernen offenbar so gut, dass wir unser Gedächtnis permanent mit neuen Inhalten versorgen, verfremden und verfälschen, sobald wir es aktiveren. Wir lernen quasi »zu gut« und können uns nie darauf verlassen, dass das, was wir einmal gelernt haben, in dieser Form auch dauerhaft im Kopf bleibt. Wenn wir Pech haben, werden wir durch verführerische Hinweisreize zu falschen Erinnerungen verleitet. Aber auch das Gegenteil ist möglich. Der labile Zustand von reaktivierter Erinnerung kann auch im positiven Sinne verändern. Das macht man sich vor allem bei der Behandlung von Ängsten und Traumata zunutze, in sogenannten Konfrontationstherapien.

Wenn man beispielsweise Angst vor Spinnen hat, sollte man sich mit Spinnen beschäftigen, diese anschauen oder gar berühren. Das negative Gefühl kann dann verschwinden, indem man es mit neuen Informationen updatet (nämlich, dass Spinnen gar nicht so schlimm sind). Man muss dabei allerdings auf zwei Dinge achten: Erstens sollte dann auch wirklich kein Unglück passieren – eine Konfrontationstherapie mit einer aufgereizten Sydney-Trichternetzspinne ist folglich nicht zu empfehlen. Zum Zweiten muss man aufs Timing achten, denn das Erinnerungsupdate gelingt nur in einem speziellen Zeitfenster.

Konfrontierte man Betroffene zehn Minuten nach dem ursprünglichen Angstreiz wieder mit Spinnen, ließ im Anschluss die Angstreaktion messbar nach: Im Hirnscanner zeigte sich, dass die Region, die normalerweise das Angstgefühl vermittelt (der sogenannte Mandelkern, Fachbegriff Amygdala, tatsächlich etwa so groß wie eine Mandel und direkt neben dem Hippocampus liegend), weniger aktiv war. Dieser Effekt ist nicht nur kurzfristig, sondern kann einige Monate anhalten[26] – was beweist, dass Erinnerungen tatsächlich dauerhaft verändert werden können. Anders hingegen, wenn der Abstand zwischen den Spinnenbildern sechs Stunden betrug: Da hatte sich die Angstreaktion nicht verändert.

Die Wissenschaft weiß übrigens noch einen anderen Rat, wenn Sie von unangenehmen Gedächtnisinhalten geplagt werden: Spielen Sie Tetris (oder ein anderes Computerspiel, das Ihr räumliches Vorstellungsvermögen in Beschlag nimmt)! In einem Experiment stellte sich heraus, dass Probanden, die Videos mit richtig harter Kost (ertrinkenden, verwundeten oder sterbenden Menschen) gesehen hatten, die Erinnerungen daran besser loswurden, wenn sie anschließend Tetris spielten. Sie hatten auch im Alltag weniger Flashbacks, also Spontanerinnerungen an die Unfallbilder, als eine Kontrollgruppe, die mit den Erinnerungen alleingelassen wurde.[27] Das Tetris-

Spielen erfordert nämlich eine genaue räumlich-koordinative Aktivität des Gehirns. Wird eine Erinnerung in diesem Moment des Tetris-Spielens reaktiviert, hat sie keine Chance gegen das aufregende Computerspiel. Die Folge: Die labile Erinnerung an die schlimmen Bilder wird abgeschwächt.

Fazit: Lernen ist nicht das perfekte Abspeichern von Informationen. Lernen ist auch nicht die Ausbildung eines robusten Gedächtnisses. Leider liegt vielen Lerntechniken genau ein solches Denken zugrunde. Da wird erklärt, wie man in möglichst kurzer Zeit möglichst viele Fakten ins Gehirn bekommt, damit man für die nächste Prüfung gerüstet ist (mehr dazu im nächsten Kapitel). Doch Lernen darf man nicht mit Üben oder Trainieren verwechseln. Wer eine Sache eingeübt hat, kann diese später im besten Fall auch fehlerfrei wiedergeben. Das Problem dabei aber ist: Die allermeisten trockenen Fakten bleiben nun mal nicht in unserer Erinnerung, sosehr wir sie auch einüben. Denn der Sinn unseres Gedächtnisses besteht gar nicht darin, das wiederzugeben, was schon war. Er besteht vielmehr darin, dass man im Hier und Jetzt gute Entscheidungen für die Zukunft treffen kann. Das bedeutet, dass man vergisst, verlernt, verfremdet und verfälscht. Und das ist notwendig, um das Gelernte auch anwenden zu können. Wer hingegen nur zurückschaut, perfekt und fehlerfrei, sieht vielleicht nicht, was auf ihn zukommt. Er kann die Vergangenheit korrekt wiedergeben – aber damit etwas Sinnvolles anzufangen erfordert noch ein bisschen mehr.

1.4 Lerntechniken auf dem Prüfstand

Was macht man heutzutage, wenn man Informationen zu einem Thema sucht? Man googelt – das habe ich auch gemacht und die Suchanfrage »Lernen lernen« abgeschickt. Schnell landet man da auf allerhand Seiten, die einen besonders spannenden Zugang zum Thema versprechen: die Bestimmung des individuellen Lerntyps. Neugierig, wie ich bin, habe ich mich durch den Test durchgeklickt und Fragen beantwortet, ob ich mir Geschriebenes besser behalte als Gesprochenes oder ob ich gern Schaubilder aufzeichne.[28] Eine gute Minute später war ich schlauer: Ich bin der »kommunikative Lerntyp«, würde permanent reden und am besten lernen, indem ich etwas erkläre. Nun gut, das ist jetzt keine neue Erkenntnis für mich. Fragen Sie mein Umfeld: Es gibt niemanden, den ich mit meinem Gequatsche nicht schon irgendwann genervt hätte. Und dass ich am besten lerne, indem ich etwas erkläre, ist einer der Gründe, weshalb ich dieses Buch schreibe.

Der Lerntypentest ist wunderbar eingängig. Ihm liegt die populäre Annahme zugrunde, man könnte das Gehirn auf eine besonders effiziente Art stimulieren, wenn man nur den richtigen Lernkanal wählt. Schließlich hat jeder unterschiedliche Vorlieben, wie man Informationen aufnimmt: Der eine liest sich lieber ein Buch durch, der Nächste zieht ein Hörbuch vor. Andere wiederum halten gern Vorträge oder malen sich übersichtliche Schaubilder. Da klingt es nur logisch, dass man umso besser lernt, je intensiver man die eigene Lernvorliebe (eher visuell, auditiv, kommunikativ oder haptisch) nutzt.

Ganz so einfach ist die Sache mit dem Lernen-Lernen allerdings nicht. Nach seinem persönlichen Lernstil zu lernen ist in etwa so sinnvoll, wie permanent sein Lieblingsessen zu essen. Angenommen, ich würde am liebsten Burger, Pizza und Pommes verspeisen, dann wäre mein individueller Essensstil »fettiges Fast Food«. Der Lernstil-Argumentation folgend, müsste ich also fortwährend Pizza und Burger essen, weil es ja am besten zu mir passt. Ich will mir nicht vorstellen, wie ich nach einer jahrelangen Pizzakur aussehen würde – ich könnte wahrscheinlich noch so viel auf dem Rennrad trainieren, meinem Stoffwechsel würde ich keine Freude bereiten. Das Gegenteil wäre viel besser: Wenn ich weiß, was mein bevorzugtes Essen ist, müsste ich eigentlich auf alternative Nahrungsquellen umsteigen, um mich möglichst vielfältig zu ernähren. Schon die prinzipielle Argumentation der Lernstil-Theorie ist also unschlüssig.

Auch bei der geistigen »Ernährung« ist es wichtig, sich abwechslungsreich mit Informationen zu versorgen. Bietet man Probanden nämlich Informationen in unterschiedlicher Form an (also in Bildern, als Text, als gesprochenes Wort) oder lässt sie den Inhalt selbst erarbeiten, spielt es keine Rolle, ob man der visuelle Typ ist und eher Bilder bevorzugt oder der auditive, der die Sachen am liebsten hören will.[29]

Obwohl der Lerntyp-Mythos längst wissenschaftlich widerlegt ist, geistert er als didaktischer Untoter durch die pädagogische Landschaft. Nach einer Untersuchung aus dem Jahre 2012 glaubten 95 Prozent der befragten Lehrer in Großbritannien und den Niederlanden an den Lerntypen-Unfug.[30] Selbst die Kenntnis der neurowissenschaftlichen Grundlagen des Lernens half wenig. In einer fünf Jahre später durchgeführten Untersuchung gaben noch über Dreiviertel der befragten neurowissenschaftlichen Experten an, dass man besser lerne, wenn man die Informationen seinem individuellen Lernstil entsprechend präsentiert bekäme.[31]

Kein Wunder, denn das Lernen in Lerntypen passt wunderbar zu dem, wie man Lernen optimieren will: Schnell, effizient und individuell soll es ablaufen. Dieser Ansatz setzt sich fort, wenn es um konkrete Lerntechniken geht. Das Ziel: möglichst viele Informationen in kürzester Zeit dauerhaft im Gehirn verankern. Die Methode: viele Wiederholungen und häufiges Üben – schließlich ist es genau das, was ein Nervennetzwerk braucht, um sich anzupassen. Die Tipps reichen vom Lernen mit Karteikarten, Zusammenfassungen, Eselsbrücken oder Schaubilder. Eine Untersuchung unter niederländischen Studenten Ende 2018 förderte Ähnliches zutage. Ganz oben auf der Liste der beliebtesten Lernmethoden standen Tricks wie »Zusammenfassungen schreiben«, »sich mentale Bilder überlegen«, »wiederholen«, aber auch »sich selbst abfragen und testen«.[32]

Diese Techniken sind sehr populär, und gerade deswegen lohnt es sich genauer hinzuschauen – auch um der einen oder anderen Falle zu entgehen. Immerhin werden allein in Deutschland jedes Jahr um die 900 Millionen Euro für Nachhilfe ausgegeben.[33] Der weltweite Markt für Prüfungsvorbereitungen wird auf knapp 100 Milliarden US-Dollar geschätzt und wird in sieben Jahren auf über 170 Milliarden Dollar zugelegt haben.[34] Zum Vergleich: Das wird dann etwas mehr als die Hälfte des weltweiten Jahresumsatzes mit Computerspielen sein[35] und immerhin fast ein Viertel dessen, was weltweit jährlich für Beauty-Produkte ausgegeben wird[36]. Die Prioritäten sind in unserer Welt offenbar klar verteilt. Wer braucht schon viel zu wissen, wenn er gut aussieht?

Lerntechniken auf dem Prüfstand: Die Wiederholungsmethode

In den USA kann man nicht einfach so an eine Elite-Uni gehen. Man muss nachweisen können, dass man einiges auf dem Kasten hat. Da das Schulsystem in den USA etwas unübersichtlicher ist als in kleineren Ländern wie Schweden, Dänemark oder Deutschland und man sich nie sicher sein kann, ob die Highschool in Nebraska ähnlich gut ist wie die in New York, muss man für die Aufnahme an eine Uni einen Eignungstest ablegen, den sogenannten SAT (*scholastic assessment test*, also den Schuleignungstest). Maximal kann man in dieser dreistündigen schriftlichen Prüfung zu Mathe- und Wissensthemen 1600 Punkte erzielen, ab 1400 Punkten ist man besser als 94 Prozent der anderen Teilnehmer – und hat dann zumindest die Chance, sich bei einer der besseren Unis bewerben zu können. Oftmals entscheidet dieser Test also über Wohl und Wehe des weiteren beruflichen Werdegangs. Kein Wunder, dass man sich intensiv auf solche Tests vorbereitet. Als man untersuchte, welche Lernstrategien die erfolgreichen Testteilnehmer (mit einem SAT-Ergebnis von mindestens 1400 Punkten) anwenden, kam jedoch Erstaunliches heraus: Die Top 4 der meistangewandten Lerntechniken waren: sich den Stoff immer wieder durchzulesen, praktische Beispiele durchzugehen, mit Karteikarten zu arbeiten oder sich Notizen zu machen.[37] Gefragt, was sie machen würden, wenn sie sich einen zu lernenden Text gerade durchgelesen hätten, sagte über die Hälfte, sie würde sich denselben Text grad noch mal durchlesen. Ganz ehrlich, das ist jetzt nicht die Neuerfindung des Lernens.

Trotzdem ist das wiederholte Lesen als Lernmethode sehr populär. Denn erstens ist sie billig, und zweitens passt sie auch wunderbar zu der Art, wie ein Gehirn arbeiten soll. Wenn es denn stimmt, dass die Nervennetzwerke viele Wiederholungen brauchen, damit sie ihre Kontaktstellen anpassen können, na dann bitte sehr: wiederholt man doch einfach den Lernstoff so lange, bis er ins Gehirn »eingebrannt« ist.

Das funktioniert auch wunderbar, wenn es darum geht, den Inhalt eines Textes möglichst fehlerfrei ins Gedächtnis zu bringen. In einem Versuch bat man Probanden, sich zwei Sachtexte durchzulesen (einen Bericht über die Herstellung von Leder sowie einen kurzen Abriss über die Geschichte Australiens, beides zusammen nicht ganz so lang wie dieses Teilkapitel). Zehn Minuten später legte man ihnen die Texte wieder vor, allerdings war jedes zehnte Wort gelöscht worden. Beim Ausfüllen dieses Lückentextes konnten sich die Leser noch nicht mal an jedes fünfte fehlende Wort erinnern. Anders verhielt es sich jedoch, wenn man die Texte viermal direkt hintereinander gelesen hatte: Dann kam einem immerhin die Hälfte der fehlenden Wörter in den Sinn. Viel hilft viel – keine neue Erkenntnis, werden Sie sagen, und damit haben Sie recht. Denn dieses Experiment wurde vor über fünfzig Jahren durchgeführt.[38]

Trotzdem darf man nicht überbewerten, was solches stumpfsinnige Vor-sich-hin-Lesen bringt. Ein wichtiger Punkt, der beim wiederholten Lesen unterschätzt wird, ist der Faktor Zeit. Ein Nervennetzwerk braucht etwas Zeit, bis es sich an einen Reiz anpassen kann. Stellen Sie sich vor, ein Grüppchen aus Nervenzellen wird durch einen Informationsreiz stimuliert. Jetzt werfen diese das ganze Programm an Umbaumaßnahmen an, um das Netzwerk so zu justieren, dass der Reiz das nächste Mal besser durch das Netzwerk geleitet werden kann. Das dauert ein bisschen – und deswegen muss man Pausen einlegen. Sportler werden ja auch nicht besser, wenn sie trainieren. Nach jedem Training ist man körperlich schwächer als zu dem Zeitpunkt, als man mit dem Training begonnen hat. Doch wenn man Pause vom Trainingsreiz macht, hat der Körper genügend Zeit, sich anzupassen.

Die gut gesetzte Pause unterscheidet das stumpfsinnige Wiederholen vom nachhaltigen. Wiederholungen im Lernen (zum Beispiel beim Lesen) helfen nur, wenn es um einen kurzfristigen Erfolg geht. Konkret untersuchte man das in einem ganz ähnlichen Experiment: Man bat die Teilnehmer, einen kurzen wissenschaftlichen Text über die Speicherung von Kohlendioxid zu lesen. Ein Teil der Teilnehmer durfte den Text sofort noch mal lesen, ein anderer Teil musste sich für das erneute Lesen hingegen eine Woche Zeit lassen. Dann kam es zum Test: Entweder direkt nach dem erneuten Lesen und im Abstand von zwei Tagen sollten die Teilnehmer in der Prüfung so viele Stichpunkte aufschreiben, wie sie aus dem Text erinnern konnten. Das Ergebnis war erstaunlich: Erfolgte der Test direkt nach dem erneuten Lesen, war es besser, wenn man keine Woche Pause dazwischen gemacht hatte. Erfolgte der Test jedoch mit zwei Tagen Verzögerung, schnitt die Gruppe am besten ab, die eine einwöchige Pause in das wiederholte Lesen eingeschoben hatte.[39]

Rein biologisch spricht also nichts dagegen, wenn man am Tag vor der Prüfung den Stoff noch mal intensiv wiederholt. Ein Praxistipp an dieser Stelle: Wenn man etwas für den nächsten Tag konkret behalten will, schaut man es sich unmittelbar vor dem Schlafengehen noch einmal an. Schon bettfertig, die Zähne geputzt, schaut man sich nur fünf Minuten noch mal an, was man nicht behalten kann. Und dann sofort ins Bett und schlafen! Denn dann wird es in der Nacht vom Hippocampus besonders intensiv durchgekaut und anschließend besser erinnert. Das wäre quasi die geistige Brechstange, wenn's mal wieder länger dauert mit dem Lernen.

Man kann also durchaus mit Wiederholungen arbeiten, sie haben gerade kurzfristig einen positiven Effekt. Doch man muss einen Preis zahlen: Man überschätzt seinen eigenen Lernerfolg maßlos. Es fühlt sich ja auch gut an, wenn man einen Lerninhalt häufiger durchgeht. Beim ersten Mal ist alles noch neu und unbekannt, beim zweiten Mal hat man es schon mal gesehen und liest es schneller durch. Beim dritten Mal erinnern Sie sich schon gut an den Inhalt, lesen weiter und werden in Ihrer Erwartung bestätigt: Sie lesen tatsächlich das, woran Sie sich erinnern. Super, denken Sie sich und reden sich ein, dass Sie den Text auswendig können.

Genau das kam heraus, als man dieses Wiederholungslernen im Labor untersuchte. Eine Gruppe las einen Text viermal direkt hintereinander. Eine andere las den Text nur einmal, machte sich danach jedoch dreimal hintereinander Aufzeichnungen. Direkt nach dieser Prozedur schätzten die Vielleser ihren Lernerfolg höher ein als diejenigen, die sich Zusammenfassungen geschrieben hatten. Doch eine Woche später kam die Überraschung: In einem Test sollten alle Teilnehmer aufschreiben, an was sie sich erinnerten. Die Wiederholungsleser waren denjenigen, die Zusammenfassungen angefertigt hatten, unterlegen, obwohl sie sich selbst für besser hielten.[40]

Fazit: Wenn morgen eine wichtige Prüfung ansteht, bitte sehr. Wiederholen Sie, so viel Sie können. Wenn Sie Ihr Gehirn beim Lernen etwas unterstützen, können Sie jedoch einen besseren Lernerfolg erzielen. Zum Beispiel, indem Sie Zusammenfassungen erstellen.

Lerntechniken auf dem Prüfstand: Zusammenfassungen erstellen

Neulich bin ich umgezogen und kramte meine Prüfungsvorbereitungen aus meinem Biochemiestudium hervor. Meine Aufzeichnungen anschauend, kann ich durchaus behaupten, dass für mich persönlich Zusammenfassungen das Mittel der Wahl waren, um für Prüfungen zu lernen: Sage und schreibe 248 Seiten hatte ich mit meinen Zusammenfassungen aus Lehrbüchern und Vorlesungen gefüllt. Dabei ist meine Handschrift winzig klein – und doch offenbar der Schlüssel zum Erfolg. Denn ob Zusammenfassungen funktionieren oder nicht, hängt auch davon ab, ob wir sie mit der Hand aufschreiben oder auf einer Computertastatur.

Soll man mittippen, was man hört, versucht man alles wortwörtlich in die Tasten zu hauen. Wer mitdenkt, hat verloren, denn Denken kostet Zeit. Deswegen stellt man in Untersuchungen fest: Probanden, die aufgefordert werden, auf der Tastatur mitzuschreiben, schreiben zwar viel auf, behalten sich aber nicht so viel. Schreibt man hingegen mit der Hand mit, hat man ein Problem: Man ist zu langsam. Deswegen schreibt man gar nicht mehr wortwörtlich mit, sondern nur die wichtigsten Stichpunkte. Das führt dazu, dass man mitdenken muss. Schon während man schreibt, verdaut man so die Information und formt sie in ein eigenes Schema. Die ganz Cleveren malen sich noch ein paar hübsche Verknüpfungen, Pfeile und Linien dazu. Fertig ist das mentale Bild auf dem Papier. Und genau deswegen schneiden Probanden, die mit der Hand mitschreiben, in anschließenden Erinnerungstests besser ab als diejenigen, die auf einem Computer mitschreiben.[41] Selbst wenn man den Computertippern vorher sagt, sie sollen nicht alles, sondern nur das Wichtigste mittippen, merken sie sich weniger als die, die mit der Hand schreiben.

Nun könnten die Computerfans natürlich sagen: Okay, dann schreibe ich eben mit einem Stift auf dem Tablet. Das sollte schließlich genauso gut gehen wie auf Papier. Doch aufgepasst, denn wenn wir etwas aufschreiben, merken wir uns auch die räumliche Struktur drum herum. So ähnlich wie in einem gedruckten Buch. Da erinnern wir uns auch oft daran, wo etwas steht, zum Beispiel vorne oder hinten unten links, und das hilft, um den Inhalt besser zu behalten. Bei einem Tablet ändert sich die räumliche Struktur hingegen nicht – und das macht es schwerer, sich an den Text auf einem Bildschirm zu erinnern als an die ausgedruckte Variante. Wenn Sie sich also den Inhalt dieses Sachbuches besonders gut behalten wollen, lesen Sie die gedruckte Variante. Ein E-Book ist zwar handlich und kann gleichzeitig Hunderte Bücher speichern, aber ich empfehle es nur, wenn man schnell mal durch einen Roman oder Krimi durchpflügen will.

Was folgt daraus: Auch auf das Haptische und Räumliche kommt es an. Selbst geschriebene Zusammenfassungen sind von Vorteil, weil man die Informationen nicht nur passiv konsumiert, sondern sich aktiv mit ihnen beschäftigt. Man muss sich überlegen, was wichtig ist und mit welchen bestehenden Informationen sich das vielleicht kombinieren ließe.

Aber auch hier kann man etwas falsch machen, wie sich im Labor herausstellte. Testpersonen wurden aufgefordert, einen Text zur Evolution des Menschen durchzulesen und sich anschließend einen eigenen Spickzettel zu schreiben. Anstatt sich zu überlegen, wie der Inhalt strukturiert ist, also eine Art Übersicht zu schaffen, schrieben sie den Inhalt noch einmal möglichst detailliert und wortreich ab. Das Ergebnis: Diese Zusammenfassungen hatten wenig Effekt, es wäre genauso sinnvoll gewesen, keine Zusammenfassung zu erstellen, sich den Text noch einmal durchzulesen oder mit schon vorgefertigten Lernkarten zu arbeiten.[42]

Handgeschriebene Notizen haben also nicht den Zweck, dass man sich möglichst wortwörtlich aufschreibt, was man gehört oder gelesen hat. Es geht vielmehr darum, dass man bereits beim Aufschreiben die Informationen verarbeitet und sie auf diese Weise mit schon bestehenden Informationen zusammenführt. Dadurch werden ältere Gedächtnisinhalte reaktiviert, und wir können sie auch genau in diesem Moment verarbeiten, verfremden und kombinieren. Erinnern Sie sich an das Kapitel 1.3 über das Vergessen und Verfälschen? Was manchmal eine schreckliche Ungenauigkeit in unserem Gedächtnis zur Folge hat, entpuppt sich hier als Stärke. Kramt man Informationen in seinem Gedächtnis wieder hervor, gehen sie in einen labilen Zustand über, man ergänzt sie mit neuen Informationen oder anderen Perspektiven und entlässt die so aufgefrischte Info anschließend wieder in den Verfestigungsprozess im Netzwerk.

Notizen helfen beim Lernen also durchaus weiter, doch es dauert einige Zeit, bis man sich gute Zusammenfassungen erstellt hat. Geht dabei nicht wertvolle Lernzeit verloren? Um das zu untersuchen, forderte man Probanden auf, sich Texte über Seeotter oder die Sonne durchzulesen. Während sich ein Teil der Testteilnehmer nach dem Lesen Notizen auf ein leeres Blatt Papier machen durfte, sollte sich eine zweite Gruppe den Text sofort ein zweites Mal durchlesen. Wiederholen gegen Zusammenfassen – was war wohl besser? Es kam darauf an: Wenn fünf Minuten nach dem Lesen oder Zusammenfassen getestet wurde, war die Wiederholungsmethode besser, und die Teilnehmer erinnerten sich besonders gut an die Details im Text. Erfolgte der Test jedoch zwei Tage oder gar eine Woche später, schnitt die andere Gruppe besser ab – nämlich die Gruppe, die sich den Text nur einmal durchgelesen, im Anschluss aber selbst ein paar Notizen zum Inhalt gemacht hatte.[43]

Fazit: Mit Notizen und Zusammenfassungen lernt man zwar etwas langsamer, dafür bleiben die Informationen dauerhafter im Gedächtnis. Vorausgesetzt, man schreibt auch wirklich mit der eigenen Hand und versucht nicht, alles wortwörtlich zu wiederholen.

Lerntechniken auf dem Prüfstand: Eselsbrücken und Visualisierungen

Jetzt haben Sie schon einiges darüber erfahren, wie man das Lernen verbessern kann, deswegen ein kleiner Test. Merken Sie sich bitte folgende Buchstabenkombination:

NRTTILELHKNE1KPAECINE

Oha, werden Sie sagen, das ist gar nicht so einfach. So viele Zeichen, da kommt man leicht durcheinander. Wie wäre es jedoch, wenn man die Buchstaben einfach umstellt?

KAPITEL 1 LERNTECHNIKEN

Das ist viel einfacher, obwohl die Datenmenge die Gleiche ist.

Und das ist auch schon das Grundprinzip vieler Eselsbrücken und ähnlicher Merktechniken: Man bündelt einzelne Informationshappen zu größeren Brocken, wissenschaftlich »*chunks*« genannt (engl. für Klotz, Klumpen oder Brocken). Sich einen Brocken zu merken ist viel einfacher als viele Details. Im obigen Beispiel haben Sie also die Wahl: Entweder Sie merken sich 21 Zeichen oder drei Brocken à sieben, einem und 13 Zeichen. Das gelingt im zweiten Fall viel leichter, weil wir uns nicht die einzelnen Zeichen, sondern sofort Informationseinheiten merken. Üblicherweise ist unsere Merkfähigkeit nämlich sehr begrenzt. Die Obergrenze liegt in einer durchgängigen Zeichenreihe wie NRTTILELHKNE1KPAECINE nur bei fünf bis zehn Zeichen. Ohne den Trick des »Chunkings« würden wir im Alltag also permanent geistig überfordert sein.

Die Hirnregion, die entscheidet, wie viele Daten, Zeichen oder Informationshappen man gleichzeitig verarbeitet, sitzt direkt hinter unserer Stirn. Sie sorgt dafür, dass wir nicht irgendwann von eintreffenden Reizen überfrachtet werden. Für jeden neu eintreffenden Datenreiz muss daher ein alter weichen. Offenbar hat sich eine Obergrenze von einem halben Dutzend Informationshappen als guter Kompromiss herausgestellt – nicht zu wenig, sodass man noch ein bisschen was zum Nachdenken hat, aber auch nicht zu viel, dass man die Übersicht verliert.

Wenn das so ist, warum können sich dann manche Menschen nicht bloß acht Zahlen, sondern Hunderte merken? Im Augenblick steht der Weltrekord im Ziffernmerken bei unfassbaren 608 Ziffern – und zwar in der Disziplin »Geschwindigkeitsmerken«, bei der die 14-jährige Chinesin Wei Qinru nur fünf Minuten Zeit hatte, sich die Nummern einzuprägen. Kein Wunder, dass sie mit dieser Leistung Gedächtnisweltmeisterin wurde.[44] Doch auch solche Gedächtnissportler können sich nicht 600 Ziffern in Reinform merken. Sie alle wenden eine Merktechnik an, die man schon seit der Antike kennt: die Loci-Methode (oder Varianten davon).

Auch römische Redner hatten das Problem, dass sie sich viel merken mussten, denn es gab weder Papier noch Tablets, auf denen sie sich die Rede aufschreiben konnten. Doch die antiken Politiker wandten einen Trick an: Sie verknüpften die wichtigsten Inhalte ihrer Rede mit einer Reise durch einen ihnen bekannten Ort, zum Beispiel durch ihr Haus. Sein Haus kennt man schließlich in- und auswendig. Wenn man in seiner Rede nun über Steuererhöhung, Abwassersysteme und die Ausrüstung des Militärs sprechen wollte, machte man sich einfach eine geistige Bilderreise: Vom Schreibtisch mit den vielen Abrechnungen für die Steuer, an der Toilette mit dem verstopften Abfluss vorbei bis zur sicher bewachten und verriegelten Haustür. Je ausgefallener die Bilder, desto besser bleiben sie hängen.

Wenn wir Zahlen oder Wörter zu Bildern verarbeiten, werden im Gehirn nicht nur die Regionen beansprucht, die die pure Wortbedeutung verarbeiten, sondern auch solche, die räumliche Strukturen abbilden.[45] Wenn man diese Technik gut trainiert, gehen die erzeugten geistigen Bilder also nach und nach in Fleisch und Blut über. Dabei wird der Hippocampus (Sie erinnern sich: die Empfangshalle neuer Informationen) mit einer weiteren Hirnregion, den Basalganglien, stärker verknüpft. Die Basalganglien sitzen tief in der Mitte des Gehirns und sind für alles zuständig, was automatisiert abläuft. Untersucht man nun Personen, die solche Merktechniken besonders häufig anwenden (zum Beispiel Gedächtnissportler), stellt man fest, dass es tatsächlich in ihrem Gehirn zu organischen Veränderungen kommt: Ihre Hirnareale im Hippocampus, die für räumliche Verarbeitung zuständig sind, sind besonders gut mit den Regionen verknüpft, die automatisierte Denkprozesse organisieren.[46] Wenn diese Personen sich lange Zahlenreihen merken, sehen sie gar keine einzelnen Ziffern, sondern sofort ganze Bilder und Geschichten im Kopf.

Übrigens bauen wir extrem schnell solche mentalen Vereinfachungen und Eselsbrücken auf. Für einen Wissenschaftler kann das durchaus hinderlich sein. In einem Lernexperiment untersuchte ich, wie gut man sich Fantasiebegriffe merken kann. Die Testteilnehmer bekamen eine Brille aufgesetzt und bewegten sich damit durch einen virtuellen Raum, in dem Alltagsobjekte mit völlig willkürlichen Fantasiebegriffen bezeichnet waren. Ein Fernglas war kein Fernglas, sondern hieß Bistnar. Essstäbchen waren Reifernülle, und die Brezel hieß Prowjen. Ziel war es, zu untersuchen, ob sich Menschen Objekte dann besser merken, wenn sie an plausiblen Orten auftauchen (also ein Buch, Pardon, ein Trun auch im Regal steht und nicht irgendwo sonst im Raum). Anstatt auf den Raum zu achten, fingen einige Testteilnehmer jedoch sofort an, Eselsbrücken zu bilden, um sich die Fantasiebegriffe zu merken. Bei Bistnar für Fernglas konnte ich das auch nachvollziehen (Bistnar klingt schließlich wie »bist nah«), auch bei Prowjen für Brezel (hört sich ein bisschen nach Proviant an). Es gab aber auch sehr weit hergeholte Verknüpfungen, zum Beispiel, dass »Reifernülle« für die Essstäbchen stehen muss, weil das Doppel-L an die zwei Stäbchen erinnert. Ich musste das Experiment nach ein paar Durchgängen abbrechen und die Fantasiewörter »eselsbrückensicher« machen. Am Ende war das Fernglas ein »Jäffe«, die Brezel »Trowjen« und die Essstäbchen flogen ganz raus.

Um sich einfache Daten merken zu können, haben solche Techniken also durchaus einen Vorteil. Doch bei umfangreicheren Lerneinheiten stoßen sie schnell an Grenzen und verschlimmbessern den Lernerfolg. Beim Fremdsprachenlernen ist das der Fall. Zwar bringen Merktechniken beim Lernen von Vokabeln einen kurzfristigen Vorteil, der Effekt ist aber nach einer Woche komplett verpufft.[47] Dann sind klassische Wiederholungstechniken im Laborexperiment sogar nützlicher als eine vermeintlich eingängige Eselsbrücke. Ein Grund könnte sein, dass die Eselsbrücke selbst ein willkürliches Konstrukt ist, das immer wieder gelernt werden muss. Eselsbrücken sind also eher so etwas wie eine didaktische Notlösung: Für eine einzelne Vokabel kann man sich durchaus eine Verknüpfung überlegen, auf dass man sich leichter erinnert. Doch eine ganze Sprache lernt man sicher nicht mit Eselsbrücken.

Lerntechniken auf dem Prüfstand: Schaubilder malen

Erinnern Sie sich an das Kapitel 1.2 »Das Lernsystem des Gehirns«? Natürlich, denn Ihr Hippocampus hat ganze Arbeit geleistet: Es ging um den Hippocampus und wie er dafür sorgt, dass neue Informationen im Gehirn verankert werden. Stellen Sie sich vor, Sie haben zwei Möglichkeiten, wie Sie diesen Sachverhalt präsentiert bekommen.

Möglichkeit 1 – per Text:

Neue Informationen erzeugen im Hippocampus ein Aktivitätsmuster zwischen den Nervenzellen. Dieses Muster präsentiert der Hippocampus anschließend immer und immer wieder dem Großhirn und aktiviert dabei die dortigen Nervenzellen. Nach und nach justieren diese Nervenzellen ihre Kontakte untereinander, sodass das gleiche Reizmuster leichter ausgelöst werden kann. Am Ende braucht man den Hippocampus gar nicht mehr, um die Information im Großhirn zu aktivieren, denn das übernehmen nun die dort liegenden Nervenzellen – die Information wurde gelernt. Das Aktivitätsmuster im Hippocampus verschwindet. Außerdem werden fortwährend Nervenzellen im Hippocampus durch neue Zellen ersetzt. So bleibt dieser anpassungsfähig für neue Informationen.

Möglichkeit 2 – per Schaubild:

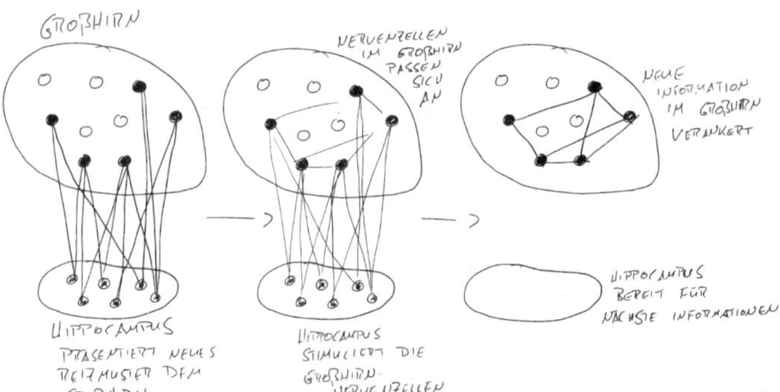

Was sagt Ihnen mehr zu? Die meisten Menschen bevorzugen Schaubilder, schon allein deswegen, weil sie nicht so viel lesen müssen. »Ein Bild sagt mehr als tausend Worte« – also zeigen die drei Bilder in dem obigen Schaubild so viel wie 3000 Wörter, das entspricht in etwa der Anzahl der Wörter, die das Hippocampus-Kapitel in diesem Buch hat. Von den Eselsbrücken-Merktechniken wissen wir bereits, dass Bilder im Gehirn viel umfassender verarbeitet werden können als bloße Wörter. Mehr noch, jedes Wort wird im Kopf ruckzuck in ein Bild übersetzt. Wir denken schließlich nicht in Wörtern oder Sprache, sondern in Mustern, Zusammenhängen und bildhaften Vorstellungen. Wenn das korrekt ist, hätte ich mir das Hippocampus-Kapitel in diesem Buch eigentlich sparen können. Doch stimmt das überhaupt? Sind Schaubilder dem bloßen Text wirklich überlegen?

Auf den ersten Blick schon, weil bei Schaubildern ein Effekt greift, den man in der Wissenschaft »*dual coding*« nennt. Vereinfacht gesagt: Wer über zwei verschiedene Wege lernt, also etwas liest und als Schaubild sieht, behält es sich besser, weil der gleiche Informationsinhalt über mehrere Kanäle im Gehirn verankert werden kann. Genau deswegen spielen Schaubilder beim Lernen ihre Stärke aus. Sollen Probanden beispielsweise einen Sachtext lesen und bekommen anschließend die Möglichkeit, diesen Text entweder schriftlich zusammenzufassen oder selbst ein Schaubild zu malen, dann erinnern sie sich später besser an den Inhalt, wenn sie selbst malen durften.[48] Selbst, wenn sie nur ein Schaubild sahen, behielten sie den Inhalt besser im Kopf. Offenbar kommt es vor allem darauf an, dass irgendwie ein Bild im Kopf erzeugt wird. Kein Wunder, wenn sich schon etwa ein Viertel des Gehirns nur mit Bildverarbeitung beschäftigt. Wenn man also beim Lernen permanent Schaubilder zeichnet, könnte man sich die ganzen Wiederholungen und Zusammenfassungen sparen. Doch Vorsicht, es gibt zwei Probleme mit Schaubildern.

Problem 1: Damit Schaubilder tatsächlich wirken, müssen sie möglichst viele Informationen zusammenführen. Bei naturwissenschaftlichen Phänomenen gelingt das noch vergleichsweise gut – doch bei philosophischen oder anderen geisteswissenschaftlichen Themen gerät diese Technik schnell an Grenzen. Die Grundüberlegungen zum Kategorischen Imperativ nach Kant kann man nur recht umständlich in ein Schaubild übersetzen. Und selbst wenn, dann hat man meistens nur Kästen mit Begriffen, die mehr oder weniger abstrakt nebeneinanderstehen. Wo kein Bild ist, da kann man auch keins erzwingen.[49]

Problem 2: Schaubilder führen leicht zu einem geistigen Overkill – ein Problem, das generell auftritt, wenn mehrere Sinneskanäle gleichzeitig aktiviert werden. Das Problem kennt jeder, der schon mal in einem schlechten PowerPoint-Vortrag gesessen hat. Meistens kranken sie daran, dass das gesprochene Wort und das, was auf den Vortragsfolien gezeigt wird, nicht übereinstimmen. Das ist verwirrend: Sollen Sie jetzt dem Vortragenden zuhören? Oder den Text lesen, der auf der Folie steht? Sie springen in Ihrer Aufmerksamkeit hin und her, das Gehirn muss abwägen: gesprochenes Wort, geschriebener Text, eine Grafik anschauen? Im Ergebnis bekommt man viel weniger mit, als wenn man nur zugehört hätte.

Für die Wirksamkeit von Schaubildern kommt es vor allem darauf an, dass sie irgendwann im Kopf aktiv erzeugt werden. Selbst wenn man die Schaubilder gar nicht aufzeichnet, sondern sie sich bloß bildlich vorstellt, hat das schon einen positiven Effekt auf das Lernen. Dieser kann sogar paradoxerweise größer sein. In einer konkreten Studie dazu sollten sich die Probanden einen wissenschaftlichen Text durchlesen und sich den Inhalt bildlich vorstellen. Eine zweite Gruppe las ebenfalls den Text, sollte aber ihr geistiges Schaubild auch zu Papier bringen. Das Ergebnis war überraschend: Die Gruppe, die sich das Schaubild nur vorstellte, schnitt im anschließenden Wissenstest sogar ein kleines bisschen besser ab.[50]

Lerntechniken auf dem Prüfstand: Sich selbst testen

Am Ende des Lernens steht die Prüfung. Dort entscheidet sich, wie gut vorher gelernt wurde. Was nützt es schon, wenn man die besten Lerntechniken angewendet hat und die Prüfung am Ende vergeigt wurde? Prüfungen sind verbunden mit Druck und Versagensangst. Nur die wenigsten freuen sich wirklich auf eine Prüfung. Nur die wenigsten wissen aber auch, dass Prüfungen einen äußerst positiven Effekt auf das Lernen haben. Das mag angesichts des weitverbreiteten Bulimie-Lernens überraschend erscheinen, denn oftmals fühlt man sich nach einer Prüfung komplett leer.

Doch das Gegenteil ist der Fall – zumindest dann, wenn man die Prüfung von ihrem stressigen Umfeld befreit und als aktive Lerntechnik einsetzt. Einfaches Beispiel: Wie würden Sie vorgehen, wenn Sie sich eine Wörterliste merken sollten? Sagen wir sechzig Wörter aus zehn verschiedenen Kategorien wie Obst (Apfel, Birne, Kiwi, Erdbeere, Pfirsich, Ananas), Wetterphänomene (Sturm, Hagel, Gewitter, Sonnenschein, Schnee, Regen) oder Transportmittel (Auto, Bus, U-Boot, Skateboard, Zeppelin, Dreirad). Sie könnten die vielen Begriffe immer wieder durchlesen, sie sich wiederholt aufschreiben, sie könnten mit Eselsbrücken arbeiten oder die Begriffe in einem Schaubild ordnen. Oder Sie üben die Begriffe ein, indem Sie die Liste einmal durchgehen, danach versuchen, sich an die Begriffe zu erinnern und das anschließend überprüfen. Sprich: Sie testen sich.

Einen ganz ähnlichen Versuch hat man auch im Labor durchgeführt: Probanden sollten sich eine Liste von Begriffen nur einmal durchlesen und wurden im Anschluss zum Inhalt befragt (also getestet). Diese »Testgruppe« erinnerte sich nur an 72 Prozent der Wörter. Die Kontrollgruppe durfte hingegen alle Begriffe noch mal wiederholen, sah also hundert Prozent aller Begriffe. Im späteren Erinnerungstest war die Gruppe, die sich zuvor selbst getestet hatte, trotzdem besser als die Wiederholungsgruppe. Interessanterweise spielte es keine Rolle, ob man im Probetest die Begriffe aufschrieb oder sich nur vorstellte – der Effekt war der Gleiche: Sich übungsweise nur an 72 Prozent richtig zu erinnern ist immer noch besser, als 100 Prozent korrekt zu wiederholen.[51]

Sich selbst abzufragen hat gegenüber allen anderen Lernmethoden den Vorteil, dass man die Informationen immer wieder selbst reaktivieren muss. Ob dieses Reaktivieren dann auch zu einem korrekten Erinnern führt oder nicht, ist zunächst gar nicht so wichtig. Entscheidend ist, dass die Information in den wackligen Zustand der Erinnerung überführt wird, in dem man sie verändern kann. Sie wissen bereits, dass Gedächtnisinhalte genau in diesem kritischen Zustand formbar sind: Man kann sie verfremden (und falsche Erinnerungen erzeugen), man kann sie auslöschen (und Ängste loswerden) oder man kann sie festigen. Dazu ist es nur nötig, dass man irgendwann, während man sich selbst abfragt, auch die richtige Antwort sieht. Genau aus diesem Grund funktionieren auch Karteikarten und andere Lerntricks. Nicht weil man dadurch viel wiederholt (wie man auf den ersten Blick vermuten könnte), sondern weil man jedes Mal alte Gedächtnisinhalte hervorholt, sie in einen unsicheren Zustand überführt, festigt und anschließend wieder ins Gedächtnis zurückführt.

Der optimale Weg des Lernens

Vergleicht man die populärsten Lerntechniken, fällt auf, dass sie alle eines gemeinsam haben: Sie wollen genau die Art und Weise nutzen, wie unser Gehirn Informationen verarbeitet und im Gedächtnis verankert. Wie wir gesehen haben, geschieht das schrittweise, wenn ein Nervennetzwerk viele Möglichkeiten bekommt, sich an einen eintreffenden Reiz anzupassen. Die hier vorgestellten Lerntechniken dringen dabei immer tiefer in den Lernablauf des Gehirns ein.

Stufe 1: Häufige Wiederholungen sind sicherlich die simpelste Art, sein Gehirn mit Informationen zu trainieren. Es funktioniert auch, wenn die Prüfung unmittelbar im Anschluss erfolgt.

Stufe 2: Zusammenfassungen zu erstellen sorgt dafür, dass man Informationen nicht nur wiederholt, sondern sogleich verarbeitet. Funktioniert auch für langfristigeren Lernerfolg, solange man es mit Wiederholungen kombiniert und handschriftliche Notizen macht.

Stufe 3: Eselsbrücken und Memotechniken unterstützen noch konkreter den Verknüpfungsprozess im Gehirn. Indem man Bilder und Geschichten entwickelt, die das Gehirn noch weitläufiger aktivieren, kann man auch schwer eingängige Informationen verankern (viel mehr aber auch nicht).

Stufe 4: Schaubilder verfeinern das Lernprinzip der Eselsbrücken und haben zusätzlich den Vorteil, dass nicht nur einzelne Daten (wie Vokabeln), sondern ganze Zusammenhänge verarbeitet werden. Sie funktionieren aber nur dann am besten, wenn man selbst ein Schaubild erzeugt und nicht bloß anschaut.

Stufe 5: Durch ein häufiges Sich-selbst-Testen nutzt man das effektivste Lernverfahren des Gehirns. Man reaktiviert eine Erinnerung und führt sie in einen labilen Zustand (denn es ist ja nicht klar, ob die Antwort in einem Test stimmt oder nicht). In diesem Zustand kann man eine Information bestätigen oder auffrischen (indem man den Test auflöst) und anschließend umso robuster ins Gedächtnis »zurücksinken« lassen.

An dieser Stelle soll es aber gar nicht darum gehen, Ihnen alle Lerntechniken im Detail vorzustellen, sondern darum, dass Sie das zugrunde liegende Prinzip all dieser Methoden nachvollziehen können. Exemplarisch zeigen diese Lerntricks, dass es immer darum geht, Informationen erst aufzubereiten und dann zeitlich abgestimmt im Gehirn zu reaktivieren. Es gibt so viele unterschiedliche Ansätze zu sehr individuellen Lernmethoden, dass allein deren wissenschaftliche Auswertung eine Mammutaufgabe ist. Eine Übersichtsstudie aus dem Jahr 2016 untersuchte deswegen 18 956 Einzelstudien mit insgesamt über 13 Millionen untersuchten Personen. Ergebnis: Für den hier beschriebenen Lernprozess erwiesen sich Lerntechniken wie »Eselsbrücken bilden«, »Zusammenfassungen schreiben« und »Übersichten erstellen« als besonders effektiv.[52] Am besten funktionierten jedoch Lernmethoden, bei denen neue Informationen mit alten verknüpft wurden (zum Beispiel das Sich-selbst-Testen). So modern und neuartig viele Lernmethoden daherkommen, letztendlich sind es nur Variationen dieses Grundprinzips. Man könnte es daher auch »klassisches Lernen« nennen, also die grundlegende Art, wie wir Informationen aufnehmen, verarbeiten und verfestigen, um sie dann in einer Prüfung parat zu haben.

Interessanterweise erfolgen in fast allen wissenschaftlichen Studien zum Thema Lernen am Ende Tests oder Prüfungen, um zu ermitteln, wie gut gelernt wurde. Schließlich lernt man selten ohne Zweck, und bei den meisten besteht der Zweck des Lernens oft darin, eine Prüfung zu bestehen. Klassisches Lernen kann das auch prima unterstützen, und mit Sicherheit werden Sie die Abschlussprüfung besser bestehen, wenn Sie sich von solchen Tricks inspirieren lassen. Sie können dutzendweise Bücher, Webseiten und Seminare zu diesen Themen finden – und sie haben alle ihre Berechtigung. Doch Lernen ist in dieser Form nichts Besonderes. Denn auch wenn man noch so effizient gelernt hat, heißt das noch nicht, dass man versteht, worum es geht. Verstehen ist weit mehr als Lernen.

VERSTEHEN 2

2.1 Lernen reicht nicht

Mittwoch, 16. Februar 2011. Es kommt zur Entscheidungsschlacht im ultimativen Wissensduell zwischen Mensch und Maschine. Auf der einen Seite: Ken Jennings, 74-facher *Jeopardy*-Quiz-Champion, und Brad Rutter, Rekordpreisgeldgewinner in US-amerikanischen Quizshows, kurz gesagt: die nordamerikanische menschliche Quizelite. Auf der anderen Seite: ein Computer von IBM, Watson genannt, mit Zugriff auf 16 Terabyte an Datenmaterial (unter anderem der kompletten Wikipedia) und schnell genug, um eine Million Buchseiten in einer Sekunde zu analysieren.[1] Bisher liegen in der Wissenssendung Mensch und Maschine fast gleichauf, die entscheidende Frage steht an, besser gesagt: die entscheidende Antwort, denn bei *Jeopardy* muss man die richtige Frage auf eine gegebene Antwort finden – und die ist folgende: »William Wilkinsons *Ein Bericht über die Fürstentümer in der Walachei und Moldawien* inspirierte diesen Autor zu seinem berühmtesten Roman.« Die zu findende Frage lautet: »Wer ist Bram Stoker?«, der las nämlich jenen Bericht und schrieb daraufhin *Dracula*. Zugegeben, keine einfache Frage, aber es sind ja auch die Besten zum Wettkampf angetreten, die das US-Fernsehen zu bieten hat. Das reicht jedoch nicht, um die Maschine zu besiegen. Sekundenschnell gibt IBMs Watson-Programm die Frage und gewinnt anschließend haushoch gegen die beiden Quizchampions. Seither spätestens, so scheint es, ist die intellektuelle Vormachtstellung des Menschen gebrochen. »Kniet nieder ihr Menschen, die Computer übernehmen die Macht!«, titelt der *Spiegel* einen Tag später.[2]

Damals war der Watson-Supercomputer noch so groß wie zehn Kühlschränke, drei Jahre später war er auf die Größe von drei Pizzakartons geschrumpft – und dabei um das 24-Fache schneller geworden.[3] Kein Mensch wird jemals wieder die Chance haben, gegen ein solches Programm zu gewinnen. 2011 war der Sieg von Watson noch ein nationales Fernsehereignis. Als vier Jahre später ein Forscherteam demonstrierte, dass Computersysteme auch bei *Wer wird Millionär?* menschlichen Mitspielern keine Chance lassen,[4] nahm kaum jemand mehr Notiz davon. Heute lockt man mit der Nachricht, dass Computer Menschen in Wissensfragen alt aussehen lassen, niemanden mehr hinter dem Ofen hervor.

Das heißt natürlich nicht, dass sich Computersysteme nicht weiterentwickeln würden. Siri und Alexa wissen schließlich viel besser Bescheid über das Wetter, die letzten Fußballergebnisse oder die Hauptstadt Moldawiens als die meisten Menschen, und sie lernen ständig dazu. Watson von IBM war 2011 noch eine Offline-Kiste, entkoppelt vom Internet, und stand in einem Nebenzimmer des *Jeopardy*-TV-Studios. Moderne Computer sind online und verarbeiten live jede Menge Dateninput. Es sind längst nicht mehr irgendwelche statischen Blechkisten, die einmal programmiert werden und dann stumpfsinnig ihre Algorithmen herunterspulen. Heutzutage lernen Computer selbstständig dazu. Man programmiert sie darauf, Regelmäßigkeiten und Muster in Bildern, Sprache oder Text zu erkennen. Jedes Mal, wenn sie einen Text analysieren oder Sprache hören, passen sie sich besser daran an, sprich: Sie lernen – und zwar verdammt schnell.

Dabei lernen die modernen Maschinen nicht nur irgendwelches Besserwissen, um damit in einer Quizshow zu reüssieren, sondern sie analysieren unser Verhalten und unsere Sprache. Mittlerweile sind solche Programme schon in der Lage, Telefongespräche zu führen, bei denen man gar nicht mehr unterscheiden kann, wer Mensch und wer Maschine ist. Google stellte im Mai 2015 sein Programm Duplex vor, das täuschend echt telefonisch einen Friseurtermin klarmachen konnte (menschliche »Ähs« und »Mms« baute das Programm natürlich auch in seine Gesprächsführung ein, damit es authentischer rüberkam).[5] Dazu fütterte man das Programm mit riesigen Mengen an Sprachefetzen, Phrasen und Wortzusammenhängen und ließ es die Struktur der Sprache analysieren, damit es Stück für Stück besser wurde. Sprachenlernen ist also nichts mehr, was ausschließlich dem Menschen vorbehalten ist.

Wie es wohl in Zukunft weitergeht? Braucht es vielleicht gar keinen Menschen mehr, wenn man telefonieren will? Ich bin sicher, es wird der Tag kommen, an dem ein selbstlernendes Computersystem erst meine Stimme lernt und ich ihm dann einfach befehle: »Google, ruf meine Mutter an und gratuliere ihr zum Geburtstag. Schau vorher noch, wie alt sie wird, ich hab's nämlich vergessen.« Und schon geht bei meiner Mutter ein Anruf mit meiner Stimme ein, und sie erhält beste Geburtstagswünsche von ihrem vermeintlich aufmerksamen Sohn.

Die Grenze des Lernens

Die IT-Unternehmen IBM und Google entwickeln Computersysteme, die mit Informationen umgehen können und sich dabei verbessern, sprich: lernen. Doch fairerweise muss man sagen, dass das Computersystem von IBM Watson und das maschinelle Lernen der Google-Programme unterschiedlich arbeiten. Watson speichert wahnsinnig viele Informationen ab und findet in diesem Berg aus Daten Zusammenhänge, mit denen man eine *Jeopardy*-Quizfrage beantworten kann (besser gesagt: eine Quizantwort »befragen« kann). Zum Beispiel steht auf der Wikipedia-Seite von William Wilkinson, dem Autor dieses *Dracula*-Fürstentums-Reiseberichts, auch der Satz: »It was one of the books on which Bram Stoker took notes before writing *Dracula*.«[6] Natürlich hat IBMs Watson alle Wikipedia-Artikel gespeichert. Wenn das Programm nun diesen Wikipedia-Artikel analysiert, wird es feststellen, dass Bram Stoker und William Wilkinson direkt hintereinander genannt werden. Nun kann Watson millionenfach solche Analysen durchführen und feststellen, dass Bram Stoker öfter zusammen mit William Wilkinson auftaucht. Ist dieser statistische Zusammenhang groß genug, wird das Programm sein Ergebnis ausspucken. Nach dem Motto: Was einander ähnlich genug ist, muss irgendwie richtig sein. Das Prinzip ist vergleichbar mit dem, wie auch der Google-Suchalgorithmus funktioniert. Die Webseiten, die häufig aufeinander verweisen, sind wohl besonders wichtig und werden prominent in den Suchergebnissen angezeigt. Das heißt noch lange nicht, dass auch wirklich sinnvolles Zeug auf diesen Webseiten steht. Es können ja auch die beklopptesten Seiten permanent aufeinander verweisen.

Schließlich bedeutet eine statistische Ähnlichkeit nicht, dass auch irgendeine inhaltliche Relevanz besteht. Nur weil zwei Dinge häufig aufeinander verweisen, müssen sie nicht richtig sein. So korreliert beispielsweise der Anstieg der globalen Temperatur erschreckend einträchtig mit der abnehmenden Zahl an aktiven Piraten.[7] Natürlich sind das nur zufällige Zusammenhänge, niemand würde ernsthaft behaupten, dass man mehr Piraten auf die Weltmeere schicken sollte, um den Klimawandel zu bekämpfen. Doch mit diesem Auffinden von statistischen Gemeinsamkeiten arbeiten die allermeisten lernenden Computersysteme.

Verstehen ist aber etwas anderes, und daran scheitern die heutigen Computersysteme allesamt. Denn Lernen ist möglich, ohne auch nur eine Idee davon zu haben, was man lernt. IBM Watson weiß bis heute nicht, was eine Quizshow ist oder was es bedeutet, wenn nach einer richtigen Antwort applaudiert wird. Google Duplex hat keine Ahnung, was ein Friseur ist oder dass man an seinem ersten Geburtstag geboren wurde. Kein Computer kapiert, was ein Computerspiel ist, auch wenn er jeden Weltmeister in diesem Spiel mühelos schlägt. Und man kann noch so viele Wikipedia-Seiten gelernt haben, das heißt noch lange nicht, dass man auch den Inhalt verstanden hat.

Das könnte man nun alles für eine reichlich theoretische Diskussion halten. Sollen sich doch die Philosophen die Köpfe darüber zerbrechen, ob Computer ein Verständnis von der Welt aufbauen können. Die Grenzen dieser lernenden Computersysteme zeigen aber auch die Grenzen des menschlichen Lernens. Denn wenn man sich nur auf das Lernen verlässt, effizient und optimiert, droht man am Ende genauso blöd zu werden wie Maschinen. Die mögen ruckzuck jede Quizfrage richtig beantworten, aber was man mit dem Gewinn machen kann, den man in so einer Quizshow einstreicht, das weiß kein Computer.

Google (wie andere IT-Giganten auch) nutzt heutzutage nicht mehr den Watson-Ansatz von IBM, sondern entwickelt andere Systeme, die selbstständig aus einer großen Menge Datenmuster ableiten können. Einem modernen Computersystem muss man dabei gar nicht mehr sagen, was das für ein Muster sein soll, es »erkennt« ohne äußere Hilfe Strukturen und Zusammenhänge. Dabei nutzt es ein Prinzip, das auch im menschlichen Gehirn wunderbar funktioniert: das Verarbeiten von Informationen in einem neuronalen Netzwerk. Natürlich gibt es in einem Computer keine echten Nervenzellen, aber man kann ihre Eigenschaften simulieren. Ganz ähnlich wie ein Gehirn aus einer Vielzahl an Bildern die Gemeinsamkeiten ableitet, kann auch ein Computer auf diese Art Zusammenhänge herausfiltern. Bei der Bild- und Spracherkennung klappt das auch ziemlich gut. Wenn man zum Beispiel ein Computerprogramm erschaffen will, das Papageien »erkennt«, konfrontiert man es mit Millionen von Bildern und Zigtausenden von Papageienbildern. Jedes Mal wird das Computersystem ein Bild analysieren und ein Ergebnis liefern (zum Beispiel, dass es sich bei dem Bild um einen Papageien handelt oder eben nicht). Dieser Output kann stimmen oder nicht und wird für die nächste Analyse der Bilder verwendet. Auf diese Weise lernt das System Stück für Stück aus seinen Fehlern und passt sich immer besser an die vielen Bilder an, bis es zum Schluss bei fast jedem Bild eines Papageien den richtigen Output gibt.

Entfernt erinnert das an das Lernprinzip des Gehirns, das ich wenige Seiten zuvor dargestellt habe. Der schnelle Hippocampus präsentiert dem Großhirn immer wieder die wichtigsten Reizmuster, bis sich die Nervenzellen im Großhirn so anpassen können, dass ein Bild robust erkannt wird. Und wie wir gesehen haben, können sich Computersysteme auf diese Weise ganze Computerspiele selbstständig beibringen. Uralte Atari-Spiele oder Schach sind noch ziemlich einfach zu erlernen, denn es wird ja offen gegeneinander gespielt. Das ist bei Poker nicht der Fall, da weiß man nicht, welche Karten die anderen haben, die Informationslage ist unvollständig, man kann bluffen. Trotzdem entwickelte Facebook 2019 ein Poker-Programm, das auch die besten menschlichen Pokerspieler schlagen kann, ganz einfach, indem das Programm zigtausendfach gegen sich selbst pokerte und aus jedem Spiel seine Lehren zog. Dieses Poker-Programm wurde letztlich so gut, dass die entsprechende Entwicklungsabteilung von Facebook die Veröffentlichung der Programmierung untersagte, weil vielleicht ansonsten die Online-Pokerindustrie zusammenbrechen könnte (immerhin auch ein Milliarden-Dollar-Markt).[8] Natürlich hat Facebook keine übermenschliche Poker-Maschine konstruiert, um Poker zu spielen, sondern um das zugrunde liegende Lernprinzip auf allerlei ähnliche Herausforderungen zu übertragen, wie zum Beispiel auf Verhandlungssituationen oder auf die Steuerung von Verkehrsströmen. Dieses mechanische Lernprinzip lässt sich nämlich auf alles anwenden, was Regelmäßigkeiten und Muster hat: Sprache, Bilder, Texte, Aktienkurse, Musikgeschmack, Wetterdaten, Konsumentenverhalten oder Internet-Suchanfragen. Einfaches Motto: Analysiere eine gigantische Menge an Daten und finde Gemeinsamkeiten in diesem Datenberg. Was dann häufig zusammen auftaucht, muss auch besonders wichtig sein.

Neuronale Netze sind also in erster Linie Mustererkennungssysteme, ob in einem Gehirn oder in einem Computer. Schon der grundlegende Aufbau von Nervenzellen ist auf das Finden von Korrelationen ausgelegt. Alles, was in diesem Buch bisher beschrieben wurde, alle Prinzipien des menschlichen Lernens, wie sich das Gehirn die Arbeit einteilt in Hippocampus und Großhirn, wie die Nervenzellen arbeiten und Muster im Netzwerk abbilden, all das ist schön und gut – aber prinzipiell zu wenig, um auch zu verstehen, was man lernt. Letztlich habe ich bisher nur beschrieben, wie das Gehirn Muster findet, diese verfestigt (also »abspeichert«) und anschließend anwendet (die Informationen »abruft«). Das ist klassisches Lernen, aber das reicht nicht. Konsequent in einem Computer angewendet, führt es dort in die kognitive Einfältigkeit. Solange man Lernen nämlich als bloßes Aufspüren von Mustern und Zusammenhängen beschreibt, solange es um das schnelle und fehlerfreie Abspeichern geht, wird man nicht verstehen, was man lernt.

Wie man lernende Computer auffliegen lässt

Sie wollen einen Computer austricksen und beweisen, dass er nicht verstanden hat, was er tut? Nichts leichter als das. Stellen Sie ihm nur bloß keine Wissensfragen, die wird er locker beantworten. Fragen Sie mit etwas Unschärfe: Vier Frauen sitzen in einer Küche, zwei sind verheiratet, und jeder ihrer Ehemänner hat ein Kind aus erster Ehe. Nun kommen auch diese Ehemänner mit ihren Nachkommen hinzu. Wie viele Menschen sind im Raum?

Nicht verwirrt sein, es ist keine Scherzfrage, sondern es ist nur einfaches Addieren gefragt. Die richtige Antwort lautet folglich: acht. Was total simpel für uns Menschen erscheint, ist für Computer der Albtraum (so sie denn träumen). Denn sie müssen erkennen, dass Menschen heiraten können, dass das für eine Frau bedeutet, einen Ehemann zu haben, dass eine Küche ein Raum ist, dass Frauen, Ehemänner und Kinder Menschen sind und dass ein Kind ein Nachkomme ist (vor allem dann, wenn ein Elternteil dabei ist). Alles unausgesprochene Annahmen, die kein Computer versteht, und die sich auch nicht einfach statistisch aus einem Berg an Daten ableiten lassen. Genau deswegen war es in einer 2019 durchgeführten Studie ein Leichtes, Quizfragen zu erzeugen, bei denen jeder Computer aussteigt, deren Lösung aber kein Problem für einen Menschen ist. Insgesamt entwickelte man über 1200 verschiedene Fragen, die meistens auf dem oben beschriebenen Prinzip aufbauten: Ein bisschen unausgesprochenes Wissen in die Fragen einfließen lassen und oft Synonyme verwenden, die eher selten sind (zum Beispiel »Nachkomme«), schon steht ein Computer dumm da.[9]

Immerhin sind bei solchen Fragen die Antworten noch klar messbar. Doch wann ist das schon in der Welt der Fall? Richtig schwierig wird es für Computer, wenn sie mit schwer messbaren Aufgaben konfrontiert werden. Beispiel: Spielt Lionel

Messi besser beim FC Barcelona oder in der argentinischen Nationalmannschaft? Jeder, der auch nur ein bisschen Ahnung vom Weltfußballer Lionel Messi hat, wird mir zustimmen, dass er deutlich besser in Barcelona spielt. Widerspruch ist zwecklos. Aber wie würden Sie das quantifizieren?

Selbst im Wettbewerb gegen Achtklässler haben solche Computersysteme keine Chance. Ende 2015 bat man die besten Computerentwickler zum Test: 50 000 Dollar gab es zu gewinnen, wenn man ein Computerprogramm entwickelte, das in Wissensfragen auf Mittelstufenniveau besser abschnitt als die Kinder. 780 Teams machten mit, immerhin schaffte es das beste Programm knapp 60 Prozent der Wissensfragen richtig zu beantworten.[10] Doch bei einem Typ Fragen versagten auch die erfolgreichsten Computersysteme, wenn es nämlich darum ging, Verständnis zu entwickeln:

Was kann man als Wissenschaftler aus der Tatsache ableiten, dass es Erdbeben gibt?

A) Das Klima auf der Erde ändert sich fortwährend.
B) Die Erdkontinente bewegen sich ständig.
C) Dinosaurier sind vor 65 Millionen Jahren ausgestorben.
D) Die Ozeane sind heute viel tiefer als noch vor Millionen Jahren.

Wer sich jetzt wundert: Ja, das muss man als 13-jähriger Mensch können, allzu schwer ist es aber auch nicht. Diesen Test führte man vier Jahre später noch mal durch, mit mehr Rechenpower und besser trainierten Programmen. Diesmal war das Ergebnis ein anderes: 90 Prozent der Fragen wurden korrekt beantwortet, das reicht für eine 2+. Allerdings hatten auch hier die besten Programme bloße Statistik angewendet. Sie konnten nur Multiple-Choice-Fragen beantworten, keine Antworten selbstständig formulieren und auch keine Grafiken auswerten. Kurzum, es waren immer noch dumme Maschinen, nur waren sie jetzt ein bisschen schneller dumm. Nebenbei bemerkt: Dass mittlerweile auch vollkommen einfallslose Maschinen Schultests bestehen können, spricht nicht gerade für die Form der Schulbildung. Wenn wir Menschen dazu erziehen, in Multiple-Choice-Tests möglichst schnell die richtige Antwort anzukreuzen, schulen wir nicht unbedingt das Verständnis für Zusammenhänge und Sachverhalte.

Auf das Niveau der Maschine reduziert

Solange ein Computer nicht versteht, was er tut, simuliert er nur sein Wissen. Er gaukelt uns vor, mit Informationen ähnlich umzugehen, wie wir das tun – und doch ist es lediglich ein »*Fake it, till you make it*«, ein Vorspielen von Fähigkeiten, die gar nicht da sind. So lange, bis man selbst die dümmste Maschine für clever hält. Das musste auch Google erfahren. Denn so beeindruckend deren Anruf-Software Duplex gepriesen wurde, im Mai 2019 fand die *New York Times* heraus, dass etwa ein Viertel aller Anrufe gar nicht von Duplex abgearbeitet wurde, sondern von waschechten Menschen in einem digitalen Callcenter.[11] Es geht aber noch schlimmer. Das chinesische Start-up X.ai entwickelte 2014 ein Chatbot- und Kalenderprogramm namens »Amy Ingram«, dessen Aufgabe es war, Termine zu organisieren oder E-Mails an andere Meetingteilnehmer zu verschicken – lästige Büroarbeiten, wenn man so will. Das Programm war erstaunlich gut, vor allem die Eloquenz und Textsicherheit in der Kommunikation beeindruckten, bis schließlich herauskam, dass hinter dem vermeintlichen Computerprogramm reale Menschen steckten, die, schlecht bezahlt, in 12-Stunden-Schichten die E-Mails beantworteten und Kalendereinträge pflegten.[12] Vielleicht kommt daher der Running Gag in der Tech-Branche, den der IT-Gründer Gregory Koberger formulierte: »Wie man ein KI-Start-up gründet? 1. Heuere eine Truppe Menschen zu billigsten Löhnen an, die vorgeben, eine Künstliche Intelligenz zu sein, die vorgibt, ein Mensch zu sein. 2. Warte, bis Künstliche Intelligenz erfunden ist.«[13] Oder mit den Worten des deutschen Computerpioniers Konrad Zuse formuliert (und zwar schon vor einigen Jahrzehnten): »Die Gefahr, dass der Computer so wird wie der Mensch, ist nicht so groß wie die Gefahr, dass der Mensch so wird wie der Computer.«

Das Lernmissverständnis

Lernen bedeutet für viele, Informationen schnell ins Gehirn zu bekommen, um sie in einer Prüfung anwenden zu können. Oder Fähigkeiten zu erwerben, mit denen man eine mechanische Aufgabe lösen kann. Weil dieses Lernprinzip leicht auf Maschinen übertragbar ist, werden wir permanent auch mit dem Anspruch konfrontiert: Lernen soll schnell gehen und effizient sein. Die klügsten Köpfe lernen nun mal besser, also in kürzerer Zeit mehr Stoff und können ihn später auch besser anwenden. Doch diese Art des Lernens reicht nicht, auch wenn nahezu allen Lerntechniken, die in der Ratgeberliteratur zu finden sind, diese Vorstellung zugrunde liegt. Auch ich habe Ihnen im vorigen Kapitel gezeigt, nach welchem grundlegenden Prinzip klassisches, auf Effizienz optimiertes Lernen funktioniert – es hat ja auch durchaus seine Berechtigung. Dennoch ist es nicht genug.

Problem Nummer 1: Was schnell kommt, kann auch schnell wieder gehen.

Viele Lerntechniken wollen den Lernvorgang beschleunigen, damit man in kürzerer Zeit mehr behalten kann. Doch solches, schnell gelerntes Wissen kann in einen Pyrrhus-Sieg münden. Man denkt, man hätte etwas dauerhaft gelernt, dabei verschwindet es genauso schnell, wie es gekommen ist. Bittet man Probanden beispielsweise darum, einen Sachtext auswendig zu lernen, bringt es zwar kurzfristig etwas, wenn man sich den Text oftmals hintereinander durchliest – aber eben nur, wenn die Prüfung auch direkt im Anschluss erfolgt. Denn je schneller und intensiver man sich etwas ins Hirn reinhämmert (man spricht in der Wissenschaft von »*massive learning*«, also dem massiven oder verstärkten Lernen), desto schneller verschwindet es dort auch wieder.[14] Nur wenn man gelernt hat, die Infos des Textes anzuwenden oder in einen anderen Zusammenhang zu stellen, hat man sie nicht nach einer Woche schon wieder vergessen.

Hinzu kommt: Je simpler die Lerntechnik, desto mehr spielt Fleiß eine Rolle. Selbst der größte Einfaltspinsel kann, ohne groß nachzudenken, einen Text dutzendfach wiederholen oder mit Eselsbrücken-Brechstangen auch die kniffligsten Texte auswendig lernen. Je simpler die Lerntechnik, desto weniger intelligent muss man sein, um diese Technik anzuwenden. Oder ist es vielleicht umgekehrt: Viele Menschen machen nicht das Beste aus ihrer Intelligenz, weil sie simple Lerntechniken anwenden?

Ebenjenes *massive learning* ist gewissermaßen die biologische Entsprechung der Technik, die auch lernende Computersysteme anwenden. Aber damit stößt man nicht in neue Denkregionen vor, sondern einfach nur schneller an Grenzen. Wenn man in Rekordgeschwindigkeit auf die Zugspitze klettern kann, ist das ja auch nicht der erste Schritt auf dem Weg zum Mars, sondern das Ende der Reise.

Problem Nummer 2: Fehlerfreie Wiedergabe heißt noch kein Verstehen.

Man kann sehr leicht testen, ob jemand verstanden hat, worum es geht. Viel häufiger aber fragt man Lerninhalte ab und verbucht die richtige Wiedergabe schon als Lernerfolg. Dabei testet man so nur Scheinwissen, wie eine interessante Untersuchung aus dem Jahre 2016 zeigt.

Konkret wurden Testpersonen gebeten, sich einen Text zum Thema »Energietransfer von der Sonne auf die Erde« durchzulesen. Anschließend sollte sich die eine Hälfte den Text gleich noch mal durchlesen. Die andere bekam Fragen zum Text vorgelegt, zum Beispiel, wie sich verschiedene Regionen auf der Erde aufheizen (am Äquator geht's natürlich im Jahresmittel am schnellsten). Eine Woche später kam es dann zum eigentlichen Test: Zum einen wurde wortwörtlich nach dem Textinhalt gefragt, zum anderen wurden auch Transferfragen gestellt, zum Beispiel, ob der Wind auf der Erde generell eher in Richtung des Äquators weht oder eher davon weg (logischerweise weht er in Richtung des Äquators, denn prinzipiell bewegt sich Wind von kälteren zu wärmeren Regionen, und der Äquator ist die heißeste Gegend auf der Welt). Obwohl die Antwort nicht im Text stand, konnte die Gruppe, die zuvor schon zum Textinhalt getestet wurde, diese Transferfragen besser beantworten.[15] Mit anderen Worten: Sie hatte auch den Inhalt verstanden.

Die meisten populären Lerntechniken (Wiederholen, Eselsbrücken, Zusammenfassungen, Schaubilder, aktives Lesen durch Hervorheben und Unterstreichungen, Karteikarten) konzentrieren sich auf das effiziente Abspeichern von Informationen. Das ist das, was man in der Wissenschaft *»surface learning«* nennt. Als man 2016 jedoch in einer groß angelegten Übersichtsstudie untersuchte, was passieren muss, damit man die Lernmaterie nicht nur oberflächlich streift, sondern konzeptionell durchdringt, kamen ganz andere Techniken heraus.[16] Unter anderem gehört dazu, dass man sich den Inhalt aktiv erarbeitet, ihn hinterfragt und das daraus gewonnene Wissen anwendet. Einige Varianten dieser modernen Lernmethoden werden in den kommenden Kapiteln noch genauer vorgestellt. An dieser Stelle soll der Hinweis reichen, dass die allermeisten populären Lerntricks dafür gänzlich ungeeignet sind.

Neu lernen, neu denken

Gewiss, manche Menschen können mit ihrem Wissen beeindrucken und bei Günther Jauch eine Million erspielen, doch wer schaut sich die Sendung wirklich wegen der Quizfragen an? Viel spannender sind doch die Menschen und ihre Geschichten. Heute mehr denn je, denn wenn Sie aktuelle *Wer wird Millionär?*-Folgen mit den allerersten vergleichen, fällt ein spannender Unterschied auf. Um die Jahrtausendwende spielten vor allem die Wissensfragen die Hauptrolle. Dass man sich mit purer Geisteskraft zur Million spielen konnte, das war faszinierend, und man hat leidenschaftlich mitgeraten. In den letzten Jahren jedoch rückten die Kandidaten (nicht ihr Wissen) in den Vordergrund. Schon bevor es überhaupt losgeht, werden sie mit unterhaltsamen Geschichten vorgestellt. Die Gespräche auf dem Quizstuhl driften anschließend zum Teil völlig vom Quizinhalt ab. Was ist wohl der Grund dafür, dass sich der Fokus so verschoben hat?

Ende 1999 konnte man die Antworten noch nicht googeln, heute schon. Also muss Ersatz her – und den fand man im persönlichen Austausch. Informationen abzurufen ist eben mittlerweile keine große Kunst mehr. Das Verstehen der Dinge umso mehr. Wenn ein Mensch 74-Mal hintereinander bei *Jeopardy* gewinnt, kann man natürlich trotzdem davon ausgehen, dass er was auf dem Kasten hat – doch ein gutes Gedächtnis zu haben und geistig auf viele Informationen zugreifen zu können, ist bloß eine notwendige, aber keine hinreichende Bedingung dafür, dass man clever ist. Anders gesagt: Jeder Mensch, der etwas versteht, muss vorher gut gelernt haben. Aber nicht jeder, der gut lernt, kann später auch gut verstehen.

Nun könnte man einwenden, dass das doch eine reichlich westliche Sicht auf die Dinge sei, zumal in asiatischen Ländern oftmals eine andere Idee von Lernen vorherrscht: Dass man nämlich gerade durch häufiges Wiederholen im Laufe der Zeit ein Verständnis aufbaut. Übung macht schließlich den Meister, und wer viel lernt, wird es im Laufe der Zeit schon verstanden haben.

Doch die Veränderungen im Bildungssystem von Singapur, das erwiesenermaßen zur Weltklasse gehört, zeigen, dass auch hier ein Umdenken stattfindet. Seit 2018 werden im Stadtstaat – nahezu unbemerkt von der westlichen Öffentlichkeit – einige Weichen neu gestellt: weniger Ranking der Schüler untereinander, mehr Verständnis für Zusammenhänge fördern statt simples Auswendiglernen.[17] Außerdem wird in den Schulen bis zum Jahr 2023 ein Programm des »Anwendungslernens« (»*applied learning*«) in Gang gesetzt. Statt testfixiertem Unterricht sollen sich die Schülerinnen und Schüler in Theaterkursen, Sportangeboten oder Filmworkshops ausprobieren – ohne Noten und ohne Prüfungen. Übrigens: In Deutschland gibt's das schon ewig, es nennt sich Schul-AG. Das Ziel: die Ausbildung zu kompletterem Denken, nicht zu Testknackern, die in PISA-Tests die höchsten Punkte abstauben. Oder wie es der frühere Bildungsminister, jetzt Finanzminister Singapurs, Heng Swee Keat, formuliert: »Es geht nicht darum, dass man lehrt, schlau zu sein, sondern dass man ein besserer Mensch wird.«[18] Ein Hauptproblem der Schulbildung in Singapur liegt schließlich darin, dass oft sichere Berufskarrieren in Banken, der Verwaltung oder der Medizin eingeschlagen werden und man während der Schulbildung gezielt zu solchen Berufen hintrainiert wird. Viel wichtiger als eine Ausbildung für ein konkretes Berufsbild ist allerdings, dass man Zusammenhänge erkennt, kritisch denkt und hinterfragt, neue Lösungen entwickelt, Fehler nutzt, um besser zu werden und dieses Wissen auch anderen vermitteln zu können.

Ein guter Schulabschluss sagt deswegen nicht zwangsläufig etwas darüber aus, dass man den Lerninhalt auch verstanden hat. Eine Top-Platzierung im PISA-Schulranking muss nicht mit einer innovativen Gesellschaft einhergehen. Noch tobt in der Bildungsforschung die Debatte darüber, ob es am Schulsystem liegt, dass asiatische Länder oft besonders schlecht in Rankings für kreatives Unternehmertum und die Innovationsfähigkeit einer Gesellschaft abschneiden, während sie gleichzeitig die PISA-Ranglisten anführen.[19] Schließlich gibt es viele Gründe, weshalb man innovative Unternehmen gründet, nicht alle sind in der Schulbildung zu suchen.[20] Das Beispiel Singapur zeigt jedoch, dass es nicht verkehrt sein kann, klassische Lernkonzepte zu überdenken.

Ein Grund mehr: Die Welt verändert sich und fragt in Zukunft andere Fähigkeiten ab als bisher. Der *Future of Jobs Report* des World Economic Forums aus dem Jahr 2018 zeigt, wohin die Reise gehen könnte. Fähigkeiten wie »Innovationen entwickeln«, »aktives Lernen«, »Kreativität« und »Problemlösen« werden immer wichtiger, während andere Fertigkeiten an Bedeutung verlieren: »Gedächtnis«, »Lesen und Schreiben« oder »Fingerfertigkeit und Präzision«.[21] Auch wenn ich nicht mit jedem Detail dieser Studie übereinstimme (ich bleibe zumindest dabei, dass Lesen und Schreiben auch in Zukunft eine Rolle spielen werden), ist die Richtung klar: Weniger repetitive Tätigkeiten, für die man nicht groß nachdenken muss, mehr Verstehen ist gefragt. Die Arbeitswelt der Zukunft wird von denjenigen dominiert werden, die Wissen anwenden können, nicht von denen, die es fehlerfrei in einer Prüfung hervorwürgen. Dazu muss man allerdings die ausgetretenen Lernpfade verlassen und sich vom Effizienzstreben verabschieden. Denn wir können Informationen nur verstehen, wenn wir sie ein bisschen ineffizient verarbeiten. Klingt verrückt, ist aber so – auf den nächsten Seiten steht, warum.

2.2 Die Zutaten des Verstehens

Klassisches Lernen reicht nicht. Zum einen ist es viel zu langsam. Es dauert bestenfalls Minuten, meistens aber Stunden oder Tage. Nervenzellen brauchen nämlich einige Zeit, bis sie ihre Kontaktstellen untereinander angepasst haben. Einen Teil dieses Lernvorgangs spulen die Zellen zwar in der Nacht ab (Sie erinnern sich: Der Hippocampus »trainiert« dafür die Netzwerke in der Großhirnrinde). Trotzdem passt dieses träge Lernen überhaupt nicht zu der Erfahrung, dass wir manchmal spontan etwas Neues kapieren. Wie zum Beispiel den Fantasiebegriff »Selfie« – den hören wir ein oder zwei Mal und wissen sofort, was damit gemeint ist. Noch mehr als das. Wenn wir diesen eingängigen Begriff zum ersten Mal hören (oder sehen, wie jemand ein Selfie macht), wissen wir auch genau in diesem Moment, dass wir diesen Begriff nicht wieder vergessen werden. Schlaf hin oder her, wir haben ihn sofort begriffen.

Klassisches Lernen ist darüber hinaus nicht besonders flexibel. Computer müssen immer mehr Daten verarbeiten, um darin irgendwelche Muster zu erkennen. Wir machen das genaue Gegenteil und sind in der Lage, anhand weniger Beispiele (manchmal sogar nur eines einzigen) ein ganzes Denkkonzept zu entwickeln. Ich habe nach gut zwanzig Fahrstunden meinen Führerschein gemacht – und kann seitdem halbwegs unfallfrei Auto fahren, sogar auf Straßen, auf denen ich zuvor noch nie gefahren bin. Denn etwas zu verstehen bedeutet auch, dass ich ein Konzept erstelle, das ich auch auf unbekannte Fragen und in neuen Situationen anwenden kann. Transferlernen, wenn man so will.

Die Welt ist eben nicht nur Big Data. Viel wichtiger ist es, mit Einzelbeispielen klarzukommen, mit »Small Data«. Wenn ich ein Haus kaufen will, wäre es ja völlig illusorisch, erst mal 10 000 Häuser zu kaufen und aus diesen ganzen Hauskäufen abzuleiten, wie man ein Haus kauft. In diesem Fall muss ich sogar ohne eigene Erfahrung eine fundierte Entscheidung treffen. Permanent stoßen wir auf Situationen, die wir noch nie erlebt haben. Dann müssen wir abstrahieren, ein Konzept der Dinge aufbauen, Erfahrungen übertragen und uns überlegen: Was wäre, wenn? Sprich, man muss verstehen, um was es geht. Nur so trifft man die wichtigsten Entscheidungen seines Lebens. Zum Beispiel, wenn wir heiraten: Ich könnte durchaus einen Big-Data-Ansatz verfolgen, um zu lernen, wer die richtige Frau fürs Leben ist. Dann müsste ich aber Hunderttausende potenzielle Partnerinnen »testen«. Ganz ehrlich, das ist gesellschaftlich und gesundheitlich unerwünscht. Im wirklichen Leben hat man hingegen vielleicht nur eine Handvoll Partner gehabt – und dennoch den »richtigen« Menschen gefunden. Liebe ist ganz offensichtlich ein Small-Data-Problem – auch wenn die Liebe zu den wenigen Dingen gehört, die man noch nicht gänzlich verstanden hat. Deswegen konzentriere ich mich im weiteren Verlauf des Buches auf einfachere Themen, nämlich auf den Dreiklang unseres Verstehens, darauf:

1. dass wir schon anhand ganz weniger Beispiele ein Denkmodell aufbauen können;
2. dass wir mit einem solchen Denkmodell nachvollziehen können, warum oder wozu etwas passiert;
3. dass wir solche von uns entwickelten und geprüften Denkmodelle neu kombinieren und auf unbekannte Situationen übertragen.

Schauen wir uns daher genauer an, welche Tricks und mentalen Geheimgänge das Gehirn dafür auf Lager hat.

Zwei Wege des »E-Learnings«

Stellen Sie sich vor, Sie wollen einen Buchstaben verstehen. Zum Beispiel den Buchstaben »E«. Okay, bei einem Buchstaben gibt es vergleichsweise wenig, was man verstehen kann. Ein Buchstabe wird gelernt, dann kann man ihn fehlerfrei schreiben, basta. Doch anhand dieses simplen Beispiels werden Sie ein Grundprinzip des menschlichen Verstehens lernen: das Aufbauen von Modellen.

Wie könnte man praktisch vorgehen, um zu lernen (und anschließend zu verstehen), was der Buchstabe »E« ist? Wenn Sie viel Zeit haben, könnten Sie sich viele E's anschauen, E's in den unterschiedlichsten Varianten, in Büchern, Zeitungen, auf Webseiten und in handschriftlichen Notizen. Selbst wenn Sie vorher überhaupt keine Ahnung hatten, was ein E ist, noch nicht mal, dass es ein Buchstabe ist oder wie man ihn ausspricht, könnten Sie nach der Sichtung von vielen Tausenden von E's erkennen, dass es Gemeinsamkeiten im Zeichen gibt. Sie analysieren also die Zusammenhänge aller E's und leiten daraus ab, was ein E ist: nämlich ein senkrechter Strich, an dem oben, in der Mitte und unten drei kürzere Striche nach rechts zeigen.

Ganz ähnlich arbeiten Computersysteme, die in der Lage sind, Handschriften zu erkennen. Nun gut, eigentlich ist »erkennen« ein falscher Begriff, denn im Prinzip macht auch ein maschinell lernendes System nichts anderes, als Gemeinsamkeiten von Zeichen zu analysieren. Man füttert das System mit ganz vielen E's, und am Ende fügt das System die Ähnlichkeiten aller E's zu einem E zusammen. Wenn die Ähnlichkeit eines neuen handschriftlichen E's möglichst groß zu diesem Muster ist, dann wird das System dieses E als ein E identifizieren. So funktioniert das mit den allermeisten Systemen, die künstliche Intelligenz verwenden, ganz gleich, ob sie Bilder, Gesichter, Stimmen oder Buchstaben »lernen« (Abbildung 1).

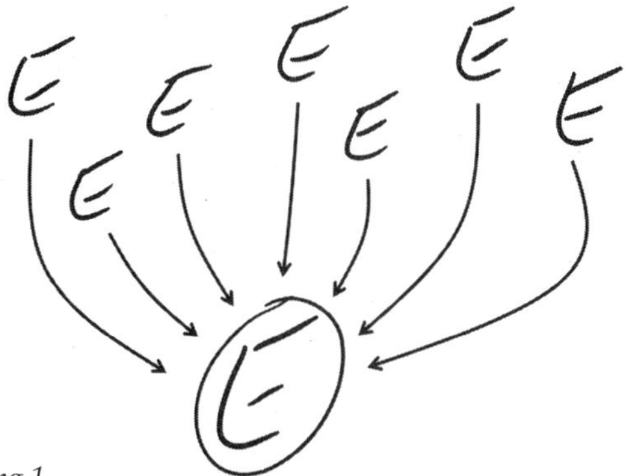

Abbildung 1

Dieses Verfahren ist wunderbar – wenn man viel Zeit und viele E's hat. Es gibt aber auch noch eine zweite Variante, sich einem E anzunähern, nämlich indem man ein einzelnes E exemplarisch konstruiert und dieses Konstruktionsprinzip als »E« lernt. Ein E wäre dann nicht mehr ein Objekt mit bestimmten geometrischen Eigenschaften, sondern etwas, das sich auf eine bestimmte Art herstellen lässt. In meinem Fall schreibe ich ein E, indem ich zunächst einen senkrechten Strich nach unten rechts ausschwingen lasse. Ich schreibe quasi zuerst ein L. Im zweiten Schritt mache ich einen kleinen Strich nach rechts in der Mitte des senkrechten Striches. Und zuletzt kommt der oberste Strich nach rechts – fertig ist das E. Wenn ich einmal gelernt habe, wie man den Buchstaben E nach diesem Verfahren herstellt, kann ich beliebig viele E's erzeugen (Abbildung 2).

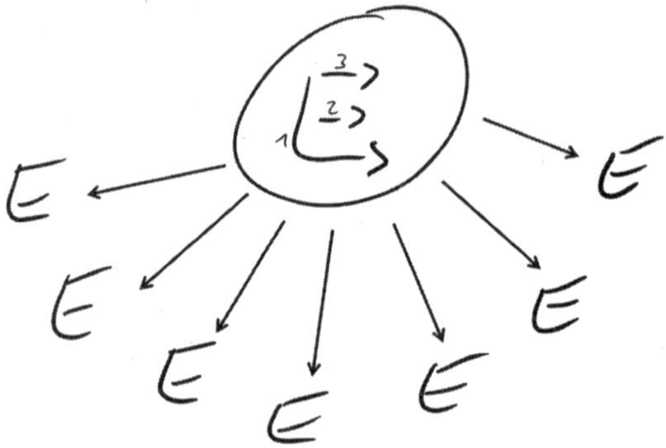

Abbildung 2

Der Unterschied dieser Lernformen ist fundamental. Während man im ersten Fall viele Beispiele benötigt, um daraus den Inhalt »E« zu extrahieren, geht man im zweiten Fall von einem Einzelbeispiel aus. Wenn man so ein Modell erzeugt hat, kann man damit viele neue Beispiele herstellen. Es geht also schneller und braucht weniger Dateninput (genaugenommen nur einen einzigen). Außerdem ist diese Variante viel flexibler. Wird ein System, das nach dem ersten Prinzip gelernt hat, mit einem E konfrontiert, das total verzerrt ist, wird es vielleicht diesen Buchstaben aufgrund der optischen Unähnlichkeit gar nicht erst als E identifizieren. Wenn man hingegen das Konstruktionsprinzip des E's anwenden kann, dann wird ein E erkannt – ganz gleich, wie es aussieht.

Die zweite Lernmethode hat noch einen weiteren Vorteil: Weil man sich ein Konstruktionsmodell erzeugt, geht es eben nicht mehr darum, wie ein E konkret aussieht, sondern nur noch darum, nach welcher Art es konstruiert wurde. Auf ähnliche Weise könnte man auch andere abstrakte Modelle des E's entwickeln und auf neue Buchstaben anwenden. Auf einmal geht es nur noch darum, welche Funktion das Zeichen erfüllt. Schließlich lesen Sie hier das Wort Ente, obwohl man die Ente nicht wie die vorige Ente oder eine andere Ente schreibt. So könnte man ganz andere E's erzeugen, die sich optisch noch stärker voneinander unterscheiden. Das zugrunde liegende E-Konzept bleibt jedoch gleich, weil die E's die gleiche Funktion erfüllen (Abbildung 3).

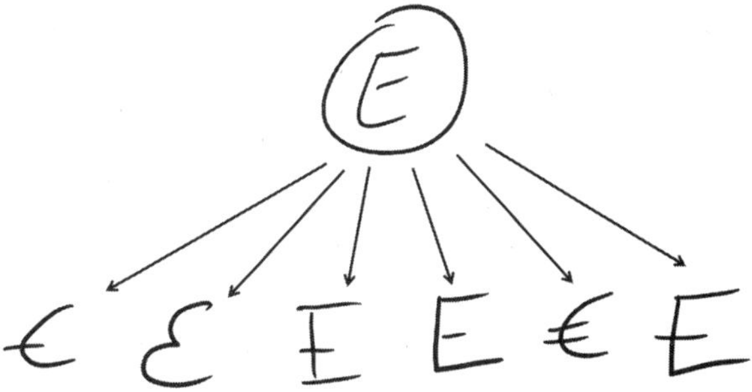

Abbildung 3

Unser Gehirn verwendet übrigens beide Lernprinzipien. Man denke nur daran, wie man das Buchstabenschreiben lernt: Erst erkennt man das Konstruktionsprinzip, trotzdem braucht man dann noch viele Versuche, bis man ansehnliche Buchstaben schreiben kann. Denn natürlich extrahieren auch die Nervenzellen in einem Netzwerk aus vielen Wiederholungen und Beispielen ein gemeinsames Muster (das ist bei Spracherkennung durchaus der Fall). Doch der Verstehensprozess baut vor allem auf dem zweiten Prinzip auf.

Dass man Modelle und Verfahren entwickelt, um Informationen zu verarbeiten, klingt erst mal etwas aufwendig. Man muss nämlich nachdenken und selbst aktiv werden. Aus einer Vielzahl an dargebotenen Reizen Gemeinsamkeiten abzuleiten, kriegt jedoch auch der größte Depp hin. Allerdings hat es einen gewaltigen Vorteil, wenn man es sich nicht zu leicht macht und selbst ein bisschen arbeitet. Beispiel Mathematik:

Man kann ganz viele Rechenaufgaben auswendig lernen (das kleine Einmaleins zum Beispiel). Doch niemand wird auch nur annähernd so viele Rechenergebnisse auswendig lernen können, wie man später im Leben braucht. Viel schlauer ist es daher, wenn man sich überlegt, nach welchem Konstruktionsprinzip Rechenaufgaben zu lösen sind. Dann reichen die vier Grundrechenarten, um die allermeisten Aufgaben im Alltag bewältigen zu können. Übrigens sollte man natürlich trotzdem das kleine Einmaleins komplett auswendig können, meiner Meinung nach gibt es fast nichts Wichtigeres im Matheunterricht. Denn schnell darauf zurückgreifen zu können, ermöglicht es einem erst, dass man andere Mathemodelle aufbauen kann. Man denke nur an das schriftliche Multiplizieren oder Dividieren – nahezu undenkbar ohne das kleine Einmaleins.

Der Modellbaukasten des Denkens

So bekommen der Lernbegriff und das menschliche Denken eine ganz neue Perspektive. Es geht nicht darum, etwas abzuspeichern, damit man es abrufen kann, wenn man es braucht. Vielmehr gibt es auch eine Form des Lernens, bei dem man Modelle, Hypothesen oder Konstruktionsprinzipien aufbaut, anhand derer man Informationen verarbeitet – und genau diese Verarbeitung ist das, was man Wissen nennt. Also nicht *was* man verarbeitet, sondern *wie* das geschieht. Wie in diesem Beispiel: Was sehen Sie hier?

:-)

Ein Gesicht, werden Sie sagen. Nun Sie sind nicht die einzige Person, die dieses Gesicht sieht. Bei jedem Menschen werden die schwarzen Punkte und Linien jedoch ein kleines bisschen anders verarbeitet. Der Input ist derselbe, doch nach welchem

Prinzip er im Gehirn aufgenommen und in Nervenimpulse umgewandelt wird – das wäre das Modell (oder Konzept) des Gesichtes, und das ist bei jedem Menschen individuell. Alles, was sich auf die gleiche Art verarbeiten lässt, ist ein Gesicht, ganz egal, wie es konkret aussieht. Deswegen sehen wir auch ständig irgendwo Gesichter in Wolkenformationen, im Cappuccino-Schaum oder in Regenpfützen. Zumal das Konstruktionsprinzip eines Gesichtes für unser Sozialleben enorm wichtig ist – kein Wunder, dass es unser Gehirn da gern mal übertreibt und diese mentale Gesichtsbauanleitung auch auf Objekte anwendet, die gar kein Gesicht sind.

Weil Wissen die Art ist, wie man Informationen verarbeitet, ist es nicht möglich, dass man das Wissen aus dem Gehirn auslesen und in einen Computer übertragen kann (oder umgekehrt, sein Gehirn an einen Computer anschließt und von dort Wissen in den Kopf laden kann), wie man das mitunter in Science-Fiction-Filmen sieht. Wissen ist ein Prozess und nicht irgendwo an einem festen Ort im Gehirn abgelegt. Das bedeutet im Umkehrschluss auch: Man kann Wissen nicht googeln. Sie können Informationen googeln oder Daten, Fakten, Zeichen und Symbole. Aber all diese Dinge existieren nicht im Gehirn, sondern bloß die Art und Weise, wie man diese ganzen Reize verarbeitet – und genau das ist das Wissen in Ihrem Kopf. Hier ist schließlich auch kein Gesicht gezeigt: :-). Es sind zwei Punkte und zwei Linien. Aber weil Sie diese Linien nach einem ähnlichen Prinzip verarbeiten, wie Sie das bei einem echten Gesicht tun würden, haben Sie trotzdem das Bild eines Gesichtes im Kopf.

Wenn dem so ist, dann hat man ein Problem, wenn man Wissen vermitteln will. Denn streng genommen gibt es da gar nichts, was man vermitteln kann. Wissen ist schließlich die Art und Weise, wie man, individuell und ganz persönlich, Informationen oder Sinnesreize geistig durchkaut. Anstatt Wissen zu vermitteln, sollte es also darum gehen, dass man Menschen in die Lage versetzt, sich selbst Wissen aufzubauen. Zum Beispiel ganz konkret in diesem Moment: Ich biete Ihnen Daten, Zeichen und Symbole an (die Buchstaben, die Sie gerade lesen). Mitunter nehmen Sie auch schon ganze Informationsblöcke (nämlich Wörter oder ganze Sätze) auf. Die Art und Weise, wie Sie diese Reize anschließend in Ihrem Gehirn verarbeiten, das ist der Punkt, an dem das Wunder passiert: Aus Informationen wird Wissen. Und ich hoffe, dass dieser Prozess so erfolgt, wie ich es mit meinen geschriebenen Worten beabsichtige.

Unser Gehirn arbeitet im Prinzip also wie ein großer Modellbaukasten. Permanent erzeugt es in seinen Netzwerken Modelle (also Annahmen), wie die eintreffenden Sinnesreize zu verarbeiten sind. Wir hören und sehen also nicht das, was um uns herum passiert, sondern das, was am besten zu einem aktuellen Gedankenmodell des Gehirns passt. Wenn das Modell auf einmal nicht zutrifft, können wir es nachjustieren. Je mehr sich die Realität von unserer Erwartungshaltung unterscheidet (je größer der Modellfehler war, den wir beim Denken gemacht haben), desto mehr muss sich das Gehirn anpassen und sein Modell verändern. Genau dieser Schritt der Modellveränderung ist der Lernprozess. Dieses Funktionsprinzip ist gegenwärtig eine Theorie, die man in der Wissenschaft *»predictive coding«* nennt (sinngemäß: »vorhersagendes Verarbeiten«).

Das hört sich sehr abstrakt an, aber was das in der Praxis bedeutet, kennt jeder, der schon mal in einem Lied etwas gehört hat, was eigentlich gar nicht gesungen wird. Man hat eine Vorstellung im Kopf und passt seine Sinnesempfindung entsprechend dieser Vorstellung an. Andersrum ist es auch möglich: Man versteht überhaupt nichts und erst wenn man einen Tipp bekommt, was es heißen könnte (also ein Modell, um die Sinnesreize zu verarbeiten), hört man es auch. Ein Beispiel aus eigener Erfahrung: Auf einer meiner ersten Touren mit dem

Rennrad durch Südhessen fragte ich einen Eingeborenen nach dem Weg. Freundlich, wie die Kurpfälzer sind, bot er mir Hilfe an: »Aller guud. Am beschde färschd im Ordd alstemol nunner, donn biesch'ste linggs abb un' diereggd rüwwer uff dera anner Seidd naus.« Ich verstand nichts. Ein Passant eilte zu Hilfe: »Sie fahren immer geradeaus und biegen links aus dem Ort ab.« So bekam auch das unverständliche Kauderwelsch plötzlich einen Sinn. Ich brauchte aber erst ein Modell, mit dem ich die Sprache entschlüsseln konnte.

Ein ganz ähnliches Experiment führte man unter kontrollierten Bedingungen im Labor durch. Als bei Epilepsiepatienten die Schädeldecke zwecks eines operativen Eingriffs geöffnet wurde, nutzte man die Gelegenheit und platzierte an 468 verschiedenen Punkten des Gehirns Elektroden, mit denen man die Aktivität der dortigen Nervenzellen aufzeichnen konnte. Anschließend spielte man den Probanden Sätze vor, die von einem Rauschen und Knistern derart überlagert waren, dass sie zunächst keine Ahnung hatten, was da gesprochen wurde. Folglich synchronisierten sich auch die Nervenzellen nicht in einer Weise, die typisch wäre, wenn man einen sinnvollen Satz erkannt hätte. Das änderte sich jedoch, als man den Probanden zuvor sagte, welcher Satz da so verfremdet wurde. Als dann das Ganze noch mal abgespielt wurde, konnten sich die Nervenzellen synchronisieren, und die Probanden hörten tatsächlich den versteckten Satz.[22] Mit anderen Worten: Man hatte ein Modell entwickelt, wie man mit den akustischen Daten umgehen konnte. Die Daten blieben gleich, doch die Verarbeitung und damit auch das Wissen waren anders. Oder anders gesagt: Nur wemma vorrer rischdisch uffbassd, kannsde ah kabbiere, umm wass'es geehe duhd.

Drei Stufen des Verstehens

Das Beispiel des Buchstabens E hat schon verdeutlicht, dass wir Wissen aufbauen, indem wir gedankliche Modelle und Konstruktionsprinzipien entwickeln. Grundsätzlich kann man auch ein Computerprogramm darauf trainieren, anhand weniger Beispiele ein Modell zu entwickeln, um neue E's zu konstruieren.[23] Das funktioniert auch einigermaßen, weil bei Buchstaben eben nur das Optische eine Rolle spielt. Computerprogramme stoßen allerdings an Grenzen, wenn es ums Nicht-Sichtbare geht. Wir können auch verstehen, was Freiheit ist oder Gerechtigkeit oder ein Onkel, sprich, wir können dieses Denken in Modellen auch für abstrakte Sachverhalte anwenden. Ob es darum geht zu verstehen, was ein Auto ist, wie man eine verstopfte Rohrleitung wieder frei bekommt oder wie das deutsche Steuerrecht funktioniert, spielt dann keine Rolle.

Wenn wir sagen, dass wir etwas verstanden haben, dann meinen wir meistens, dass wir wissen, warum oder wozu etwas so ist, wie es ist. Schon in diesem kurzen Satz stecken mehrere Eigenschaften des Verstehens: Erstens erfolgt es plötzlich und unumkehrbar. Verstehen ist ein Alles-oder-nichts-Prozess, denn wenn man etwas einmal verstanden hat, kann man es nicht ent-verstehen. Zweitens erkennt man ein Ursache-Wirkungs-Prinzip in einem Sachverhalt (also den Grund oder den Zweck einer Sache). Und drittens bauen wir damit ein neues gedankliches Modell auf, in der Wissenschaft spricht man auch von einem Schema. Das klingt wieder sehr theoretisch, spielen wir das mal anhand eines praktischen Beispiels durch.

Vor vielen Jahren stand ich am Ufer des Mains. Ich drehte gerade mit meinem Kameramann einen kleinen Videoclip, als dieser ein völlig neuartiges Kameragerät aus seinem Kofferraum zauberte: ein propellerbetriebenes Fluggerät, an dessen unterem Ende eine Kamera montiert war. Per Fernsteuerung konnte man es in die Luft schicken und Aufnahmen aus der Vogelperspektive machen. »Das ist eine Drohne«, erzählte er mir, und ich war begeistert, kannte ich Drohnen doch bisher nur als männliche Begattungsform einer Biene. Nun ermöglichte mir eine Drohne faszinierende Aufnahmen über den Dächern von Frankfurt. Heute sind diese Flugdinger so allgegenwärtig, dass sie den Flugverkehr stören oder Badegästen an Baggerseen auf die Pelle rücken. Den Moment meines ersten Drohnenkontaktes werde ich nicht vergessen – und auch nicht, warum die Drohne Drohne heißt: Sie dröhnt nämlich genauso wie eine männliche Biene. Was eine Drohne ist, hatte ich also sofort verstanden – in dem Augenblick, als ich sie sah. Was ist da nur passiert?

Schritt 1 des Verstehens: das schnelle Einordnen

Wenn Sie zum ersten Mal eine Drohne sehen, sind Sie wahrscheinlich schnell in der Lage, dieses Objekt von anderen Fluggeräten zu unterscheiden. Sie müssen sich dafür nicht Tausende von Drohnen anschauen. Ein solches Phänomen nennt sich *One-shot-Learning,* Lernen auf den ersten Blick. Besonders gut gelingt das, wenn man nicht nur die Drohne sieht, sondern gleichzeitig auch noch andere Fluggeräte von ihr abgrenzen kann. Dann erkennt man auch, was sie nicht ist: nämlich kein Flugzeug und auch kein Hubschrauber. Obwohl alle Flugobjekte in Abbildung 4 einen Propeller haben, handelt es sich um unterschiedliche Flugobjekte.

Abbildung 4

Schritt 2 des Verstehens: das Ursache-Wirkungs-Prinzip erkennen

Schnell zu lernen ist schön und gut, aber das heißt noch nicht, dass man etwas auch verstanden hat. Damit das gelingt, muss man die wichtigste Frage von allen stellen: Warum? Oder alternativ: Wozu?

Das macht man am besten, indem man das Objekt, den Begriff oder allgemein die Information in Einzelteile zerlegt. Dann erkennt man, wie etwas funktioniert. Im Fall der Kameradrohne heißt das: Sie besteht aus einem Propeller, einem Motor, einem Akku und natürlich einer Kamera, nur so kann das ganze Ding überhaupt seine Funktion erfüllen: Nur weil der Akku den Motor mit Energie versorgt, kann dieser angetrieben werden. Nur weil der Motor die Propeller in Bewegung versetzt, können sich diese drehen und die Drohne in die Luft heben. Und nur weil unten noch eine Kamera drangeschraubt ist, kann man am Ende Bilder aus der Vogelperspektive machen. Für das Verstehen ist dieser Kausalzusammenhang übrigens genauso wichtig, wie den Zweck (man könnte auch sagen: den Sinn) zu erfassen (Abbildung 5).

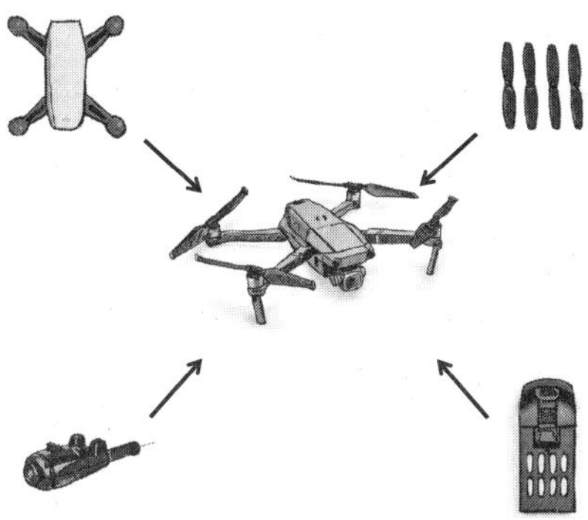

Abbildung 5

Schritt 3 des Verstehens: ein Denkschema entwickeln

Wenn man ein Objekt schnell einordnen und dessen Funktionsprinzip erfassen kann, ist man auch in der Lage, ein umfassendes Konzept dieses Objektes zu erzeugen. Dann kann man auch neue Varianten des ursprünglichen Objektes entwickeln, zum Beispiel Drohnen herstellen, die sich im Design komplett von der Ursprungsvariante unterscheiden. Trotzdem bleibt eines immer konstant: das zugrunde liegende Ursache-Wirkungs-Prinzip. Alle Objekte, die man mit diesem mentalen Modell auf ähnliche Art und Weise gedanklich verarbeiten kann, sind Kameradrohnen. In der Wissenschaft spricht man in einem solchen Fall von Schemalernen: Man entwickelt ein geistiges Schema, mit dem man einzelne Elemente zusammenfassen und auf ähnliche Art im Gehirn verarbeiten kann. Auf diese Weise ist man in der Lage, die Ursache-Wirkungs-Prinzipien eines Sachverhaltes (also das Wozu? und das Warum?) auf neue Beispiele zu übertragen (Abbildung 6).

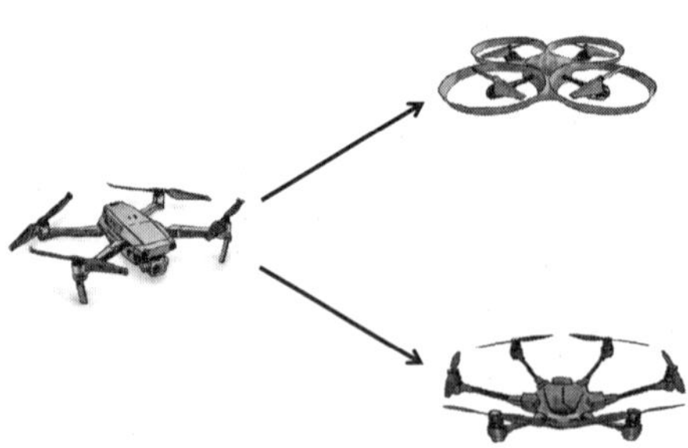

Abbildung 6

Jede dieser drei Zutaten des Verstehens (Ad-hoc-Lernen, Ursache-Wirkungs-Prinzip erkennen, Denkschemas ausbilden) ist für sich genommen schon beeindruckend genug. Doch in Summe ermöglichen sie etwas ganz Besonderes: dass man nämlich eine neue Verständniskategorie schafft. Man könnte ja das Denkschema einer Kameradrohne mit dem Denkschema eines Flugzeugs kombinieren. Fertig wäre eine Flugzeugdrohne, eine Fludro, die senkrecht starten, dann jedoch wie ein Flugzeug weiterfliegen könnte. Oder man kombiniert die Denkschemas »Kameradrohne« und »Hubschrauber« und erhält eine Personentransportdrohne (Abbildung 7). Diese Denkergebnisse können sich von der ursprünglichen Information (also der ursprünglichen Kameradrohne) drastisch unterscheiden. Setzt man diese Anwendung des Verstehens konsequent weiter fort, kann man neue Fluggeräte entwickeln, an die man anfangs gar nicht gedacht hatte.

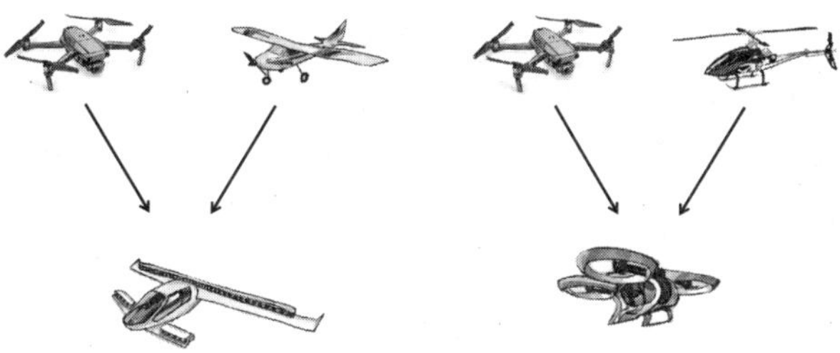

Abbildung 7

Ein bisschen so, wie es auch in der echten Luftfahrt der Fall war. Die ersten Fluggeräte vor über hundert Jahren versuchten den Vogelflug zu imitieren. Keine Chance, die Dinger stürzten ab. Bis man das Ursache-Wirkungs-Prinzip des Vogelflügels erkannt hatte: Die Flügel müssen gebogen sein, damit die umströmende Luft einen Auftrieb erzeugt. Wer dieses Flugprinzip verstanden hatte, konnte Flugzeuge bauen, die mit einem Vogel äußerlich nur noch die Flügel gemeinsam hatten, aber dennoch dasselbe Flugprinzip nutzen.

Heute haben wir die unterschiedlichsten Flugobjekte, Passagierflugzeuge, Düsenjets, Hubschrauber, Flugzeuge mit einem, zwei oder vier Flügeln, Doppel- oder Tripledecker, Drohnen und Segelflugzeuge. So verschieden diese Fluggeräte letztlich sind, sie alle tragen immer noch das Ursache-Wirkungs-Prinzip mit sich, das man einmal nachvollzogen und zur Konstruktion des Denkmodells (und neuer Flugzeugtypen) genutzt hat. Die Geschichte des menschlichen Fortschritts und seiner Erfindungen ist deswegen auch immer eine Geschichte des Verstehens. Natürlich kann man auch durch Versuch und Irrtum neue Dinge entwickeln – aber die cleversten Ideen sind durchdacht. Sprich: Man hat ein Prinzip verstanden und es mit anderen Denkprinzipien kombiniert. Die Evolution mag schließlich Millionen von Jahren Zeit haben, bis ein Kolibri entstanden ist. Für uns Menschen hingegen ist die Zeit knapp. Zum Glück können wir verstehen, was wir tun. Nur so können wir die Welt verändern und Flugzeuge bauen, die nach demselben Prinzip fliegen, wie es ein Kolibri tut. Allerdings transportiert ein solches Flugzeug auf einmal mehrere Hundert Passagiere nonstop in wenigen Stunden über den Atlantik. Das schafft kein Kolibri.

Zurück zum Verstehensprozess: Indem wir Denkmodelle entwickeln und diese kombinieren, können wir neuartige Ideen hervorbringen. Das muss nicht immer gegenständlich sein.

Wenn man Gedankenmodelle oft genug immer weiter kombiniert, verschwindet irgendwann alles Figürliche, und man schafft sich abstrakte Ideen: ein Konzept von Gerechtigkeit, von Zukunft oder Würde. Hier beginnt das Menschsein und endet das, was man Tieren zusprechen kann. Denn nach allem, was wir wissen, ist der Mensch das einzige Lebewesen, das abstrahiert, in Symbolen denkt und kommuniziert und schließlich versteht. Und das kann auch noch kein Computer.

Das klingt alles kompliziert, geht aber ruckzuck. Wenn ich Ihnen sage, dass ein »Bropa« der Bruder eines Opas ist, dann können Sie sofort daraus ableiten, wie viele Bropas Sie haben, ob Ihre Geschwister auch Bropas haben, ob Ihr Opa auch noch Bropas hat oder ob eher junge oder alte Menschen noch lebende Bropas haben. Sie haben den Begriff sofort eingeordnet, anschließend sein Konstruktionsprinzip nachvollzogen und können das sofort auf neue Fragestellungen anwenden. Denn wenn Sie wissen, was ein Bropa ist, dann wissen Sie auch, ob Sie noch eine »Broma« haben.

Umgekehrt können Sie nun auch schnell testen, ob jemand anderes etwas verstanden hat: Ist das Verständnis sprungweise gekommen oder hat man einen Aha-Moment gehabt? Kann man erklären, warum oder wozu etwas so ist, wie es ist? Kann man anhand eines konkreten Beispiels ein Konzept erkennen und das dann auf andere Beispiele übertragen? Ja? Dann darf man davon ausgehen, dass etwas verstanden wurde. Schauen wir uns nun diese drei Zutaten des Verstehens etwas detaillierter an – und wie man sie konkret nutzen kann, um selbst besser zu verstehen.

2.3 Es hat klick gemacht: Kapieren auf den ersten Blick

Es war ein warmer Septembermorgen, und ich fuhr mit meinen Kumpels auf einem Radweg in den Hügeln hinter San Francisco. Plötzlich schoss ein anderer Radler aus einer Einfahrt auf unseren Weg.

Kein Problem, wir konnten ausweichen. »*He was pretty oblivious*«, meinte mein Kumpel. *Oblivious*, so erfuhr ich, bedeutet so viel wie »unaufmerksam«. Ein Hans-guck-in-die-Luft eben. Seitdem habe ich nie wieder vergessen, dass *oblivious* unachtsam bedeutet, obwohl ich den Begriff anschließend nie mehr verwendet habe.

Das Gehirn muss also definitiv Tricks auf Lager haben, um Informationen ad hoc und nach einmaligem Kontakt zu kapieren. Schließlich erleben wir manche Dinge nur einmal in unserem Leben, und können uns trotzdem daran erinnern: an die Einschulung, den ersten Kuss, eine besondere Urlaubserinnerung, ein Weihnachtsfest vor vielen Jahren. Das mag bei emotionalen Ereignissen noch irgendwie nachvollziehbar sein – nicht zuletzt, weil die Hirnregionen, die intensive Gefühle verarbeiten, immer auch eng mit den Arealen kooperieren, die die Erinnerung organisieren – doch auch bei vergleichsweise neutralen Begriffen macht es manchmal klick, und wir behalten sie. Beim Airbag zum Beispiel, oder wenn man sich zum Brunchen verabredet und dafür ein Handy benutzt, um ein Selfie zu machen. Allesamt Fantasiebegriffe, die man trotzdem schnell begreift, ganz ohne Vokabelheft und Wiederholen. Neulich verabschiedete sich eine Radiomoderatorin im Morgenprogramm mit einem traurigen »Schadieu«.[24] Seitdem vergesse ich dieses Wort nicht mehr.

Nur so ist es überhaupt möglich, dass wir eine Sprache lernen. Bereits unmittelbar nach der Geburt fängt das Gehirn an, die eintreffende Sprachmelodie zu organisieren. So konnte man zeigen, dass schon Babys, die bloß einen Tag alt waren, Wörter mit dem Muster AAB von Wörtern mit dem Muster ABC auseinanderhalten konnten (ba-ba-lu ist schließlich etwas anderes als ba-lu-ta).[25] Bis ins Alter von 18 Monaten tut sich trotzdem nicht allzu viel, die Kinder haben meistens bloß fünfzig Wörter gelernt – ab dann gibt es aber kein Halten mehr, und es kommt zu dem, was man in der Entwicklungspsychologie »Vokabelspurt« (engl. *vocabulary spurt*) nennt. In dieser besonderen Phase können Kinder durchaus bis zu zehn neue Wörter lernen. Pro Tag – und für einige Monate am Stück! Das schafft man nicht, indem man jedes Wort wie beim klassischen Vokabellernen andauernd wiederholt. Auch wenn neuere Untersuchungen darauf hinweisen, dass solches exponentielles Sprachwachstum eine logische Folge dessen ist, dass man monatelang mit Wörtern in ihrem speziellen Kontext zugeschüttet wurde, ist die Geschwindigkeit durchaus beeindruckend.[26] Selbst im Erwachsenenalter sind Menschen verblüffend schnell, wenn sie neue Begriffe lernen. Wenn wir im Labor untersuchen, wie lange es dauert, bis sich Probanden neue Fantasiebegriffe merken sollen, dann reichen mitunter schon drei oder vier Wiederholungen und wenige Minuten. Und man erinnert sich nicht nur direkt nach dem Experiment, sondern auch eine Woche später noch an den Großteil der Wörter. Wie soll das gelingen, wenn jede Nervenzelle Stunden für sich beansprucht, um auf einen neuen Reiz zu reagieren?

Die schlechte Nachricht an dieser Stelle: Wenn Sie älter als vier Jahre sind, haben Sie Pech gehabt, denn dann wird's mit dem superschnellen Lernen einer Sprache schwer. Das Lernfenster zum Muttersprachenerwerb schließt sich schon in jungen Jahren. Jeder zweieinhalbjährige Mensch schlägt deswegen beim Spracherwerb das erwachsene Sprachgenie. Die gute Nachricht: Die Fähigkeit, blitzschnell neue Dinge aufzunehmen und dauerhaft zu verarbeiten, bleibt. Wir haben nicht unbegrenzt Wiederholungsmöglichkeiten zur Verfügung, sondern müssen manche Dinge auf den ersten Blick kapieren. Dieses Phänomen des *One-shot-Learnings* spielt beim Verstehensprozess keine unwesentliche Rolle.

Viele Wege führen ins Hirn

Es gibt verschiedene Wege, um im Labor zu untersuchen, wie jemand lernt. Dazu kann man Informationen auf unterschiedlichste Art und Weise anbieten. Das ist ein bisschen so wie beim Warenangebot in einem Supermarkt. Die »Holzhammer-Methode« ist das Supersonderangebot: Man kommt in den Laden und kriegt sofort die Angebotspreise für die günstigsten Produkte in den Weg gestellt. Es gibt aber auch subtilere Wege. Man kann die Ware zum Beispiel im Regal so platzieren, dass man möglichst bequem rankommt. Oder man stellt die Tomatensauce ins Regal neben die Nudeln, sodass man gleich die passenden Lebensmittel beisammenhat.

Übertragen auf das Informationsangebot bei einer psychologischen Lernuntersuchung: Die Sonderangebotsmethode nennt man *»explicit learning«* (oder auch *»explicit encoding«*), also ausdrückliches Lernen. Man präsentiert den Probanden ein Zielobjekt oder einen Begriff und macht es möglichst einfach, diesen Begriff zu lernen. Konkret zeigt man zum Beispiel ein neues und unbekanntes Objekt mit der Aufforderung, sich dieses Ding mit einem dazugehörigen Fantasienamen zu merken. Dann präsentiert man mehrfach hintereinander das Fantasiewort und das unbekannte Objekt:

Dieses Zeichen hier nennt man Zaftni: Ꝫ
Ꝫ – *Zaftni.*
Ꝫ – *Zaftni.*
Merk dir: Ꝫ – *Zaftni!*

Das kann man ein paar Mal machen, eventuell mit Pausen dazwischen, oder man zeigt das Zeichen in unterschiedlichen Varianten (mal fettgedruckt oder größer oder in anderen Farben), genau wie beim klassischen Lernen nach der Wiederholungsmethode – eben »explizites Lernen«. Die Vorteile sind ganz klar: Man fokussiert die Aufmerksamkeit der Studienteilnehmer, es gibt keine Missverständnisse, es geht ums Zaftni, das Ziel ist klar, man verschwendet keine unnötige Energie.

Ganz so, wie man im Supermarkt die Nudeln neben die Tomatensauce stellt (am besten noch so, dass man gut rankommt), kann man auch im Labor eine Lernaufgabe formulieren:

Hier sehen Sie vier Zeichen: A, F, ω, *M*
Steht das »Humna«-Zeichen an der dritten Stelle?

Während man beim expliziten Lernen wortwörtlich darauf gestoßen wird, das Zielobjekt zu lernen, muss man sich hier selbst auf die Suche machen. Diese Lernform ist weniger direkt, schließlich vergleicht man das ω-Zeichen mit den anderen, schon bekannten Buchstaben. Anders gesagt: Man muss aktiv nachdenken. Immerhin steht am Ende der Aufgabe ein Fragezeichen, kein Ausrufezeichen. Und gibt es etwas Verführerisches als ein Fragezeichen?

Diese Variante nutzt man im Labor, um ein Phänomen zu untersuchen, das man *»fast mapping«* nennt, die »schnelle Abbildung«. Schließlich lernen wir im wirklichen Leben nur in den seltensten Fällen explizit, meistens kriegen wir so nebenbei etwas Neues mit. Trotzdem reicht dieses »Lernen im Vorbeigehen«, dass man sich daran erinnert – und oft genügt dafür ein einzelnes Lernereignis.

In einer 2015 durchgeführten Studie untersuchte man das genauer. Dabei testete man, wie sich Probanden die Namen von Früchten merken konnten – und zwar von eher unbekannten Früchten, wie zum Beispiel der Noni-Frucht. Wie würde man klassischerweise beim expliziten Lernen vorgehen? Nun, man zeigt am besten eine Noni-Frucht und blendet ein: »Das ist eine Noni-Frucht«. Dann zeigt man noch mal eine Noni-Frucht, und noch eine, bis man auffordert: »Merk dir die Noni-Frucht!« Das hat man mit einer Testgruppe auch so gemacht – bei der anderen Gruppe zeigte man hingegen nur einmal ein Bild einer Noni-Frucht und blendete direkt daneben noch andere Früchte ein. Dann stellte man die Frage: »Welche ist die Noni-Frucht?« Und schon erkannte man, dass dieses grünliche, birnenförmige Ding mit den gelben Flecken im Bild eben keine Kirsche, kein Apfel, keine Banane, sondern wohl die Noni-Frucht sein muss. Bei der Untersuchung der Hirnaktivität der Probanden während des jeweiligen Lernvorgangs kam dann etwas Unerwartetes heraus: Der Hippocampus bei den Probanden in Testgruppe zwei war im Vergleich zur ersten Testgruppe eins viel weniger aktiv, dafür waren die Hirnregionen, die sofort die Wortbedeutung verarbeiten, umso stärker beteiligt. Diese Wortbedeutungsregionen wurden bei Gruppe eins erst nach einer durchgeschlafenen Nacht aktiviert.[27]

Offenbar geht das Gehirn beim *Fast Mapping* ein bisschen anders vor als beim klassischen expliziten Lernen. Möglicherweise ist der Hippocampus, der normalerweise bei jedem Lernereignis eine Rolle spielt, in diesem Fall gar nicht so relevant. Und während man beim expliziten Lernen einmal über den Lernstoff schlafen muss, damit sich während der Nacht auch alles im Großhirn setzen kann (Sie erinnern sich: Der Hippocampus wiederholt die wichtigsten Reize noch mal für das Großhirn), ist das beim *Fast Mapping* nicht unbedingt der Fall.

Bevor nun alle aufspringen und aufhören, klassisch zu lernen, muss ich allerdings zwei Dinge klarstellen: Erstens war in diesem konkreten Experiment das Erinnerungsvermögen von denen, die nach klassischer Methode gelernt haben, insgesamt gesehen doch etwas besser. Und zweitens deuten andere Untersuchungen darauf hin, dass bei Erwachsenen die Effekte des *Fast Mappings* weniger stark ausgeprägt sind als bei Kindern.[28] Darüber hinaus kommt es wohl auch darauf an, wie man ein Experiment konstruiert. Denn eigentlich vergleicht man ja nicht nur Noni-Früchte mit Kirschen, sondern auch Äpfel mit Birnen: In dem einen Fall soll man konzentriert an einer Sache sitzen und sich was merken, im anderen soll man eine Aufgabe lösen und etwas herausfinden. Eventuell schaut man dann kürzer auf die Objekte, ist abgelenkter, merkt sich irgendeinen anderen Kram … Kurzum: Die Forschung steckt hierzu noch in den Kinderschuhen, und es ist nicht so leicht, unsere Alltagserfahrung des blitzschnellen Lernens im Labor nachzustellen. Dass es das *One-shot-Learning* gibt, ist unbestritten. Und auch dass der Hippocampus dabei vermutlich nicht so die wichtige Rolle spielt. Schließlich lernen gerade Kinder blitzschnell Wörter – und die haben noch gar keinen vollständig entwickelten Hippocampus.

Apropos, jeder, der sich an dieser Stelle fragt, was eine Noni-Frucht ist: Sie ist nicht lecker. Ich habe sie sofort probiert, nachdem ich von der Studie las, und werde es nie wieder tun. Es reichte mir ein einziger Bissen, um ihren Geschmack zu lernen. Dann habe ich sie in die Biotonne gefeuert. Auch eine Form von *One-shot-Learning*.

Das Nichtoffensichtliche übertragen

In 2.2 haben Sie bereits erfahren, dass ein wichtiger Schritt des Verstehens darin besteht, dass man die Eigenschaften von Objekten gut voneinander abgrenzen und zur Klassifizierung nutzen kann. Eine Kameradrohne gehört schließlich in eine eigene Flugkategorie und unterscheidet sich deutlich von einem Flugzeug oder einem Hubschrauber. Man merkt also schon gleich am Anfang nicht nur, was eine Drohne ist, sondern auch, was sie nicht ist. Ganz ähnlich wie beim *Fast Mapping*, bei dem man auch feststellt, dass eine Noni-Frucht keine Kirsche ist. Verstehen bedeutet eben nicht nur fehlerfreies Abspeichern und Merken von Informationen, sondern das geschickte Einordnen, damit man damit später etwas anfangen kann.

Genau das kann ein Gehirn besonders gut und fängt in der Regel schon beim Erstkontakt mit einer Information an, deren besondere Eigenschaften zu klassifizieren und zu übertragen. Zeigt man Menschen beispielsweise ein neues Objekt mit einem Fantasienamen, wie einen ungewöhnlichen Hammer mit zwei Köpfen, den man »Bosa« nennt, dann braucht man sich diesen Hammer nur drei oder vier Mal anzuschauen, um auch ähnliche, aber leicht anders gefärbte Hämmer als »Bosa« zu erkennen.[29] Man lernt nicht bloß, dass ein spezielles Wort zu einem konkreten Objekt passt, sondern abstrahiert seine Eigenschaften. Man fängt an, ein eigenes Denkmodell zu schaffen.

Die Frage ist: Worauf achtet man genau, wenn man diesen wichtigen Schritt der Abstraktion durchführt? Interessanterweise scheint es vor allem um Eigenschaften zu gehen, die unmittelbar mit dem neuen Objekt zusammenhängen und nicht irgendwelche aus der Luft gegriffenen Infos, die für den weiteren Verlauf keine große Rolle spielen. Ein konkretes Beispiel: Stellen Sie sich vor, Sie sehen ein neues Objekt, und ich gebe Ihnen drei Infos dazu:

1. Dieses Objekt nennt man Modi.
2. Dieses Objekt zeigte mir zum ersten Mal mein Onkel.
3. Dieses Objekt stammt aus einem Land namens Modi.

Welche Info werden Sie sich wohl am ehesten merken und anschließend auch auf andere, ähnliche Objekte anwenden? Die Information 1 ist die konkrete und unmissverständliche Bezeichnung des Objektes, die sollte man am besten behalten. Information Nummer 3 ist zwar nicht ausschließlich auf das Objekt bezogen, aber immerhin ist es eine Information, die man nutzen kann, um das Objekt in eine neue Kategorie zu stecken, nämlich: »Objekt aus Modi«. Information Nummer 2 ist ja ganz nett. Aber ehrlich: Die Kategorie »Hat mir mein Onkel gezeigt« ist weder besonders neuartig noch besonders spezifisch. Genau aus diesem Grund können Menschen die Informationen 1 und 3 gut auf andere Objekte übertragen. Wenn Sie später also ein ähnliches, aber leicht verändertes Objekt sehen:

Dann würden Sie wahrscheinlich sagen, dass das auch ein Modi ist oder aus dem Land Modi kommt. Genau das war zumindest das Resultat des dazugehörigen Experimentes: Wann immer die neuen Infos zu einem Objekt besonders eindeutig sind, werden sie genutzt, um auch andere Objekte so zu benennen.[30] So kann man offenbar sehr schnell (in diesem Fall schon nach einem Versuch) eine neue Denkkategorie bilden und neue Begriffe einordnen.

Nun könnte man sagen: Das sind ja alles tolle Experimente, aber was haben sie mit Verstehen zu tun? Nun, das ist gewissermaßen die Keimzelle des Verstehens. Losgelöste Fakten nebeneinander abzuspeichern führt eben nicht dazu, dass man sie zu Denkkategorien zusammenführt. Es beginnt immer damit, dass man bestimmte Eigenschaften aus einem Sachverhalt herauslöst und überträgt.

Fast Mapping hat also vielleicht nicht zwangsläufig den Vorteil, dass man Dinge besser behält, aber es macht unser Denken flexibel, weil es uns hilft, ebenjene Denkmodelle aufzubauen, die so wichtig für unseren Verstehensprozess sind. Anders gesagt: Wer sich am Anfang ein bisschen Mühe macht und viele Infos in ein Modell integriert, kann anschließend dieses Modell anwenden und kinderleicht eine neue Info abspeichern. Genau deswegen lernen Menschen eine Sprache immer leichter, wenn sie schon viel über die Sprache wissen. Als man untersuchte, was für den Erfolg beim Sprachenlernen besonders wichtig ist, kam nämlich heraus: Je mehr Wörter bekannt sind, desto leichter kommt auch ein neues Wort hinzu.[31] Dieser Effekt gilt auch dann, wenn man eine neue und bis dato unbekannte Sprache lernt. Wer also Spanisch, Griechisch und Persisch kann, wird Finnisch schneller lernen als jemand, der nur Schwedisch kann.

Anders gesagt: Wissen erzeugt Wissen. Genau deswegen ist es wichtig, dass man viel weiß. Nicht damit man in einer Quizshow viele Euros erspielen kann, sondern damit man sich viele mentale Modelle aufbauen kann, mit denen man anschließend wiederum neue Aufgaben und Probleme lösen kann. Wissen ist deswegen immer vorteilhaft – auch Wissen, das auf den ersten Blick »unnütz« erscheint. Es gibt kein unnützes Wissen. Es gibt nur kein Wissen (und das ist unnütz).

Dieses Phänomen kennt man aus der Biochemie, es lässt

sich aber in abgewandelter Form auch auf andere Situationen übertragen. Man nennt es »Kooperativität« – oder wie ich immer gern sage: das Einkaufswagenphänomen. Sie merken, in diesem Kapitel verwende ich überwiegend Supermarkt-Metaphern, und wenn Sie schon mal auf dem Parkplatz vor einem Einkaufsladen standen, ist Ihnen bei der Betrachtung der langen Reihen von Einkaufswagen bestimmt etwas aufgefallen: In der Regel ist eine Einkaufswagenreihe ganz besonders lang, und die Reihe direkt daneben sehr kurz. Dafür gibt es einen Grund: Je länger eine Einkaufswagenreihe ist, desto leichter kommt man ans Ende dran und kann den nächsten Wagen einklinken. Dagegen fällt es schwerer, an eine kürzere Reihe einen Wagen anzufügen, je länger die Reihe daneben ist. Beim Wissen ist es ganz genauso: Wer viel hat, dem wird noch mehr gegeben. Wer wenig hat, für den wird es immer schwieriger, neues Wissen hinzuzufügen.

Beim Verstehensprozess geht es im Grunde gar nicht darum, dass man sich viele Infos merken kann, sondern dass man Informationen neu verarbeitet. Dieser Prozess lässt sich deswegen auch sehr viel schwieriger rückgängig machen. Wenn man ein Wort bloß gelernt hat, kann man es auch wieder vergessen. Das ist bei selbst entwickelten Denkmodellen nicht so leicht. Dies bestätigen zahlreiche Tests, bei denen man genau das untersucht hat. Die Klassiker in der psychologischen Forschung sind die sogenannten Einsichtsexperimente. Man sagt einer Testperson zum Beispiel drei Begriffe, die sie durch einen dritten ergänzen soll:

Hand-
–uhr
–rechner

Der Fall ist klar, das ergänzende Wort muss »Taschen« sein. Wenn man Probanden mit solchen Aufgaben konfrontiert, stellt man immer wieder ein ähnliches Verhalten fest: Sie grübeln über der Aufgabe, bis sie ganz plötzlich einen »Aha-Moment« haben. Dieser fühlt sich an wie eine Erlösung, und die betreffende Person ist sich ganz sicher, dass sie in dieser Sekunde die Aufgabe gelöst hat. Wenn ihr dieselben Begriffe nach der Auflösung noch mal präsentiert werden, kommt sie sofort auf die Lösung – das Wörterquiz hat seinen kompletten Reiz verloren. Anders gesagt: Von jetzt auf gleich hat man unumkehrbar ein neues Denkmodell entwickelt. Nach dem gleichen Prinzip funktionieren sogenannte Vexierbilder, die je nach Betrachtungsweise unterschiedliche Interpretationen zulassen:

32

Hier sehen die meisten Menschen wohl ein Frauengesicht. Doch wenn man sich nur auf den schwarzen Teil links fokussiert, könnte es auch ein Saxofonspieler sein. Wenn Sie dieses Denkmodell einmal konstruiert haben (den Saxofonspieler sehen), dann können Sie es nicht mehr rückgängig machen. Genau aus diesem Grund verraten Zauberer übrigens niemals ihren Trick. Ein enttarntes Denkmodell hat nämlich jeglichen Reiz verloren.

Zwei Dinge sind an dem »Handtaschen, Taschenuhr, Taschenrechner«-Experiment übrigens noch interessant: Erstens erinnert es ein bisschen an den Aufbau eines *Fast-Mapping*-Experimentes. Man probiert ein bisschen rum, vergleicht die verschiedenen Wörter miteinander und bekommt die Lösung nicht auf dem Silbertablett präsentiert. Dafür ist das Ergebnis umso dauerhafter, obwohl man sich nur einmal die Mühe gemacht hat. Zweitens zeigt sich auch, dass die Aktivitäten im Gehirn eine etwas andere Route beim Denken nehmen. So wird wiederum der Hippocampus beim Lernvorgang eines neuen Wortes in obigem Wörterrätsel gar nicht so sehr aktiviert. Vielmehr scheint die neue Information (in diesem Fall das neue Wort und wie man es mit den anderen Wörtern kombinieren kann) direkt von den Hirnarealen verarbeitet zu werden, die Wortbedeutungen entschlüsseln.[33] Wieder ein Beweis dafür, dass der Verstehensprozess etwas anderes ist, als etwas Neues einfach nur schnell zu lernen.

Das Aufbauen eines Denkmodells ist für das Verstehen also entscheidend und wird dabei von zwei Dingen begünstigt. Zum einen fällt es uns einfach, ein Denkmodell zu entwickeln, wenn wir das zugrunde liegende Prinzip einer neuen Information nachvollziehen können (siehe Kunstbegriffe wie »Teuro«). Zum anderen ist ein Denkmodell besonders eingängig, wenn es sofort genutzt wird, um ein Problem zu lösen (siehe die Aha-Momente). Wenden wir uns nun also diesen beiden wichtigen Aspekten des Verstehens zu, dem Erkennen von Ursache und Wirkung und dem Entwickeln von Schemas, und verlassen das spannende Feld des *One-shot-Learning*. Schadieu.

2.4 Warum überhaupt? Wie man Ursache und Wirkung erkennt

Im Frühjahr 2012 geisterte eine Meldung durch die Nachrichten, die jeden Genussmenschen aufhorchen ließ: »*Chocolate may help keep people slim*«, titelte die *BBC News*, »Schokolade könnte dabei helfen, dass Leute dünn bleiben.«[34] Endlich mal eine wissenschaftliche Studie, die wirklich praktischen Nutzen hat: Man hatte über tausend Personen aus San Diego hinsichtlich ihrer Ernährungsgewohnheiten untersucht und festgestellt, dass ein regelmäßiger Schokoladenkonsum mit einem verringerten Body-Mass-Index einherging.[35] Was für ein Balsam auf die Seele einer Nation, die allerorten mit Übergewicht zu kämpfen hat. Kein Wunder, dass die Medien drauf ansprangen. Auch das *Wall Street Journal* berichtete in einem Kurzvideo darüber und startete mit der Aussage: »Sie macht zumindest nicht dicker!«[36] Grundgütiger, muss ich mein Biochemiestudium nun infrage stellen? Ist Schokolade plötzlich der Weg zu dauerhafter Schlankheit? Fairerweise schränkten beide Medien kurz ein, dass es sich um eine Studie handelte, in der bloß ein Zusammenhang zwischen Schokoladenkonsum und Schlanksein gemessen wurde. Doch die Meldung war in der Welt – und von dort geht sie nur schwer wieder weg. Kein Wunder in einer Zeit, in der die meisten Menschen weniger als 15 Sekunden aktiv auf einer Website bleiben.[37] Wer liest sich schon die Details einer wissenschaftlichen Meldung durch? So wird immer weiter verkürzt, bis hängen bleibt: Schokolade macht dünn!

Der gesunde Menschenverstand widerspricht der Annahme,

dass Schokolade ein Schlankmacher ist. Trotzdem fallen wir auf solche Korrelationsfallen herein und konstruieren Erklärungen, auch wenn gar keine da sind. Eine weitere Studie aus 2012 ergab, dass der Konsum von Schokolade auch mit einer größeren Wahrscheinlichkeit einhergeht, einen Nobelpreis zu erlangen.[38] Schokolade macht also nicht nur schlank, sondern auch schlau! Weil das viel zu schön ist, um nicht wahr zu sein, lieferte man in der genannten Studie auch noch eine passende Begründung mit: Die in der Schokolade enthaltenen Flavonoide würden das Gehirn nicht nur vor geistigem Verfall schützen, sondern auch seine Leistungsfähigkeit erhöhen. Eine logische Erklärung für die intelligenzfördernde Wirkung der Schokolade – doch ziemlich willkürlich. In einer Folgestudie nahm man die Länder mit relativ vielen Nobelpreisträgern nochmals unter die Lupe, und siehe da: Die Anzahl an Nobelpreisgewinnern ging ebenso verblüffend einträchtig einher mit der Anzahl an IKEA-Läden im Land:[39] Je mehr IKEA-Geschäfte, desto mehr Nobelpreisträger. Und während man sich noch eine halbwegs plausible Kausalität konstruieren kann, warum Schokolade das Denkvermögen beeinflusst, ist das hier nur schwer möglich. Errichtet IKEA seine Läden womöglich nur in Ländern mit vielen Nobelpreisträgern? Wahrscheinlich ist es andersherum: Wer ständig IKEA-Möbel aufbaut, ist entweder schon ein geistiges Genie oder verbessert seine kognitive Leistung so sehr, dass im Laufe der Zeit nur eine logische Konsequenz bleibt: der Nobelpreis eben. Solange man Schokolade dazu isst.

Scherz beiseite, wir können die Dinge nur verstehen, wenn wir ihr Ursache-Wirkungs-Prinzip beschreiben können. Wenn das nicht der Fall ist, beobachten wir nur und müssen die verrücktesten Korrelationen staunend zur Kenntnis nehmen. Schlimmer noch: Wer nur korreliert, verliert – nämlich den Blick für die Wahrheit. Deswegen lockt uns dieses Nicht-kritische-Hinterfragen der Dinge auf falsche Fährten.

Das zeigt das Beispiel Google Flu. 2008 wurde dieser Datendienst gestartet mit dem Ziel, den geografischen Verlauf von Grippewellen vorherzusagen. Die Idee dahinter war: Wenn Menschen in die Google-Suchmaschine grippetypische Stichworte eingeben, sind sie vielleicht gerade selbst erkrankt. Im nächsten Schritt könnte man die deutschlandweiten Grippe-Suchanfragen mit den tatsächlich gemeldeten Krankheitsfällen vergleichen. Aus dieser Korrelation wiederum ließe sich ableiten, wohin die Grippewelle rollt. Eine tolle Idee – doch die war falsch. Spätestens bei der massiven Influenzawelle 2012 versagte das System. Denn natürlich kann man aus den Suchmaschinendaten nur Zusammenhänge ableiten, nicht jedoch Ursache-Wirkungs-Prinzipien. Es könnte ja auch sein, dass die Autovervollständigungsfunktion in der Google-Suchmaske fälschlicherweise dafür gesorgt hat, dass Menschen Suchbegriffe eingegeben haben, die sie gar nicht auf dem Schirm hatten. Oder es lief gerade eine gruselige Grippedokumentation im Fernsehen, und auf einmal haben alle nach »Grippe Symptome Behandlung« gegoogelt. Das Ende vom Lied: Google Flu wurde eingestellt. Wer jetzt auf die entsprechende Seite surft, der erhält die Information, dass man daran arbeitet, die Vorhersagemodelle zu verbessern und die gesammelten Daten dafür gern zur Verfügung stellt.[40] Das ist ein viel besserer Weg – es geht schließlich nicht darum, Big Data zu verteufeln, sondern so zu nutzen, dass man die riesigen Datenmengen auch versteht.

Viel zu oft versperrt uns das Denken in Korrelationen den Weg zum wahren Verständnis. *»Predictive analytics«* heißt ein Geschäftsfeld, bei dem man aus der Analyse von Gemeinsamkeiten die Zukunft vorhersagen will – und übrigens viel Geld damit verdient. Vereinfacht gesagt: Man schaut zurück und analysiert aus der Vergangenheit die Zukunft. Das klingt verrückt (schließlich hat das schon im antiken Druidentum nicht geklappt, als man aus tierischen Eingeweiden die Zukunft prognostizieren wollte), doch die Erfolge sind verblüffend: 2015 stellte man in einer Untersuchung fest, dass 150 Facebook-Likes einer Person ausreichen, damit ein Analyseprogramm die Persönlichkeit dieser Person besser beurteilen kann als ihre Familienmitglieder (also, ob diese eher organisiert oder spontan beziehungsweise kooperativ oder ehrgeizig ist).[41] Drei Jahre später konnten Analyseprogramme aus der Gesichtsform einer männlichen Person mit über 80-prozentiger Sicherheit richtig ableiten, ob diese Person homo- oder heterosexuell war.[42] Bot man fünf Bilder einer Person an, lag die Genauigkeit des Programms bei über 90 Prozent – zum Vergleich: Menschen schaffen es in etwa 60 Prozent der Fälle, die sexuelle Orientierung eines Gegenübers richtig einzuschätzen. Bedenken Sie, welche Konsequenzen das haben kann. Nicht in allen Ländern der Welt können Menschen straffrei zu ihrer Sexualität stehen. Was passiert dann, wenn man sich blind auf die Einschätzung eines »Homosexuellen-Detektors« verlässt, der bloß Gesichtsmerkmale analysiert?

Persönlichkeit, sexuelle Präferenzen und auch das Gehalt lassen sich mittlerweile recht gut aus der Datenspur ablesen, die wir hinterlassen.[43] Das tut man aber nicht, indem man Ursache und Wirkung nachvollzieht und schlussendlich versteht, warum die Dinge auf eine bestimmte Art miteinander verwoben sind, sondern man vergleicht einfach nur Muster. Wenn ich häufig auf die Fan-Seite vom VfB Stuttgart klicke, gleichzeitig Fotos vom Cannstatter Wasen poste und mich für schwäbische Mundart interessiere, ist die Wahrscheinlichkeit, dass ich in Baden-Württemberg wohne, größer, als dass ich bisher nur auf Sylt gelebt habe. Nicht weil irgendjemand irgendetwas über mich »weiß« (denn Wissen würde voraussetzen, dass man verstanden hat, worum es geht), sondern nur, weil andere Personen mit einem ähnlichen Verhalten eben aus dem Schwabenland kommen. Seit ich darüber mit einem Datenanalysten von Facebook gesprochen habe, like ich aus Scherz die absurdesten

Dinge auf Facebook: die Wildecker Herzbuben, einen Astronomieverein in Niedersachsen und eine Death-Metal-Band. »Keine Chance, Henning«, sagte mein Kumpel, »das rechnen die Algorithmen raus.« Mittlerweile sind also auch die Nonkonformisten vorhersehbar.

Mit zunehmenden Datenmengen steigen auch die Korrelationsmöglichkeiten – und versperren gleichzeitig den Blick auf die Wahrheit. Natürlich kann man aus dem Einkaufsverhalten von Personen ableiten, ob diese männlich oder sportlich sind. Doch der Pro-Kopf-Konsum von Margarine korreliert ebenfalls extrem gut mit der Scheidungsrate im US-Bundesstaat Maine.[44] Man sollte daher nicht den Fehler machen, auf Basis von Korrelationen Entscheidungen zu treffen, sonst kommt man in Teufels Küche (»Schatz, ich habe gerade Margarine gekauft – wir müssen uns trennen!«). Beispielsweise gab es 2018 unter den *Fortune*-Top-500 Unternehmen bloß 24 weibliche Vorstandsvorsitzende.[45] Waren die Firmen nun so erfolgreich, weil es wenige Frauen in den Chefetagen gab? Oder andersrum: Waren sie erfolgreich, obwohl es so wenige Frauen bis in die Spitze schafften? Wer sich zu sehr auf den offensichtlichen Zusammenhang verlässt, versteht die Hintergründe nicht und trifft schlechte Entscheidungen. So erging es Amazon, als es eine Software für die Auswahl von Bewerberinnen und Bewerbern einsetzte. Das Problem: Der Algorithmus wurde mit alten Bewerbungsdaten trainiert, die in der IT-Welt überwiegend von Männern stammten. Schlussfolgerung: Frauen sind nicht so gut und werden gleich aussortiert. 2015 stampfte Amazon dann die Bewerbungssoftware ein[46] – denn erfolgreiche Teams schafft man ja gerade nicht, wenn alle gleich ticken, sondern wenn man vielseitige Blickwinkel hinzuholt. Aber das hatte der Algorithmus eben nicht verstanden, weil er die Dinge nicht hinterfragt.

Genau wie jene Algorithmen, die im Frühjahr 2018 die Tesla-Aktie automatisch verkauften. Der Grund: Elon Musk hatte getwittert, dass Tesla »trotz intensiver Bemühungen an Geld zu kommen – inklusive eines Ausverkaufs an Ostereiern – (...) vollständig und total bankrott ist«.[47] Für jeden denkenden Menschen dürfte schon anhand des Datums des Tweets (1.4.) klar gewesen sein, dass es ein Aprilscherz war. Doch Algorithmen verstehen keine Ironie. Denn eine Ironie bricht mit Korrelationen. Algorithmen, die automatisch Nachrichtenmeldungen auswerteten, lösten am 1.4.2018 deswegen ein Verkaufssignal für Tesla-Aktien aus, Tesla büßte über drei Milliarden Dollar an Börsenwert ein. Man mag sich über die Beispiele, bei denen Korrelationen und Kausalität verwechselt werden, belustigen. Hier zeigen sie jedoch ihr hässliches Gesicht: Börsenumsätze, die sich von begründetem Denken entkoppeln (etwa neunzig Prozent aller Umsätze an Aktienmärkten werden mittlerweile von Algorithmen gesteuert), Menschen, die aufgrund ihres Geschlechtes diskriminiert werden, und Fehlinterpretationen von Grippewellen können gesellschaftliche Verwerfungen zur Folge haben. Da ein Großteil unseres Lebens in Mustern und einfachen Zusammenhängen abläuft, sind vielleicht 98 Prozent unseres Lebens gut vorhersehbar und man kann damit Milliarden verdienen. Doch die restlichen 2 Prozent ändern alles. Wenn man nämlich hinter die Fassade blickt und sich fragt, warum die Dinge zusammenhängen. Tut man das nicht, das haben die hier genannten Beispiele gezeigt, begibt man sich auf sehr dünnes Eis.

Gleich und Gleich gesellt sich gern

Die Welt steckt voller Zusammenhänge. Doch wie entschlüsseln wir, ob es auch eine ursächliche Verbindung zwischen zwei Vorgängen gibt? Wie könnte ein Gehirn taktisch vorgehen, um Kausalität zu erkennen und letztlich zu verstehen, warum etwas passiert?

Wie man es nicht tut, haben wir gerade gesehen: Man darf auf keinen Fall Korrelationen überinterpretieren. Nur weil etwas gleichzeitig passiert, heißt das noch nicht, dass es auch kausal zusammenhängt. Leider hat man jedoch erst mal keine andere Wahl. Genauso wie ein digitaler Datenauswerte-Algorithmus beginnt auch ein Gehirn damit, dass es zwei (oder mehrere) Ereignisse in Abhängigkeit voneinander wahrnimmt. Wenn diese Ereignisse immer direkt aufeinanderfolgen, werden sie irgendwann auch als ursächlich füreinander interpretiert.

Ein Beispiel: Sie sehen verschiedene Buchstabenreihen und am Ende jeder Reihe wird Ihnen ein Zielbuchstabe (in diesem Fall das C) gezeigt.

A, H, B – C
A, A, B – C
M, K, B – C
L, H, B – C

Irgendwann wird man feststellen, dass ein C immer auf ein B folgt, und wenn das nur oft genug passiert, interpretieren Menschen das B tatsächlich als nicht nur zufällig vor dem C stehend, sondern sie sehen das B als Ursache dafür, dass das C kommt. Genau dieses Verhalten konnte man im Labor messen, als man den Testpersonen nicht bloß Buchstaben, sondern Bilder oder Videoschnipsel gezeigt hatte.[48] Mit dieser Interpretation kann man aber auch komplett danebenliegen. Entsprechend könnte man auch behaupten, dass Zugvögel im Winter nach Süden fliegen, *weil* die Bäume ihre Blätter verlieren. Oder dass es abends dunkel wird, *weil* im Fernsehen die *Tagesschau* läuft. Für das Gehirn ist dieses Vorgehen trotzdem zunächst wichtig, denn es trennt dabei Ereignisse voneinander, die sich prinzipiell gegenseitig begünstigen könnten. Auch um eine Kausalität zu erkennen, muss man schließlich definieren, was sich ursächlich beeinflussen könnte. Erst wenn man dann nicht weiterdenkt und sich selbst nicht hinterfragt, tappt man in die Korrelationsfalle.

Schritt eins ist also das Erkennen von Ereignissen, die irgendwie miteinander verbunden sein könnten. Schritt zwei ist, diese Erkenntnis zu testen. Dafür manipuliert man am besten die Ereignisse, bei denen man ein Ursache-Wirkungs-Prinzip vermutet. Manipulieren ist das richtige Stichwort, denn es kommt wohl tatsächlich darauf an, dass man händisch (zumindest körperlich) die Dinge verändert. Ein einfaches Beispiel kennen Sie aus dem Alltag: den Vorführeffekt. Sie wollen beispielsweise an einer Kaffeemaschine die Cappuccino-Funktion aktivieren, aber es klappt nicht. Sie zeigen daraufhin einem Freund die Kaffeemaschine, der drückt einfach auf den entsprechenden Knopf – und schon läuft der Cappuccino aus der Maschine. »Das kann doch nicht sein«, werden Sie sagen. Woran könnte es gelegen haben? An der Kaffeemaschine oder an Ihnen? Den Gesetzen der Logik folgend, muss es an Ihnen gelegen haben, doch wir alle wissen, wie verrückt sich technische Geräte manchmal verhalten – und schieben es deswegen auf den »Vorführeffekt« (der natürlich nicht existiert, sondern von uns erfunden wird, um unser Weltbild aufrechtzuerhalten).

Ein ganz ähnliches Experiment führte man auch mit 16 Monate alten Kleinkindern durch. Man präsentierte ihnen zunächst ein grünes Spielzeug, das einen Ton von sich gab, wenn man draufdrückte. Anschließend gab man den Kleinen das Spielzeug, doch man hatte es so präpariert, dass sie den Ton nicht aktivieren konnten. Die Kinder waren verwirrt, das Objekt war schließlich das Gleiche. Es blieb nur eine logische Erklärung: Man war selbst schuld – und folglich gaben die Kinder das Spielzeug an die Eltern weiter, auf dass die sich darum kümmern sollten. Wenn die Kinder hingegen kein grünes, sondern ein gelbes Spielzeug bekamen (von dem sie gar nicht wussten, ob es funktioniert oder nicht), drückten sie ein paar Mal darauf herum, bevor sie dann nach dem grünen Spielzeug griffen. Hier war schließlich klar: Es musste am Spielzeug liegen.[49]

Drei Dinge sind an diesem Experiment interessant: Erstens, die Kinder waren wirklich jung. Schließlich war man bis vor einigen Jahren noch davon ausgegangen, dass Menschen erst nach einigen Jahren in der Lage sind, Ursache und Wirkung zu erkennen. Neuere Forschungen deuten jedoch darauf hin, dass schon wenige Monate alte Babys in der Lage sind, Kausalitäten zu erkennen. Zweitens, es reichen schon sehr wenige Versuche, um ein Ursache-Wirkungs-Prinzip abzuleiten. Drittens, beim Erkennen von Kausalitäten kommt es maßgeblich darauf an, ob Menschen aktiv intervenieren oder ob sie nur passiv zuschauen, wie etwas ohne jegliches Zutun passiert.

Aktives Handeln ist offenbar entscheidend dafür, ob man Zusammenhänge ursächlich nachvollziehen kann. Es heißt ja nicht umsonst, dass man etwas »be-greift«: Um zu untersuchen, wie wichtig das Begreifen im Wortsinn ist, setzte man knapp fünf Monate alte Babys vor einen Tisch mit farbigen Kugeln. Für eine Gruppe waren die Kugeln so präpariert, dass sie nicht zu bewegen waren, die andere konnte aktiv mit den Kugeln spielen. Doch nur die Babys, die vorher die Kugeln bewegen konnten, erkannten in einem anschließenden Video auch, dass eine Kugel eine zweite so anstoßen kann, dass diese aus dem Bild läuft. Sprich: Sie erkannten ein Ursache-Wirkungs-Prinzip.[50] Wenn zwei Dinge ohne menschliches Zutun zeitlich zusammenfallen, könnte es schließlich auch Zufall sein. Wenn man also feststellt, dass Schokolade essende Menschen dünn sind, dann heißt das gar nichts. Wenn man hingegen einer Gruppe übergewichtiger Menschen nur noch Schokolade zu essen gibt und sich daraufhin ihr Gewicht halbiert, dann sollte es an der Schokolade gelegen haben. Das aktive Handeln des Menschen ist die grundlegendste Ursache, die es zu erkennen gibt.[51] Übrigens genügen dann sehr wenige Beispiele, um exemplarisch daraus ein Resultat abzuleiten.

Achtung, Achtung, aufgepasst an dieser Stelle: Aberglaube-Alarm! Dieses aktive Manipulieren einer Situation, um eine Ursache zu erkennen, funktioniert nur dann, wenn es auch tatsächlich eine Ursache gibt. Ansonsten schaffen Sie sich Ihre eigene Denkfalle. Stellen Sie sich vor, Sie wollen das Wetter beeinflussen und dafür sorgen, dass es mehr regnet. Also beschließen Sie, einen Regentanz aufzuführen. Sie tanzen jeden Tag vor sich hin – und irgendwann wird es selbstverständlich regnen. Nicht weil Sie getanzt haben, sondern weil es statistisch gesehen an jedem dritten Tag in Deutschland regnet. Jedes Mal, wenn es regnet, werden Sie sich daran erinnern, dass Sie ja kurz vorher getanzt haben. Anders gesagt: Ihr Gehirn stellt eine Kausalität her. Nach dem Motto: Ich war schuld am Regen. Das ist natürlich falsch, aber dann nur schwer wieder aus Ihrem Gehirn zu löschen.

Genau deswegen ziehen Menschen ihre Glücks-T-Shirts in einer wichtigen Prüfung an, tragen Amulette oder hängen sich Traumfänger ins Auto. Wenn man dann nachfragt, ob das auch was bringt, bekommt man gesagt: »Ich fahre jetzt zwanzig Jahre Auto und habe mit dem Traumfänger am Innenspiegel noch nie einen Unfall gebaut.« Kunststück, doch das heißt nicht, dass der Traumfänger die Ursache war. Das geht jedem so, mich eingeschlossen. Bei Radrennen befestigte ich meine Startnummern immer mit dem identischen Satz Glücks-Sicherheitsnadeln am Trikot, weil ich so einmal ein gutes Rennen gefahren war. Toll, dachte ich, mit diesen Sicherheitsnadeln kann mir nichts passieren – bis ich mir in einem Radrennen fünf Wirbel brach. Danach habe ich die Nadeln in die Tonne gehauen.

Beim Erkennen von Ursachen sind wir alle Ich-fixiert. Wenn wir in einer vom Zufall gesteuerten Situation in Aktionismus verfallen und viel rumprobieren, werden wir irgendwann eine willkürliche Handlung von uns mit einem äußeren Effekt in Verbindung bringen. Diese Art von Narzissmus lässt uns abergläubisch werden – aber das ist nur der Preis dafür, dass wir mit genau dieser Denke auch in der Lage sind, Ursache-Wirkungs-Prinzipien zu erkennen. Kein Schimpanse trägt sein Glücksamulett mit sich herum, um mehr Futter zu bekommen. Kein Schimpanse erkennt aber auch die Ursache dafür, warum Bananen an Stauden wachsen und dass man diese auf Plantagen anbauen könnte.

Es geht also nicht nur darum, dass man viel ausprobiert und dann schaut, was passiert. Man muss vorher auch eine Hypothese aufstellen, die man testen will. Sprich: Man experimentiert mit Sinn und Verstand, nämlich mit dem Ziel, seine Schlussfolgerungen zu kontrollieren. Nicht um sich zu bestätigen. Genau das ist der Unterschied zwischen Aberglauben und Wissenschaft.

Cleveres Manipulieren

Wir schreiben das Jahr 1747. Das britische Empire ist dabei, die Weltmeere zu beherrschen, hat aber ein gewaltiges Problem. Nicht Piraterie, feindliche Schiffe oder kriegerische Auseinandersetzungen raffen Großteile der Schiffsbesatzungen dahin, sondern die heimtückische Krankheit Skorbut. Mehr als zwei Millionen Seefahrer lassen in den 350 Jahren Seefahrt nach Kolumbus aufgrund dieser Krankheit ihr Leben. Zeitweise kalkuliert die Royal Navy mit einer Verlustrate von 50 Prozent der Besatzung auf einer langen Seereise. Wie soll man diese Krankheit nur in den Griff bekommen?

Das Problem war klar: Erwachsene und kräftige Männer wurden nach drei Monaten auf hoher See schwach, fingen an zu bluten, verloren ihre Zähne und starben schließlich. Auch Korrelationen gab es einige: das viele Geschaukel auf hoher See, der viele Wind, die einseitige Ernährung, schlechte hygienische Bedingungen … Noch mysteriöser war, dass andere

Lebewesen (zum Beispiel Hunde) nicht an Skorbut erkrankten, es betraf nur die Menschen an Bord.

Man experimentierte viel herum, probierte unterschiedliche Lebensmittel aus, die Skorbut heilen könnten, und kam mit den seltsamsten Hausmitteln um die Ecke. James Lind, ein schottischer Arzt, machte dann genau das Richtige, um die Ursache zu identifizieren und damit die Krankheit zu verstehen: Er manipulierte die Ernährung der Männer an Bord – und tat das auf so kontrollierte Weise, dass er das Risiko eines neuen Aberglaubens minimierte. Zwölf Männer (allesamt schwer skorbutkrank) wurden in sechs Zweiergruppen eingeteilt, die 14 Tage lang alle gleichbehandelt wurden. Sie lebten im gleichen Zimmer auf dem Schiff, gingen den gleichen Beschäftigungen nach und bekamen das Gleiche zu essen. Variiert wurde hingegen die individuelle Behandlung der sechs Gruppen: Zwei bekamen täglich einen guten Liter Apfelwein, zwei andere zwei Teelöffel Essig, die beiden nächsten einen guten halben Liter Seewasser eingeflößt. Zwei andere hatten wenig Glück, sie mussten 25 Tropfen verdünnte Essigsäure zu sich nehmen, dafür durften zwei andere täglich zwei Orangen und eine Zitrone essen. Gruppe sechs erhielt eine selbst gebraute Wundermedizin aus Senfkörnern, Knoblauch, zerriebenen Wurzeln und anderen Pflanzenextrakten. Nach einer Woche gingen die Zitrusfrüchte zwar aus, doch die beiden Kerle, die Orangen und Zitronen gegessen hatten, waren wundersam erholt. So gut, dass sie sich um die anderen Versuchsteilnehmer kümmern konnten. Lind folgerte, dass es nur die Zitrusfrüchte gewesen sein konnten, die Skorbut geheilt hatten.

Zwei Dinge sind an dieser Fußnote der Medizingeschichte interessant: Es handelt sich hier um eines der ersten kontrolliert durchgeführten wissenschaftlichen Experimente. Denn Lind verglich Gruppen miteinander, die sich nur in einer einzigen Sache unterschieden. Er kontrollierte also immer genau für eine mögliche Ursache. Wenn nun bei einer Gruppe eine Heilung auftrat, musste es ursächlich auf genau diese eine Sache zurückzuführen sein. Also mussten Orangen und Zitronen irgendetwas enthalten, das skorbutkranken Menschen fehlt. Lind hätte auch wie die Wissenschaftler im Schokoladenexperiment vorgehen können. Dann hätte er penibel an Bord notiert, wer was wie viel und wann isst, und hätte diese Essgewohnheiten anschließend mit dem Krankheitsbild der Personen in Beziehung setzen müssen. Vielleicht wäre ihm dann auch aufgefallen, dass Personen, die viele Zitronen essen, weniger Skorbutsymptome haben. Der Aufwand wäre aber sehr viel größer gewesen, und am Ende hätte er auch nicht sicher sagen können, was die Ursache für Skorbut war.

Zum anderen zeigt diese Geschichte, dass es mit der Erkenntnis allein nicht getan ist. James Lind mag ein cleverer Experimentator gewesen sein, sein wissenschaftlicher Ansatz war bahnbrechend. Doch ein guter Kommunikator war er nicht. Nach seiner Rückkehr im Jahre 1748 schrieb er seine reisemedizinischen Erkenntnisse nieder. Der Wälzer umfasste 400 Seiten in schwer verdaulichem Englisch. Das eigentliche Skorbut-Experiment machte gerade mal fünf Seiten in der Mitte des Buches aus. So gut versteckt, wurde es von niemandem gelesen. Sogar Lind selbst war von den vielen Skorbut-Experimenten seiner Zeit so überfordert, dass er die Ursache für Skorbut nicht erkannte. Obwohl er die Krankheit mit Orangen und Zitronen heilen konnte, dachte er, Skorbut würde durch verstopfte Schweißdrüsen aufgrund von Verdauungsproblemen ausgelöst. So kann es enden, wenn man Ergebnisse nicht konsequent zu Ende interpretiert. Erst über vierzig Jahre später wurde nachgewiesen (und kommuniziert), dass Zitronen das Allheilmittel gegen Skorbut sind. Sofort stellte die Navy ihre Schiffsverpflegung um – mit ein Grund dafür, dass das britische Empire eine dominierende Seefahrernation wurde. Jeder, der mich fragt, warum ich Wissenschaft in möglichst verständlicher

Sprache vermittle und ein Buch wie dieses schreibe, dem halte ich immer diese Anekdote vor die Nase. Hätte Lind damals nur etwas direkter formuliert, hätten Hunderttausende Menschenleben gerettet werden können. Wissenschaft ist eben mehr als eine bloße Technik, um Abläufe zu verstehen. Es ist auch ein Verfahren, um Wissen zu vermitteln.

Warum? Warum? Warum?

Damit man die Dinge versteht, muss man nachvollziehen, warum sie so sind, wie sie sind. Die einzige Möglichkeit das zu tun ist, die Dinge zu verändern und zu schauen, was dann passiert. Kehren wir dafür noch mal kurz zum Experiment zurück, das ich ein paar Seiten zuvor beschrieben habe. Sie sehen verschiedene Buchstabenreihen, und am Ende jeder Reihe taucht der Buchstabe C auf:

A, H, B – C
A, A, B – C
M, K, B – C
L, H, B – C

Wenn man nur beobachtet, kann man die Ursache für das C vermuten (das vorangehende B nämlich). Doch erst wenn man aktiv die Dinge ändert, kann man das auch bestätigen. Was wäre wohl, wenn man selbst die Buchstabenreihenfolge ändert in

K, M, B –

und feststellt, dass daraus gar kein C, sondern auf einmal ein D folgt (K, M, B – D)? Dann wäre die schöne Hypothese, dass es am B liegen muss, dahin, und man muss sich etwas Neues überlegen. Folgt zum Beispiel auf ein B nur dann ein C, wenn der Buchstabe zuvor mit einem A ausgesprochen wurde (Ha, A, Ka)? Auch das könnte man im nächsten Versuch testen.

Durch Beobachtung allein wird es also schwierig, in kurzer Zeit und eindeutig festzustellen, worin die Ursache liegt. Das aktive Hinterfragen der Dinge ist besser. Interessant ist, wie sich das Gehirn die Gedankenarbeit dabei aufteilt, wenn es Ursache und Wirkung unterscheidet. Zunächst plant es in seitlichen Hirnarealen eine Handlung, die eine mögliche Konsequenz auf die Dinge in der Umgebung haben kann. Parallel dazu erzeugt das Gehirn zwei Erwartungshaltungen, wie sich die Dinge entwickeln könnten: Zum einen wird die Bewegung an sich prognostiziert (in den motorischen Zentren, die unter anderem im Scheitelbereich des Gehirns liegen). Zum anderen entwirft das Gehirn eine Hypothese, was dann mit den Dingen passiert, wenn man die Handlung ausführt. Dann wird die Handlung durchgeführt und das Ergebnis sogleich mit der Erwartungshaltung abgeglichen. Wenn Ergebnis und Erwartung übereinstimmen, wird ein Ursache-Wirkungs-Prinzip angenommen. Folglich wird genau dann die neuronale Verbindung zwischen den Hirnregionen, die die Ursache geplant haben, und den Arealen, die die Wirkung erkannt haben, verstärkt. Anders gesagt: Es wird ein Grund angenommen. Im Prinzip erkennen wir also niemals wirklich die Ursache, sondern immer nur Korrelationen. Wenn diese Korrelation aber von einem Menschen gezielt ausgelöst werden kann, dann wird die neuronale Verschaltung im Gehirn so verstärkt, dass man annimmt, dass der Mensch die Ursache war.[52]

Wir gehen immer dann von einer Ursache aus, wenn wir uns vorstellen können, dass wir selbst etwas aktiv ausgelöst haben können. Natürlich gelingt das nicht für alle Sachverhalte. Es ist zwar genau die richtige Grundeinstellung des Gehirns für die ersten Lebensjahre, in denen man so ein grundlegendes Verständnis der Welt um sich herum aufbaut (Objekte fallen herunter, wenn man sie loslässt, sie schweben nicht von selbst durch den Raum, Wasser ist nass, nachts ist es dunkel …). Irgendwann jedoch reichen die Hände nicht mehr aus, um alles zu manipulieren, was man wissen möchte. Dann schlägt die Stunde der Königin aller Fragen, der Warum-Frage. Eine englische Studie fand heraus, dass Kinder im Alter von vier Jahren ihren Eltern geradezu ein Loch in den Bauch fragen: Alle zwei Minuten stellten sie im Schnitt eine Warum-Frage.[53] So nervig das sein kann, so wichtig ist es auch. Das Gehirn ist ab diesem Alter in der Lage, die Handlungen von anderen Menschen im Kopf zu simulieren. Es aktiviert dafür ein besonderes Nervennetzwerk, das genau dieses mentale Sich-reinversetzen-in-eine-andere-Position ermöglicht.[54] Ob man also eine Aktion selbst durchführt, ob man sieht, wie jemand anderes sie durchführt, oder ob man sich fiktiv überlegt, ob die Aktion von irgendjemandem durchgeführt werden *könnte* – für das Gehirn ist das kein großer Unterschied. Entscheidend ist nur, dass irgendwann der Abgleich erfolgt: Lässt sich irgendein Auslöser für das Ergebnis einer Handlung zweifelsfrei identifizieren? Wenn ja, akzeptiert das Gehirn diesen Zusammenhang als Ursache. Wenn nicht, wird weiter ausprobiert. Kausalität ist prinzipiell nur erkennbar, wenn etwas aktiv verändert wird. Es ist daher kein Erkenntnisprozess, sondern ein Manipulationsverfahren.

Das führt zu einem interessanten Nebenaspekt: Wenn es die Grundbedingung ist, dass wir uns in die Rolle eines Verursachers denken können und uns dafür unserer selbst bewusst sind, dann können nur Lebewesen mit Bewusstsein verstehen. Wird es dann überhaupt möglich sein, denkende Maschinen zu erschaffen, die ohne Bewusstsein verstehen, wie die Welt funktioniert? Ich überlasse diese Antwort gern den Philosophen und Informatikern. Für das Gehirn lässt sich jedoch sagen: ohne Bewusstsein kein Verstehen.

Wer nicht fragt, bleibt dumm

Wir müssen uns also durchs Leben manipulieren, damit wir verstehen können, was passiert. Ein bisschen erinnert das an die vorherigen Kapitel, in denen schon die Rede davon war, dass das Gehirn ein mentales Modell der Welt aufbaut, um Dinge einzuordnen. Das ist der wichtige erste Schritt des Verstehens. Über den zweiten haben Sie gerade gelesen: Man testet diese Modelle aktiv. Dieses Experimentieren und Hinterfragen, das Erkennen, warum etwas ist, wie es ist, macht unsere mentalen Modelle immer robuster. Schließlich werden die Modelle so stabil, dass man sie mit anderen kombinieren kann – das wäre der dritte Schritt des Verstehens und darum geht's gleich.

Davor möchte ich an dieser Stelle abermals betonen, wie wichtig es ist, seine mentalen Modelle aktiv zu verändern und zu testen, sprich: zu fragen. Nur so können wir uns in neue Rollen denken und Ursachen erkennen und die Welt verstehen. Allerdings werden wir heutzutage darauf trainiert, möglichst gute Antworten zu geben, und nicht darauf, gute Fragen zu stellen. Schauen Sie sich einen Intelligenztest an: Überall sollen Sie Antworten geben, und wer die am schnellsten fehlerfrei findet, kriegt die höchste Punktzahl.

Die besten Lehrer, die ich in der Schule hatte, haben mir nicht die besten Antworten gegeben, sie haben mir die besten Fragen gestellt – und mich immer weiter ermutigt, selbst nachzufragen. Ich habe nach der Schule Biochemie studiert. Das ist kein Zufallsstudium. Man stolpert da nicht rein und sagt dann nach drei Jahren: »Huch, ich studiere Biochemie im 6. Semester? Wie konnte das nur passieren?« Nein, man entscheidet sich bewusst dafür – und ich tat es, weil ich einen ganzen Sack an Fragen hatte, als ich an die Uni kam, und es werden immer mehr. Das ist Wissenschaft: die Kunst, gute Fragen zu stellen. Praxistipp an dieser Stelle: Gute Wissenschaftler erkennen Sie nicht daran, dass sie gute Antworten geben (heutzutage gibt es viel zu viele Menschen, die Antworten geben), sondern daran, dass sie die Fragen stellen, die sonst niemand stellt. Das ist nicht nur in der Wissenschaft der Fall, auch in der Kunst, der Politik, der Wirtschaft, der Kultur. Die Welt ist schon immer von denen verändert worden, die neue Fragen stellen. Man kann die Dinge schließlich nicht verstehen, wenn man unkritisch ist. Was meinen Sie wohl, weshalb ich in diesem Buch immer wieder rhetorische Fragen stelle?

Übrigens, was die »Schokolade macht dünn«-Geschichte angeht, ist die Sache doch etwas verzwickter als gedacht. Natürlich fand man in der ursprünglichen Studie nur heraus, dass Personen, die regelmäßig kleine Portionen Schokolade aßen, einen leicht verringerten Body-Mass-Index hatten. Eine mögliche Erklärung wurde allerdings auch mitgeliefert: Die Epicatechine (Stoffwechselprodukte aus der Kakaopflanze) könnten schuld sein und die Menschen dünn werden lassen, da sie den Energiestoffwechsel des Körpers antreiben. Das ist auch zweifellos richtig, und Mäuse, die mit vielen dieser Epicatechine gefüttert werden, verstärken die Durchblutung ihrer Muskeln und die Möglichkeit zum dortigen Energieumsatz.[55] Doch dazu muss man sehr viele dieser Kakaoinhaltsstoffe essen. Würde man die Dosis auf den Menschen übertragen, müsste man bei einem Körpergewicht von 50 Kilogramm zwei Mal täglich 115 Gramm der besonders dunklen (und staubigen) 90-prozentigen Schokolade essen – und das zwei Wochen am Stück jeden Tag. Wer weiß, ob Sie dann noch so schlank sind wie die Typen aus San Diego.

2.5 Schemalernen – Der Sinn von Allgemeinbildung

So, nach all den Erklärungen zum Thema, wie ein Gehirn vorgeht, um etwas zu verstehen, machen wir an dieser Stelle einen kleinen Test: Geprüft werden soll, wie es mit Ihrer Denkfähigkeit bestellt ist. Keine Sorge, blamieren kann man sich nicht.

Sie sehen hier zwei Objekte:

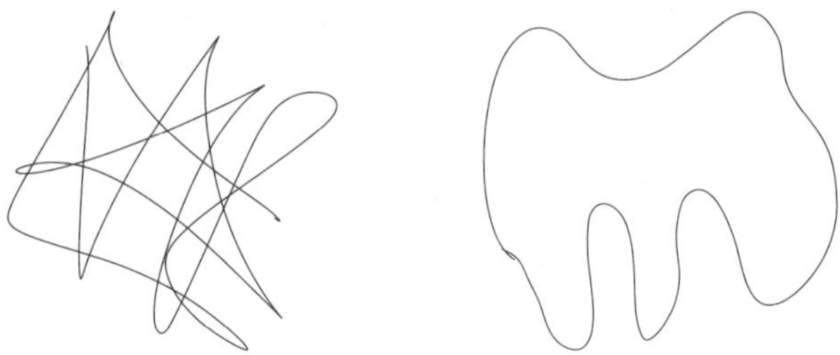

Welches dieser beiden Objekte ist eher verärgert und wütend, und welches niedergeschlagen und traurig? Wahrscheinlich werden Sie sagen, dass die linke Figur aggressiv, die rechte hingegen eher betrübt ist. Damit sind Sie keineswegs allein, denn eine Studie aus dem Jahre 2019 förderte zutage, dass die meisten Menschen so ticken. Wenn die Probanden selbst aufgefordert wurden, solche Figuren zu zeichnen, hatten die wütenden Versionen im Durchschnitt 17 bis 24 Ecken, die traurigen hingegen nur sieben bis neun.[56] Das gilt übrigens nicht nur für figürliche Objekte, sondern für alle möglichen Sinneswahrnehmungen. Kein Wunder, dass die Schriften, die Heavy-

Metal-Bands verwenden, eher eckig und spitz sind, während melancholische Künstler wie Adele eher runde Formen auf dem Cover bevorzugen. Diese »Eckigkeit« ist sogar physikalisch messbar (indem man die Frequenzveränderung misst), und das ist auch bei Tönen, Sprache oder Körperbewegungen der Fall. Je gleichmäßiger und »runder« die Sprache, desto melancholischer und trauriger wirkt sie – und zwar auch dann, wenn man die Sprache gar nicht versteht. Allein die Tatsache, dass Sie im letzten Satz das Wort »rund« auf den Begriff »Sprache« übertragen und verstanden haben, was damit gemeint ist, spricht dafür, dass wir genau solche universalen Denkkategorien haben, mit denen wir die Welt einordnen können. Universell ist übrigens ein gutes Stichwort, denn ähnliche Untersuchungen zeigen, dass das auch kulturunabhängig ähnlich wahrgenommen wird. Ob man in Omaha/Nebraska oder in einem Eingeborenenstamm in Namibia aufgewachsen ist, spielt also keine große Rolle.[57]

Das Gehirn ist Weltmeister darin, Denkschemas zu entwickeln. Auch wenn wir das völlig selbstverständlich verinnerlicht haben, ist es eine gewaltige mentale Leistung. Beispiel: Sie sehen einen Labrador, einen Pudel und einen Husky und bekommen gesagt, dass das alles Hunde sind. Sofort bauen Sie das Denkschema »Hund« auf und können dieses auch auf ein neues Beispiel übertragen. Einen Collie werden Sie deswegen beim ersten Mal sofort als Hund identifizieren, obwohl sich ein Collie sehr von einem Pudel oder einem Labrador unterscheidet. Niemand hat Ihnen gesagt, was das Hundeartige ist, das Sie auf einen neuen Vierbeiner übertragen müssen. Als Sie die drei Beispielhunde gesehen haben, hätte der Begriff »Hund« auch alles Mögliche sein können, zum Beispiel ein Begriff dafür, dass alle Tiere einen Schwanz haben, dass sie ein Fell haben, dass sie eine Schnauze haben, dass es Tiere sind oder dass sie vier Beine haben. Trotzdem haben Sie ruckzuck das korrekte Denkschema aufgebaut.

Das ist das Wesen des Verstehens: nicht einfach nur wiederzugeben, was man gesehen und gelernt hat, sondern ein Denkschema zu erzeugen, das man testet und auf andere Dinge übertragen kann. Sie haben den Begriff »Hund« schließlich nicht gelernt, Sie haben ihn verstanden. Das ist etwas anderes – denn wenn Sie etwas verstanden haben, können Sie es sofort auf neue Dinge anwenden. Das ist die Power des Schemadenkens, eine mentale Geheimwaffe, wenn man so will. Es ermöglicht die höchste Flexibilität im Denken bei gleichzeitigem minimalen »Lernaufwand«. Wenn Sie einmal ein trauriges Lied von Adele gehört haben, wissen Sie, was Blues in der Musik ist und erkennen andere Blues-Lieder wieder. Wenn Sie wissen, was das Wort »Brexit« bedeutet, wissen Sie auch, was bei einem »Breturn« passieren könnte. Das ist Verstehen – der schnelle Aufbau von Denkschemas, die man für alle möglichen neuen Situationen einsetzen kann. Die Frage ist nun: Wie macht das ein Gehirn?

Alles ist relativ: Die Mathematik des Verstehens

Stellen Sie sich vor, Sie wären ein Gehirn und wollen ein neues Denkschema aufbauen. Ihre einzigen Hinweise, was dieses Denkschema konkret ausmacht: ein paar Einzelbeispiele. Ihre Aufgabe: das Gemeinsame dieser Beispiele zu extrahieren und zu einem Denkschema zusammensetzen, das Sie dann auf neue Beispiele anwenden können. Wie könnten Sie also vorgehen, wenn Sie einen Opel Corsa, einen BMW X7, eine Mercedes A-Klasse und einen VW Passat Combi sehen? Wie verstehen Sie anhand dieser vier Beispiele, was ein Auto ist?

Ganz offenbar ist das Gehirn besonders gut in Wahrscheinlichkeitsrechnung, denn es kalkuliert zunächst verschiedene Möglichkeiten zur Schemabildung durch und wählt dann die wahrscheinlichste aus. Konkret im Falle der Autos könnte man drei Hypothesen aufstellen.

Hypothese 1: Der Begriff Auto bezieht sich auf ein Verkehrsmittel mit vier Rädern und einem Motor, das verwendet wird, um Personen zu transportieren.

Hypothese 2: Ein Auto ist ein Verkehrsmittel mit vier Rädern, einem Motor, maximal fünf Sitzplätzen, wird von einer Person an einem Lenkrad gesteuert, hat ein Dach, einen Kofferraum, drei bis fünf Türen, die man aufklappen kann, und einen Auspuff.

Hypothese 3: Ein Auto ist ein Verkehrsmittel.

Wenn man nun die soeben genannten Beispielautos sieht und das Wort »Auto« hört, dann sind die Hypothesen 1 und 2 am wahrscheinlichsten. Es wäre doch sehr ungewöhnlich, wenn der Begriff »Auto« auf alle Verkehrsmittel zuträfe und rein zufällig sieht man dann in den Beispielfällen nur einen Opel, einen BMW, einen Mercedes und einen VW. Warum nicht noch Fahrräder, Busse, Lkw oder Tretroller? Davon gibt es schließlich viel mehr als nur Autos. Dass der Begriff »Auto« also auf alle Verkehrsmittel zutrifft, ist von diesem Gesichtspunkt aus am unwahrscheinlichsten.

Ändert man seine Perspektive, ergibt sich jedoch ein anderes Bild. Eine Hypothese wird nämlich auch umso unwahrscheinlicher, je spezieller der Sachverhalt ist, den sie beschreibt. Damit ist Hypothese 2 am unwahrscheinlichsten, weil sie sehr fokussiert. Es gibt schließlich viel mehr Verkehrsmittel mit vier Rädern und einem Motor zur Personenbeförderung als Verkehrsmittel, die zusätzlich auch noch ein Lenkrad, ein Dach, einen Kofferraum, drei bis fünf aufklappbare Türen und einen Auspuff haben. Je allgemeiner also eine Hypothese ist, desto wahrscheinlicher trifft sie zu.

Fügt man nun beide Überlegungen zusammen, stellt man fest: Einmal ist Hypothese 3 sehr unwahrscheinlich, einmal Hypothese 2. Nur Hypothese 1 ist in beiden Fällen recht wahrscheinlich, der goldene Mittelweg eben. Deswegen ist es auch am wahrscheinlichsten, dass das Gehirn genau diese Kategorie aufbaut und schlussfolgert, dass ein Auto ein Verkehrsmittel mit vier Rädern und einem Motor ist, mit dem man Personen transportiert. Das ist keineswegs perfekt, denn ein Auto hat ja noch andere Eigenschaften, die man berücksichtigen könnte. Doch es ist ein guter erster Schritt, um aus wenigen Beispielen ein allgemeines Denkschema abzuleiten. Die Mathematik dahinter ist in diesem Fall erst mal bloße Wahrscheinlichkeitsrechnung, und man kann alle oben durchgeführten Überlegungen auch in einem mathematischen Modell zusammenführen, das man Bayes'sches Schlussfolgern nennt.[58] Ich erspare Ihnen die Formeldetails und fasse sie sprachlich zusammen: Das Gehirn führt sehr wahrscheinlich eine Wahrscheinlichkeitsrechnung durch, um zu erkennen, welche Kategorien besonders sinnvoll sind. Sie sollten nicht zu speziell und nicht zu allgemein sein.

Wenn das stimmt, dann könnte man allerdings an dieser Stelle anmerken: Ein Gehirn ist auch nicht mehr als ein statistisch rechnender Computer. Eine Maschine sollte schließlich auch Gemeinsamkeiten und Wahrscheinlichkeiten ausknobeln können und dadurch Denkkategorien aufbauen – und das ist auch absolut der Fall. Doch wir Menschen haben noch weitere Tricks auf Lager, zum Beispiel orientieren wir uns nicht nur an statistischen Wahrscheinlichkeiten, sondern auch an Extremen. Konkret: Sie sehen fünf verschiedene Beispiele von rennenden Geparden. Ein Gepard spurtet unfassbar schnell über die Savanne und zeigt, wer der Sprintkönig auf der Erde ist. Die anderen sind immer ein bisschen langsamer. Während einer noch halbwegs schnell rennt, trottet der Langsamste nur so vor sich hin. Wenn Sie nun den besten Geparden auszeichnen sollten, welchen würden Sie nehmen? Ganz offensichtlich den Schnellsten, denn schnell zu rennen ist das, was Geparden nun mal auszeichnet. Und welchen Geparden würden Sie wählen, wenn Sie in einem Lehrbuch zeigen sollten, was ein typischer Gepard ist? Nehmen Sie den Schnellsten, weil der eben das »Gepardenmäßige« am besten verkörpert? Oder nehmen Sie vielleicht den mittelschnellen, weil dieser am besten den Durchschnittsgeparden abbildet? Interessanterweise nehmen Kinder im Alter bis zu sechs Jahren den schnellsten Geparden, Erwachsene hingegen eher den mittelschnellen.[59] Ein typischer Hund ist schließlich auch nicht der Hund, der am lautesten bellen kann, sondern der, der am hundetypischsten bellt. Man bildet quasi ein »Best of« aller Geparden, Autos oder Hunde und baut daraus das Denkschema auf. Wenn Menschen ein Auto malen sollen, machen sie das deswegen sehr ähnlich: Man sieht die Seitenansicht eines Autos, zwei Räder, Motorhaube, Kofferraum, zwei Türen, Fenster und Dach. Es gibt kein einziges Auto, das so aussieht – aber trotzdem fasst es das für uns Autotypische in einem Schema zusammen. Diese Fähigkeit, die typischen Eigenschaften einer Sache herauszudestillieren, sie in einem Schema zusammenzufügen und sie dann auf neue Sachen übertragen zu können, nennt man *»gist extraction«* – auf Deutsch: Extraktion des Wesentlichen.

Neue Wege braucht das Hirn

Interessanterweise scheint das Gehirn beim Schemadenken eine andere Denkroute zu wählen als beim klassischen Lernen. Trainiert man Menschen beispielsweise in einer Art Memory-Spiel darauf, wo bestimmte Objekte auf einem Feld liegen, dann springt natürlich sofort der Hippocampus an und trainiert diese Bildpositionen, bis das Großhirn (in diesem Fall der untere Teil des Stirnhirns) diese Positionen gesichert hat. Im Laufe von Wochen und Monaten verlagert sich jedoch die Hirnaktivität immer mehr in andere Regionen. Man merkt sich nämlich nicht mehr nur exakt die Memory-Bilder, sondern auch, wo diese auf dem Feld lagen und wie die Bilder zueinander gruppiert waren, sprich: Man baut ein Schema des Memory-Spielfelds auf. Offenbar ist dafür aber gar nicht mehr so sehr der Hippocampus notwendig, sondern vielmehr andere Areale, die eher für Wortbedeutungen oder räumliche Verarbeitung zuständig sind.[60]

Genau das deckt sich auch mit dem gegenwärtigen Modell, was Schemas im Gehirn sind (oder wo sie entstehen): Ein Schema ist nicht irgendwo im Gehirn drin, sondern ist die Art und Weise, wie gewisse Hirnregionen zusammenspielen. Das Gehirn nutzt dabei das *»Who is Who«* der dafür passenden Regionen (wenn Sie es genau wissen wollen: Es sind der retrospleniale Cortex, der mittlere temporale Gyrus und der obere temporale Sulcus, die temporoparietale Verbindung und der vordere Temporallappen). Sie können die Namen dieser Regionen getrost wieder vergessen, solange Sie das grundlegende Schema der Zusammenarbeit dieser Regionen verstehen. Diese Regionen sind daran beteiligt, ein Gedächtnis an Ereignisse aufzubauen, ein räumliches Vorstellungsvermögen zu entwickeln, sich in andere Positionen hineinzuversetzen und Wortbedeutungen zuzuordnen. Kurz gesagt: Alles, was man braucht, um ein vernünftiges Schema aufzubauen. Diese Hirnregionen liegen allesamt im seitlichen und hinteren Bereich des Gehirns und werden vom Stirnhirn koordiniert. Ein Schema entsteht immer dann im Kopf, wenn diese Areale in ihren Aktivitäten zusammengeführt werden[61] – und wann immer wir eine neue Information sehen, die gut in ein Schema passt, wird sie auch besonders schnell aufgenommen. Und zwar, wie gesagt, ohne groß den Hippocampus zu bemühen.

Schemahaftes Verstehen

Nach diesem kurzen Ausflug in die Tiefen des Gehirns zurück ins wirkliche Leben. Ihr Gehirn ist zu ungewöhnlichen Gedächtnisleistungen fähig – sofern man sich die Tricks des Schemadenkens zunutze macht. Das können wir hier an Ort und Stelle mal an einem kurzen Beispiel illustrieren. Merken Sie sich bitte folgende Wortassoziationen:

Lehrer – Klassenraum – Schüler – Tafel
Baum – Stein – Haus – Tuch

Bitte jetzt weiterlesen, wir kommen gleich zu diesen Wörtern zurück.

Schemas haben den gewaltigen Vorteil, dass man aus wenigen Beispielen auf das große Ganze schließen kann. Man muss dafür allerdings auch einen Preis zahlen: Je besser man das Gesamtbild erkennt (also das Schema aufbaut), desto schlechter erinnert man sich an die Details. Konkretes Beispiel: Sie gehen essen und hinterher ist Ihnen übel. Ganz genau so, wie Sie in 2.4 gesehen haben, fängt das Gehirn nun an, ein Ursache-Wirkungs-Prinzip zu suchen. Alle menschengemachten Veränderungen kommen als mögliche Ursache für die Übelkeit infrage, und Sie überlegen sich: Lag es am Wein, von dem Sie zu viel getrunken haben? Oder an der Muschelsuppe? Oder am Fisch? Je öfter Sie in dieses Restaurant gehen, desto mehr Beispiele haben Sie, um Ihr Schema aufzubauen. Wenn Sie jedes Mal Muscheln essen und Ihnen immer schlecht wird, werden Sie den Schluss ziehen, dass es an den Muscheln liegen muss. In einem ähnlichen Experiment stellte man diese Situation im Labor nach (allerdings theoretisch vor einem Computerbildschirm, nicht mit echten Muscheln und Übelkeit). Dabei kam, wie zu erwarten war, heraus: Je mehr Beispiele, desto besser wurde eine Ursache erkannt und dadurch ein Schema aufgebaut. Allerdings konnten sich die Probanden nicht mehr so exakt an jedes Einzelbeispiel erinnern, das sie zum Schemaaufbau genutzt hatten.[62] Im wirklichen Leben ist es schließlich nicht anders: Ist doch egal, ob man Muschelsuppe, Muschelsalat oder gebratene Muscheln gegessen hat – wenn es an den Muscheln liegt, dann sollte man Muscheln generell vermeiden. Ein gutes Schema baut also auf vielen Beispielen auf, aber man kann sich nicht mehr an alle erinnern. Man hat also die Wahl: entweder nicht so gut erinnern, dafür ein robustes und generelles Schema, oder ein wackliges Schema, dafür aber eine präzise Erinnerung. Einen Tod muss man sterben, ob mit oder ohne Muscheln.

Durch ein Schemadenken generalisieren wir und denken über die Einzelbeispiele hinaus. Kehren wir an dieser Stelle zur Wörterkette zurück, die Sie eben gelesen haben. An welche dieser Assoziationen können Sie sich erinnern:

Lehrer – Klassenraum
Lehrer – Schule
Baum – Stein
Baum – Haus

Wenn Sie so ticken wie die meisten, wird es Ihnen besonders leichtfallen, sich an Lehrer – Klassenraum zu erinnern (schließlich passt das gut ins Schema). Auch die Verknüpfung Lehrer – Schule kommt Ihnen vielleicht in den Sinn, obwohl diese gar nicht in der Liste stand. Hingegen ist man sich bei den Baum-Assoziationen nicht ganz so sicher. Schließlich baut man bei den Baumbegriffen auch kein Schema auf, im Falle des Lehrers allerdings schon. In ähnlichen Experimenten im Labor stellt sich immer wieder heraus, dass Menschen neue Informationen umso schneller aufnehmen, wenn sie sich plausibel mit einem Schema kombinieren lassen.[63] Das passiert sogar so schnell, dass der Hippocampus hierbei vermutlich gar nicht beteiligt ist.

Neue Informationen werden gewissermaßen sofort und ohne Umwege ins Schemadenken des Großhirns eingearbeitet. Manchmal schießen wir dabei über das Ziel hinaus (wenn man zum Beispiel die Assoziation »Lehrer – Schule« herstellt, obwohl diese gar nicht in der Liste vorkam), doch mit der gleichen Technik sind wir auch in der Lage, neue Anwendungsmöglichkeiten für ein Schema zu entwickeln: Man gibt Menschen ein paar Beispiele, lässt sie daraus selbstständig eine Denkkategorie zusammenbauen und kann sie anschließend problemlos auffordern, neue Beispiele herzustellen, die allesamt in die Kategorie passen. Das passiert innerhalb von Sekunden, ohne dass man die Menschen vorher aufwendig trainieren müsste[64] – und genau das ist die Stärke unseres Verstehens.

Wozu das alles?

Wer dieses Kapitel aufmerksam gelesen hat, wird anmerken, dass sich Schemas von kausalen Denkmodellen aus den vorigen Kapiteln nicht so sehr unterscheiden. In großen Teilen ist das auch korrekt, schließlich kann man ein Schema nur aufbauen, wenn man aus Einzelbeispielen Schlussfolgerungen zieht. Doch Schemas ermöglichen noch mehr als das einfache Verständnis von Ursache und Wirkung. Man kann nämlich auch Schemas miteinander kombinieren – und dazu ist es wichtig, die Absicht oder den Zweck der Dinge zu erkennen. Menschen sind Großmeister darin, sogar schon die ganz Kleinen.

Wie gut Menschen Absichten erkennen, kam in einer tollen Studie heraus, die mit anderthalbjährigen Kindern durchgeführt wurde. Der Versuchsleiter hängte Wäsche an einer Wäscheleine auf, ließ dann eine Wäscheklammer fallen und tat so, als könne er sie nicht aufheben. Trotzdem standen die Kinder auf (wohlgemerkt, gerade mal 18 Monate alt und noch nicht wirklich in der Lage zu sprechen), schauten den Versuchsleiter an, als wollten sie kurz überprüfen, was er genau wollte. Dann nahmen sie die Wäscheklammer und gaben sie dem Versuchsleiter – und zwar ohne, dass sie dazu explizit aufgefordert wurden, ohne, dass sie den Versuchsleiter zuvor kannten, und ohne, dass sie dafür anschließend eine Belohnung bekamen. Sie erkannten auch, ob der Versuchsleiter die Wäscheklammer absichtlich runtergeworfen hatte oder ob sie ihm versehentlich runtergefallen war. Nur wenn die Klammer unbeabsichtigt runterfiel, halfen die Kinder.[65] Das mag simpel anmuten, aber man überlege sich, was in diesem Moment kognitiv passieren musste. Die Kinder mussten erkennen, dass eine andere Person eine Absicht hat (die Wäscheklammer zurückzubekommen) und dass man deren Problem lösen konnte, indem man selbst eine komplett andere Handlung durchführt. Genau dieses Simulieren und Nachvollziehen einer fremden Absicht, das Verstehen des Problems, das Planen einer Lösung und das aktive Handeln, genau das sind Dinge, die derzeit von Robotern oder Computersystemen nicht durchgeführt werden können. Keine Maschine kann sich in die Lage eines Menschen versetzen.

Menschen tun das sehr wohl (und Schimpansen vermutlich auch, denn die halfen in der genannten Studie Menschen ebenfalls aus der Patsche). Das erfordert jedoch, dass man sich nicht nur überlegt, warum jemand handelt, sondern auch mit welcher Absicht. Wenn man also fragt, wozu jemand etwas tut oder wozu man Dinge einsetzen kann, fängt man an zu planen und die Zukunft zu gestalten. Eine Warum-Frage ist hingegen erst mal auf die Vergangenheit ausgerichtet.

Erinnern Sie sich an das Kameradrohnen-Beispiel? Man könnte natürlich fragen, warum die Drohne durch die Luft fliegt. Dann könnte man darauf antworten: weil der Motor die Propeller antreibt, diese die Luft so verwirbeln, dass ein Unterdruck an der Oberseite der Propeller entsteht und die Drohne nach oben zieht. Schön und gut, aber das Konzept der

Drohne versteht man viel schneller, wenn man fragt: Wozu fliegt die Drohne durch die Luft? Darauf könnte man antworten: damit sie aus der Luft Bilder macht. Dieses Konzept kann ich dann plötzlich auf ganz andere Fluggeräte übertragen und neue Kameradrohnen entwickeln. Hauptsache, sie fliegen und machen Bilder. Genau so können Sie extrem schnell den Sinn eines Dings oder Sachverhaltes erfassen und sind dann in der Lage, diese Denkkategorie zu übertragen. Wozu ist ein Tisch da? Damit man etwas draufstellen kann – und schon können Sie Tische entwickeln, die sich in Form und Design komplett voneinander unterscheiden.

Es gibt wahrscheinlich nur zwei Fälle, in denen die Wozu-Frage nicht weiterhilft. Das eine sind die Naturwissenschaften. Dort hat nur die Warum-Frage Gültigkeit. Sie können nicht fragen, wozu Giraffen lange Hälse haben. Es gibt schließlich keine »Mutter Natur«, die einen Plan gefasst hat und Sinn darin gesehen hat, dass lange Hälse praktisch sind, um Pflanzen in großer Höhe zu fressen. Die Natur hat kein Ziel und keinen Zweck. Aber sie hat gute Gründe. Warum haben die Giraffen also lange Hälse? Weil sich die mit den kürzeren Hälsen weniger stark vermehrt haben. Folglich blieben nur die Langhalsigen übrig. In den Naturwissenschaften macht die Wozu-Frage also keinen Sinn – genauso wie auf einem anderen wichtigen Gebiet: dem deutschen Steuerrecht. Als ich neulich einen befreundeten Steuerberater fragte, wozu eine Abrechnung nach einem bestimmten Steuersatz erfolgt, antwortete er mir in einer E-Mail mit folgendem Satz: »Eine gewisse Sinnhaftigkeit im Umsatzsteuergesetz gibt es leider seit Langem nicht mehr.« Ich gebe ihm komplett recht.

Wer nichts weiß, muss alles googeln

Die Aufgabe von Bildung ist nicht, dass man am Ende viele Informationen abgespeichert hat. Viel wichtiger ist es, dass man in die Lage versetzt wird, Denkmodelle aufzubauen, mit denen man neue Aufgaben lösen kann. Weil wir heute in einer Welt leben, in der man Information so schnell und komfortabel zur Verfügung hat, unterschätzen wir das leider viel zu oft. Wir verlassen uns darauf, dass man im Zweifelsfall alles googeln kann – und verlieren dadurch die Fähigkeit, konzeptionell zu denken und Zusammenhänge zu erkennen. Anders gesagt: Wer nichts weiß, muss alles googeln.

Nun könnte man diese Ansicht für reichlich kulturpessimistisch halten (und ich bin alles andere als ein Pessimist). Doch die Wissenschaft sieht die intellektuelle Entwicklung in dieser Hinsicht nur bedingt positiver. Was Menschen wissen, untersucht man schon seit einigen Jahren. 1980 wurde dazu von Thomas Nelson und Louis Narens ein dreihundert Fragen umfassender Testkatalog erstellt. Weil diese Fragensammlung sehr weitreichende Wissensgebiete in unterschiedlichstem Schwierigkeitsgrad abdeckte (von Geografie über Biologie bis hin zu Kunst und Kultur), bewährte sie sich als »Goldstandard«, um in zahlreichen psychologischen Studien die Lern-, Merk- und Gedächtnisfähigkeiten zu überprüfen.[66] Natürlich hat sich seit 1980 einiges getan, deswegen untersuchte man vor wenigen Jahren erneut, was 650 Probandinnen und Probanden von den ursprünglichen Fragen noch wussten, um den Test für eventuelle Folgeexperimente anzupassen.[67] Was die durchschnittlich Zwanzigjährigen antworteten, war zum Teil erschreckend: Immerhin wussten noch 93 Prozent, dass das schwarz-weiß gestreifte pferdeähnliche Lebewesen »Zebra« genannt wird (was die übrigen sieben Prozent meinten, hätte mich allerdings mehr interessiert) – das reichte, um Platz eins aller richtig beantworteten Fragen einzunehmen. 1980 lag

»Paris« als richtige Antwort auf die Frage nach der Hauptstadt Frankreichs übrigens noch auf Platz 6, 32 Jahre später auf Platz 23 (73 Prozent wussten das). Mit Hauptstädten war es ohnehin nicht so gut bestellt. Dass Budapest die Hauptstadt von Ungarn ist, daran konnten sich noch gut drei Prozent erinnern. Ganze 21 Prozent dachten jedoch, Budapest sei die Hauptstadt von … Indien. Keine drei Prozent wussten, dass Kopenhagen die Hauptstadt von Dänemark ist, während hingegen 79 Prozent der Leute behaupteten, dass Bagdad die Hauptstadt Afghanistans sei, und 26 Prozent meinten, Buenos Aires die von Spanien. Da überrascht es auch nicht mehr, dass über 60 Prozent den Nil als längsten Fluss in Südamerika verorteten, 12 Prozent glaubten, in Frankreich würde man mit Rupien bezahlen, 29 Prozent die Sonne für den größten Planeten des Sonnensystems hielten, und ein Drittel angab, dass der größte flugunfähige Vogel der Welt der Pinguin sei. Nun könnte man das für den Niedergang einer gebildeten Gesellschaft halten, man könnte aber auch fragen, was das für Studenten sind, die sich in den Erstsemestern der Kentucky State University/Ohio tummeln. Mit Sicherheit ist diese Umfrage nicht repräsentativ für die Gesamtbevölkerung, wenngleich man an Universitätsstudentinnen und -studenten durchaus höhere Bildungsmaßstäbe anlegen sollte als an den Durchschnitt der Bevölkerung. Man könnte aber auch fragen: Na und? Ist doch völlig egal, man kann die richtige Antwort schließlich schnell nachschlagen.

Doch die Forschung zeigt, dass es nicht egal ist. Menschen, die viel wissen, können viel leichter neues Wissen aufnehmen. 2019 kam bei einer Untersuchung heraus, dass die Gehirne von Menschen mit viel Grundwissen auch besonders gut vernetzt sind.[68] Natürlich könnte man berechtigterweise nachhaken, ob erst die gute Vernetzung dafür sorgt, dass man sich an viele Informationen erinnern kann oder ob erst das viele Wissen das Gehirn so vernetzt werden ließ (Stichwort Korrelation und

Kausalität). Sehr wahrscheinlich trifft beides zu. Allgemeinwissen wird also zu einer Art »geistigen Hantel«, mit der das Gehirn den Aufbau von Denkmodellen trainieren und später anwenden kann.

Ein weiterer Vorteil ist: Wir werden auch weniger verführbar für Falsch- und Desinformationen. Die häufigste Methode, um Menschen zu manipulieren, baut nämlich auf einem psychologischen Effekt auf, den man »*illusory truth effect*« nennt – der Wahrheitsillusion: Je öfter man etwas Falsches wiederholt, desto wahrer wird es eingeschätzt. Nicht nur in der politischen Propaganda, sondern vor allem im Marketing macht man sich diesen Denkfehler zunutze.[69] Wenn man also nur genügend oft hört, dass die Allgemeine Relativitätstheorie von Newton (und nicht von Einstein) entwickelt wurde, fängt man früher oder später an, es zu glauben. Das einzige wirksame Gegenmittel ist die Allgemeinbildung – vor allem, um jüngere Menschen zu schützen, denn diese sind besonders anfällig für die Wahrheitsillusion. Als man untersuchte, wie sich Allgemeinbildung auf die Resistenz gegen solche Falschbehauptungen auswirkte, zeigte sich nämlich: Ältere Testteilnehmer verließen sich stärker auf ihr Wissen, jüngere eher auf die »Eingängigkeit« einer Falschmeldung.[70] Wenn man also eine konkrete Aussage hört (zum Beispiel: Die Hauptstadt von Chile ist Lima.), antworten jüngere Menschen eher impulsiv: »Lima ist irgendeine Stadt in Südamerika. Chile liegt auch irgendwo dort. Könnte also passen.« Ältere Testpersonen neigen aufgrund ihres größeren Wissens jedoch nicht zu solchen falschen Schnellschüssen. Kurzum: Wissen hilft – und genau das ist der Sinn von Bildung. Nicht dass man später alles fehlerfrei abrufen kann (das ist ein positiver Nebeneffekt des Ganzen), sondern dass man gegen Falschinformationen besser gefeit ist, dass man schneller neues Wissen aufbauen und dieses auf neue Situationen übertragen kann. Denn wer nichts weiß, kann auch nichts verstehen. Google hin oder her.

Der Sinn von Allgemeinbildung

Ich war auf einer Schule, die nach heutigen Effizienzgesichtspunkten alles andere als zeitgemäß war. Ich hatte Fächer wie Latein (eine tote Sprache), habe die drei Formeln des Kategorischen Imperativs gelernt, den *Besuch der alten Dame* gelesen oder Shakespeare-Dramen. Ich habe polynomiale Funktionen gelöst, mich mit dem Dreiklassenwahlrecht im Kaiserreich beschäftigt und den Unterschied von Alkali- und Erdalkalimetallen experimentell überprüft. Ich habe nicht gelernt, wie man eine Steuererklärung ausfüllt, worauf man bei einem Mietvertrag achten muss oder wie man das günstigste Hotel bucht. Ich bin aber auch ganz froh darum. Ich habe nämlich etwas viel Wichtigeres gelernt: wie man versteht. Bildung ist mehr als Ausbildung. Sie hat das Ziel, die Fähigkeiten zu vermitteln, wie man Wissen (also Denkmodelle) aufbaut. Natürlich sollte man ab und zu den Fächerkanon anpassen, doch wer permanent neue Zeitgeistfächer fordert, verkennt die Aufgabe von Bildung.

Ein konkretes Beispiel: Das Schulfach »Programmieren«, das derzeit am häufigsten in den Diskussionen als »neues« Schulfach gefordert wird (oder zumindest, dass man es verstärkt lehrt). Dagegen ist überhaupt nichts einzuwenden, doch die Zukunft wird nicht von denen gestaltet werden, die bloß gut programmieren können. Im Gegenteil: Wenn es nämlich stimmt, dass Computersysteme in Zukunft viel schlauer werden, werden Computer ihre eigenen Programme schreiben. Der Programmierer ist ein aussterbender Beruf. Was hingegen nicht ausstirbt, ist die Fähigkeit, sich zu überlegen, was man programmiert, und zu verstehen, wofür man ein Programm einsetzen kann.

Die besten Programmierer, die ich kenne, haben als Kinder mit Lego-Bauklötzen eigene Ritterburgen, Piratenwelten oder Polizeistationen gebaut. So entwickelten sie die Fähigkeit, sich neue Konstruktionsmodelle zu überlegen. Sie hatten Bilder und Ziele im Kopf, nicht den Wunsch, eine Technik perfekt anzuwenden. Programmieren um des Programmierens willen ist also Quatsch. Niemand wird nach einem Programmierkurs im Quellcode von Facebook (so man denn an diesen drankommt) die psychologischen Tricks erkennen, mit denen dieses soziale Medium suchtfreundlich programmiert wurde. Wenn es aber darum geht, die Idee von Programmieren zu vermitteln, sprich: Probleme konzeptionell mithilfe von Computerprogrammen zu lösen, dann lernt Python und C++! Während man mit seinem Schulspanisch dreißig Jahre später vielleicht noch einen Kaffee in Barcelona bestellen kann, wird man mit Python in der heutigen Form in dreißig Jahren kein Problem mehr lösen können. Es sei denn, man hat verstanden, was Programmieren bedeutet – dann kann man auch viel aufgeklärter mit neuen Technologien umgehen. Es ist ein bisschen wie mit dem Geschichtsunterricht: Wer historische Ereignisse kennt, kann daraus ein Schema ableiten, wie Menschen zu allen Zeiten zerstörungswütig in Kriege gerannt sind. Wer das verstanden hat, kann dieses Denkschema auch in der jetzigen Zeit und zukünftig nutzen, um viel besser zu erkennen, was die Vorboten von Krieg sind und ob sich eine unheilvolle Entwicklung zusammenbraut. Beim Programmieren ist es nicht anders: Es geht darum, die Idee des Programmierens nachzuvollziehen. Das hat dann allerdings mehr mit Lego-Bausteinen zu tun, als man denkt.

Wenn ich in Frankfurt zu meinem Institut fahre, komme ich an einem Lego-Laden vorbei. Dann fällt mir immer wieder auf, wohin die Reise heute geht. Dort werden in den Schaufenstern keine Ritterburgen, Piratenschiffe oder Polizeistationen angeboten, keine Welten, in denen man als Kind mit all seiner Fantasie versinken kann. Stattdessen stehen dort Lego-Modelle eines Bugatti Chiron oder des Empire State Buildings. Ich habe mir aus Lego-Bauklötzen noch Lymphknoten gebaut und damit »Immunsystem« gespielt (ja, ich bin verrückt). Heute baut man nach Anleitung das nach, was sich jemand anderes ausgedacht hat. Statt Kreativität bei Kindern zu fördern, nimmt man ihnen so jede Neugier. Wenn man diesen Gedanken auf Bildung überträgt, beendet man das, was uns Menschen ausmacht: kreativ nach vorne zu denken und sich selbst aus Einzelteilen neue Modelle zu überlegen. Stattdessen fördert man das »Hinterherdenken«, das effiziente Nachvollziehen von Gedanken, die jemand anderes schon hatte. Das macht Menschen passiv und satt. Man schafft am Ende eine Gesellschaft von Reproduzierern, nicht von Vordenkern – und das in einem Land, das von seinen Ideen und Ingenieursleistungen lebt.

Gewiss, ein bisschen Anleitung ist wichtig, schließlich kann nicht jeder das Rad neu erfinden. Ich wäre zum Beispiel niemals aus eigenem Antrieb auf den Kategorischen Imperativ gekommen. Man musste mir zeigen, wie er funktioniert – klar, eindeutig, knallhart strukturiert (Kant hätte seine Freude gehabt). Dennoch muss man Menschen die Freiheit geben, damit etwas anfangen zu dürfen. Wer weiß, wie Kant »Würde« definiert, kann anschließend begründen, ob es moralisch ist oder nicht, Tiere zu essen. Es kommt also auf das clevere Wechselspiel an: Die Modelle für ein Empire State Building und für eine Ritterburg haben beide eine Anleitung. Doch ein Empire State Building stellt man sich in den Schrank, mit einer Ritterburg kann man spielen.

Ironie-Fakt an dieser Stelle: Bei keinem modernen Kreativitätsworkshop darf das fehlen, was man »Lego Serious Play®« nennt. Mal unabhängig davon, dass der Begriff *»serious play«* (also »ernsthaftes Spiel«) ein Widerspruch in sich ist, soll man dabei das tun, was man im modernen Berufsleben immer mehr verlernt: etwas Neues und Abseitiges zu überlegen, das dann gemeinsam mit anderen aus Lego-Bauklötzen zusammengebaut wird. Mit anderen Worten: Man versucht wieder das zu tun, was man als Kind schon immer gemacht hat. Nämlich die Welt zu verändern.

Deswegen plädiere ich sehr für eine umfassende Allgemeinbildung. Nur so ist es möglich, das zu entwickeln, was man nicht googeln kann, nämlich das Wissen darüber, wie die Dinge zusammenhängen. Wenn es stimmt, dass Schemas ein wichtiger Baustein unseres Verständnisses sind, dann sollte man sich auch in der Bildung grundsätzlich daran orientieren, wie man erfolgreich Schemas aufbaut: mit vielen Einzelbeispielen, die man anschließend ursächlich hinterfragt und schließlich auf neue Phänomene praktisch anwendet. Wissen ist nämlich die Fähigkeit, mit Informationen umzugehen, und bedeutet nicht, dass man viele Informationen gespeichert hat.

3 LERNST DU NOCH ODER VERSTEHST DU SCHON?

3.1 Der Gemälde-Kontrast – Drei Schritte zum Verstehen

Vor einigen Jahren spielte ich mit meinem damals dreijährigen Nachbarn im Garten Fußball. Plötzlich verhedderte ich mich im Tornetz: »Oje, ich komme nicht raus!«, rief ich. »Kein Problem!«, erwiderte er, »warte, ich hol den Spreizer!« Ein Spreizer, erklärte mir seine Mutter, die danebenstand, ist ein hydraulisches Bergegerät der Feuerwehr, mit dem man zerquetschte Autotüren aufdrücken und eingeklemmte Personen befreien kann. In diesem Moment gingen mir drei Dinge durch den Kopf: Wo holt er jetzt einen Spreizer her? Wird er mich wirklich damit befreien können? Und was zum Kuckuck hat er nur für Spielsachen? Also bitte: Spielt der von morgens bis abends mit Spreizern, Rettungsscheren, Feuerlöschern und Brandäxten – und wird er erst nach Nachweis eines sachgemäßen Umgangs (sein Vater ist bei der Berufsfeuerwehr) zu mir geschickt, um mich Tollpatsch zu befreien? Wohl kaum, man darf eher davon ausgehen, dass er schon nach wenigen Erklärungen wusste, was ein Spreizer ist. Noch mehr als das – um mich zu befreien, kam er natürlich nicht mit einem echten Spreizer angelaufen, sondern mit ein paar Sandkastenspielsachen, mit denen er fachmännisch das Tornetz aufspreizte und mich in die Freiheit entließ. Er hatte also das Prinzip des Spreizers verstanden. Und wenn man das verstanden hat, kann man auch mit ganz anderen Sachen spreizen als mit einem kiloschweren Hydraulikgerät.

Es mag nur eine Anekdote sein, aber sie illustriert anschaulich die Champions League des Denkens. Anhand weniger Beispiele (ich nehme nicht an, dass mein Nachbar Dutzende Spreizer und Metallscheren in seinem Kinderzimmer hat) können wir – ganz analog zum *One-shot-Learning* aus dem »Es hat klick gemacht«-Kapitel (2.3) – ein Prinzip verallgemeinern. Diese kognitive Fähigkeit nennt man »*inductive learning*«, also das Lernen durch Ableitung. Die Frage ist: Wie funktioniert dieses Kontextlernen genau, und wie kann man es fördern?

Stellen Sie sich vor, Sie haben die Aufgabe, die Malstile von drei verschiedenen Künstlern zu lernen. Wie würden Sie praktisch vorgehen? Würden Sie sich die Bilder der Künstler der Reihe nach anschauen – erst ein paar Bilder vom ersten Künstler, dann vielleicht eine Pause machen, dann die Bilder vom nächsten Künstler und so weiter? Oder würden Sie ins Museum gehen und sich die Bilder dort anschauen? Oder würden Sie versuchen, die Bilder nachzumalen? Die meisten Menschen bevorzugen die Blockabfertigung beim Lernen, würden sich also viele Bilder eines Künstlers anschauen, bevor sie zum nächsten Künstler übergehen. Aber ist das auch die beste Lösung?

In einem konkreten Experiment untersuchte man das, indem man Testpersonen zwei Varianten des Malstile-Lernens anbot: Ein Teil der Probanden (Gruppe 1) sollte die Bilder der jeweiligen Künstler tatsächlich Block für Block lernen. Gruppe 2 bekam hingegen die Bilder der jeweiligen Maler abwechselnd gezeigt. Dann machte man eine kurze Pause und zeigte die Bilder noch einmal durcheinander. Diese Durchmischungstechnik (die man »*interleaving*«, also »Verzahnung« nennt) hatte einen interessanten Effekt: Gruppe 2 konnte anschließend ein neues, zuvor nicht gesehenes Bild dem entsprechenden Künstler korrekt zuordnen.[1] Die Teilnehmer der Gruppe 1 hatten vorwiegend die Bilder auswendig gelernt, den Malstil hingegen nicht wirklich verstanden. So effizient es anmutet, so wenig effektiv ist das blockweise Lernen – wider besseres Wissen. In weiteren Experimenten kam nämlich heraus, dass knapp Dreiviertel der Teilnehmer während des Experiments dachte, dass das blockweise Lernen besser sei – und das sogar, nachdem sie den finalen Test gemacht hatten und es eigentlich besser wissen sollten.[2]

So paradox es klingt, je mehr Verwirrung, desto besser das Verständnis. Der Grund ist jedoch einleuchtend: Um allgemeine Denkschemas aufzubauen, muss man nicht nur wissen, wie etwas ist, sondern auch, wie es nicht ist. Indem die Teilnehmer die Bilder abwechselnd sahen, merkten sie nicht nur, wie jemand malt, sondern auch, wie sich dieser Malstil von dem anderer Künstler unterscheidet. Der beste Weg, etwas zu verstehen, ist es schließlich immer, die Grenzen zu übertreten. Dann erst erkennt man, wo ein Denkkonzept endet und ein anderes beginnt.

Diese Lernvariante nennt man diskriminierende Kontrasthypothese. Durch Unterscheidungen (Fachwort: Diskriminierung) kann man die verschiedenen Konzepte einander gegenüberstellen (kontrastieren). So kann man ableiten, was diese Konzepte ausmacht und sie anschließend auch auf neue Situationen anwenden. Dieses Prinzip ist nicht nur bei Malstilen erfolgreich, sondern auch bei der Lösung von Matheproblemen,[3] bei psychologischen Fallstudien[4] oder sogar beim Erlernen von motorischen Fähigkeiten. Zum Beispiel könnte man beim Basketballtraining immer spezielle Wurftypen blockweise üben, bis sie perfekt sitzen. Oder man könnte die verschiedenen Würfe (vor der Brust, über Kopf, einhändig) abwechseln – was einen weitaus besseren Effekt hat. Nicht nur, dass man dadurch die Bewegungen schneller lernt, man kann sie auch auf neue Spielsituationen besser übertragen und intuitiv schneller anwenden.[5] Nur die Verfechter des klassischen Lernens denken immer noch, dass es am besten ist, wenn man alles schön bündelt und blockweise abarbeitet.

Warum ist es dann so, dass sich während des Lernprozesses für viele Menschen das blockweise Lernen besser anfühlt? Es liegt daran, dass es zunächst auch besser ist. Sollten Probanden beispielsweise Rechenprinzipien auf konkrete Probleme anwenden, konnten sie das in einem blockweisen Lernverfahren besonders gut. Sie machten schon nach wenigen Versuchen gar keine Fehler mehr. Anders hingegen diejenigen, die nach der durchmischten Variante lernten: Sie konnten während des Lernens nur acht von zehn Aufgaben richtig lösen. Am Tag darauf jedoch lösten die Personen, die die Aufgaben abwechselnd und durcheinander bearbeitet hatten, immer noch knapp 80 Prozent der Aufgaben richtig, während sich die blockweise lernende Gruppe auf weniger als 40 Prozent richtig gelöster Aufgaben verschlechtert hatte.[6] Die Abwechslung in der Informationsaufnahme macht also den Unterschied. Nicht nur, dass man dadurch schneller lernt, man kann die Dinge auch besser auf neue Aufgaben übertragen. Genauso wie mein kleiner Nachbar mit verschiedenen Spielsachen spielt und dadurch ruckzuck versteht, wofür man ein konkretes Werkzeug einsetzen kann. Wer den Lernvorgang durchmischt, hat später mehr davon. Das sagt sich so leicht, doch in Wirklichkeit ist es sehr schwierig, sich von diesem blockweisen Denken loszusagen.

Verstehenstrick 1: Sich selbst provozieren!

Um die Dinge zu verstehen, muss man sie einander gegenüberstellen. Was für Malstile gilt, spielt erst recht in der wirklichen Welt außerhalb eines psychologischen Labors eine Rolle. Wir fallen oft in ein Denkmuster der Bequemlichkeit zurück und suchen Gemeinsamkeiten statt Unterschiede. Die

Frage ist, ob das in der heutigen Zeit, in der soziale Medien maßgebliche Informationsquelle sind, Auswirkungen auf unser Verstehen hat. Um das zu untersuchen, konzentrierte man sich auf zwei Gruppen, die sich bezüglich ihres Informationsverhaltens extrem voneinander unterscheiden: Wissenschaftsfans und Verschwörungstheoriegruppen. Als man überprüfte, wo genau der Unterschied der beiden Gruppen liegt, kam heraus: Die soziale Dynamik innerhalb der Gruppen ist ähnlicher als gedacht. Ob Wissenschaftler oder Verschwörungstheoretiker, man kommentiert und teilt Inhalte nach dem Kriterium, ob es zur eigenen Sichtweise passt.[7] Als man dann in die Facebook-Gruppen über 50 000 »Entlarvungs-Posts« ausspielte (also Posts, die mit gängigen, aber falschen Annahmen brachen und die korrekte Sichtweise beschrieben), gab es allerdings einen Unterschied zwischen den Wissenschafts- und den Verschwörungstheoriegruppen. Nur in den Wissenschaftsgruppen wurde auf die Korrekturmeldungen reagiert, die Verschwörungstheoretiker ignorierten diese weitgehend. Immerhin, könnte man sagen, sind die Wissenschaftstypen noch in der Lage, sich selbst zu hinterfragen und zu korrigieren. Als man jedoch genauer nachforschte, kam heraus, dass man in beiden Gruppen auf Korrekturmeldungen negativ reagierte, wenn man denn überhaupt reagierte. Offenbar lassen die sozialen Medien Menschen so sehr ins »blockweise Denken« abrutschen, dass selbst in Wissenschaftsgruppen, die eigentlich das Prinzip des Sich-hinterfragens kennen sollten, nicht mehr selbstkritisch reflektiert wird. Außerdem interagierte man anschließend umso stärker mit den Inhalten der eigenen Gruppe, die die eigene Weltsicht bestätigen. Korrekturmeldungen wirken also kontraproduktiv, sie verstärken das Abkapseln, statt das Denken zu öffnen.

Genau diese Gefahr muss man sich vor Augen halten. In einer immer komplexer werdenden Welt mit multiplen Problemen verliert man leicht die Überblick. Deshalb sucht man

Ähnlichkeiten, statt sich aktiv mit Widersprüchen auseinanderzusetzen. Doch blockweises Lernen und Denken lassen uns anfällig für Fehler werden. Kein Wunder, dass sich Falschmeldungen auf Twitter hundert Mal so gut verbreiten wie korrekte Meldungen.[8] Nicht die Medien sind das Problem, sondern dass wir in den Medien genau das ausleben, was wir ohnehin lieben: die Sehnsucht nach Bestätigung der eigenen Ansichten.

Wir rühmen uns zwar, in einer aufgeklärten, innovativen und vielfältigen Wissensgesellschaft zu leben. Doch das Geschäftsmodell der wertvollsten Unternehmen derzeit basiert auf dem Gegenteil: dass man möglichst wenig hinterfragt und bequem in seinem Denken bleibt. Im Prinzip ist unsere Welt überall auf das »blockweise Denken« ausgelegt, denn es fühlt sich gut an. Amazon schlägt die Bücher vor, die am besten zu unseren bisherigen Käufen passen. Wäre die Info »Leute, die dieses Buch gekauft haben, hassen jenes Buch« nicht viel interessanter? Oder wenn Google (manchmal) nach dem Prinzip funktionieren würde: »Das passt überhaupt nicht zu deiner Suchanfrage, zeigen wir dir aber trotzdem«? Doch damit lässt sich kein Geld verdienen. Und ehe wir uns versehen, trainieren wir uns mithilfe neuer Medien zur Engstirnigkeit. Denn konsequent zu Ende gedacht, verlernen wir durch sie, Unterschiede und Grenzen unseres Wissens zu erkennen, zu testen und dadurch zu erweitern.

Wir denken zum Beispiel, dass wir im Internet alles finden. Doch tatsächlich finden wir nur das, was am besten zu uns passen soll. Wenn ich hingegen eine Zeitung kaufe, gebe ich fast drei Euro für Artikel aus, die ich sonst niemals gelesen hätte. Ich erkaufe mir damit die Möglichkeit, an Informationen zu kommen, die von Internet-Algorithmen abgeblockt gar nicht zu mir durchgedrungen wären. Fast alle Geschichten und Anekdoten in diesem Buch habe ich nicht aus dem Internet, sondern im persönlichen Gespräch erfahren oder durch Lektüre von Zeitungen, Zeitschriften oder Büchern. Das soll nicht heißen, dass ich ein Online-Verweigerer bin, im Gegenteil, ich hänge stundenlang im Netz und recherchiere (und sammle die Verweise dafür am Ende dieses Buches). Aber die Keimzelle für gute Ideen liegt oftmals in der Offline-Welt.

Die Power der Pause

Wie gießen Sie Ihre Blumen? Wahrscheinlich regelmäßig ein bisschen. Angenommen, Ihre Zimmerpflanze braucht im Monat zehn Liter Wasser, dann wäre es schließlich reichlich kontraproduktiv, wenn man diese zehn Liter gleich am Ersten des Monats in den Pflanzenkübel schütten würde. Die Erde würde das Wasser vermutlich gar nicht komplett aufnehmen können, der Kübel würde überlaufen, und im schlimmsten Fall würden die Wurzeln faulen. Trotzdem lernt man oft genau auf diese Weise: Man schüttet sich möglichst schnell (und wie wir soeben gesehen haben: auch thematisch gebündelt) mit Informationen zu. Die Effekte sind bei uns ähnlich wie bei einer Pflanze, die in zu viel Wasser steht. Wir kriegen zwar keine fauligen Wurzeln, aber ein Großteil der Informationen läuft über, wird also gar nicht erst verarbeitet, und bei den restlichen Informationen hat man keine Zeit, sie konzeptionell zu verarbeiten. Im Gegenteil, man ist froh, wenn man dem Informationsoverkill entkommt und endlich vergessen darf. Deswegen ist bei vielen Menschen nach der Prüfung »der Kopf leer« – man entledigt sich dadurch nicht nur des Wissens, sondern auch des unangenehmen Lernstresses. So bleibt aber nichts hängen.

Deshalb sollte man beim Lernen unbedingt Pausen machen. In der Wissenschaft spricht man vom »*spacing effect*« – also dem Abstandseffekt. Im Prinzip ist diese Erkenntnis schon sehr alt, sie wurde erstmals vor über 130 Jahren vom deutschen Psychologen Hermann Ebbinghaus beschrieben und ist seitdem in zahlreichen Experimenten bestätigt worden.[9] Analog zum Blumengießen: Wenn in einem Monat die Prüfung ansteht und man zehn Stunden Zeit hat, um etwas zu lernen, dann ist es besser, wenn man jede Woche zweieinhalb Stunden lernt, anstatt am Tag vor der Prüfung zehn Stunden am Stück. Das liegt daran, dass die Nervenzellen ein bisschen Zeit brauchen, um sich an einen Reiz anzupassen. Praxistipp an dieser Stelle: Wie lang die Pausen zwischen den Lerneinheiten sein müssen, hängt davon ab, wann die Prüfung ansteht. Die Daumenregel lautet: 1:5, die beste Pausenlänge beträgt zehn bis zwanzig Prozent der Zeit, bis die Information angewendet werden soll. Wenn man sich in zehn Tagen noch an das Gelernte erinnern will, sollten die Lernpausen etwa einen Tag oder zwei Tage dauern. Soll man sich hingegen noch in einem Jahr daran erinnern, dürfen die Pausen zwischen den Lerneinheiten durchaus zwei Monate betragen.[10]

So weit, so gut, doch helfen Pausen auch, um das Gelernte anzuwenden, also auf neue Situationen zu übertragen? Konkret untersuchte man das, indem man einer Gruppe Psychologiestudentinnen und einigen wenigen männlichen Studenten in einem kurzen Crashkurs Grundlagen der Meteorologie vorstellte. Wolkenformationen und Atmosphärendynamik sind schließlich selten Bestandteil von Psychologievorlesungen und damit für die meisten Teilnehmerinnen neu. Eine Gruppe sollte am folgenden Tag in einem Onlinekurs nochmals die wichtigsten Infos der kurzen Wetterkunde durchgehen. Eine andere Gruppe bekam hingegen erst acht Tage später die Gelegenheit, die Kursinfos online noch mal aufzufrischen. Der eigentliche Test erfolgte dann jeweils 35 Tage später. Die Gruppe, die sieben Tage Pause beim Lernen gemacht hatte, konnte sich besser an das erinnern, was im Wetterkurs vorgekommen war (auch hier wurde schließlich die eben erwähnte 1:5-Regel eingehalten). Außerdem war diese Gruppe besser darin, die gelernten Informationen auf neue, zuvor unbekannte Probleme (zum Beispiel neue Wolkenformationen) zu übertragen.[11] Offenbar führte die Pause dazu, dass man die Informationen in Konzepten neu anordnen konnte.

Es werden derzeit verschiedene Theorien angeführt, um den Pauseneffekt zu erklären.[12] Wahrscheinlich sind Pausen deswegen so effektiv, weil man durch gezielte Unterbrechungen auch sein Umfeld ändert. Wer die Informationen über mehrere Tage verteilt, beschäftigt sich sehr wahrscheinlich auch in unterschiedlichem Kontext damit (mal hat man gerade etwas gegessen, mal scheint die Sonne, mal hat man vorher ein Lied gehört, mal geht die Sonne unter). Je unterschiedlicher die Lernbedingungen, desto besser kann man die Informationen später in einem neuen Umfeld anwenden – und genau auf diese Generalisierung kommt es schließlich an.

Verstehenstrick 2: Pausenfallen vermeiden!

Um aus Informationen Wissen zu erzeugen, müssen wir sie verdauen. Bei der Ernährung machen wir es schließlich auch nicht anders. Ich esse zum Beispiel gern Obst, dabei hoffe ich, dass aus den vielen »Obstmolekülen« in meinem Körper viele »Muskelmoleküle« werden. Das geht aber nur, wenn ich verdaue. Wenn ich permanent Obst esse, platze ich irgendwann. Bei Informationen ist es ganz ähnlich: Wenn Sie permanent Informationen konsumieren und niemals verdauen, dann platzen Sie – die Symptome kennen Sie bestimmt. Es sind die typischen Zivilisationskrankheiten einer Informationsgesellschaft. Man fühlt sich gehetzt, die Zeit scheint zu rasen, man kann sich nur schwer konzentrieren, das Wesentliche nicht mehr vom Unwesentlichen unterscheiden, man vergisst Kleinigkeiten oder größere Dinge.

Wäre es aus diesen Gründen dann nicht auch viel sinnvoller, in Häppchen zu lernen? Schließlich hat man heute keine

Zeit, sich intensiv mit den Dingen zu beschäftigen – da wäre es doch prima, Informationen in kleine Einheiten nach Lust, Zeit und Laune konsumieren zu können, »Wissen to go« gewissermaßen. Gerade im Unternehmensumfeld ist diese Lernmethode besonders populär, man nennt sie *Learning Nuggets, Bite Sized Learning* oder *Micro Learning*. Aber ist sie zielführend?

Um die Frage wissenschaftlich beantworten zu können, sollte man folgendes Experiment kennen: Untersucht wurde, wie Probanden Denkkategorien zu Bildern aufbauen. Dazu bekam Gruppe 1 verschiedene Schmetterlingsarten durchmischt gezeigt, Gruppe 2 hingegen blockweise. Wie nicht anders zu erwarten, war Gruppe 1 anschließend besser darin, ein neues Schmetterlingsbild der korrekten Art zuzuordnen. Wurden jedoch Pausen zwischen den Bilderwechseln eingebaut, verschwand dieser Effekt, dann war Gruppe 1 nur noch so gut wie Gruppe 2.[13]

Pause ist eben nicht gleich Pause. Gute Pausen unterbrechen die Eintönigkeit des blockweisen Lernens. Wer also beispielsweise ein bestimmtes Mathekonzept lernt, der muss *innerhalb* dieses Blocks Pausen machen, um einen zeitlichen Kontrast zu schaffen. So zwingt man sich nach der Pause, die davor gelernten Informationen noch mal durchzugehen und vermeidet Langeweile. Wenn man Kategorien ohnehin abwechselt, darf man gerade *keine* Pause machen. Sonst macht man den Kontrasteffekt kaputt. Es geht also nicht darum, wahllos einfach viele Pausen zu machen, sondern intelligente Pausen. Auch hier gilt eine 1:5-Regel: Ein Teil Pause kommt auf fünf Teile Arbeit – aber nur, wenn dadurch die Eintönigkeit (oder das Monothematische) unterbrochen wird. Noch besser: Wechseln Sie Tätigkeiten und Themen immer wieder ab. Sie werden feststellen, wie viel weniger zeitliche Pausen Sie brauchen werden.

Unklarheit schaffen

Üblicherweise wird bei der Wissensvermittlung darauf geachtet, dass es möglichst eindeutig und einfach sein soll und dass man Verwirrung vermeidet. Tatsächlich führt aber zu viel Eingängigkeit schnell zur Langeweile. Denn wenn sich die gleichen Lerneinheiten zu schnell wiederholen, dann bieten sie auch nichts Neues. Dabei ist das wichtigste Kriterium für unser Gehirn doch die Neuartigkeit einer Information. Alles, was sich wiederholt, wird ruckzuck von einer Filterregion im Gehirn abgeblockt, dem Thalamus, griechisch für »Raum«, quasi dem »Vorzimmer« unseres Großhirns, und so unserem Bewusstsein vorenthalten. Deswegen merken Sie beispielsweise gerade nicht, wie die Schuhe an Ihren Füßen drücken oder ob Sie einen Ring am Finger tragen.

Außerdem sprechen Nervenzellen, die ständig mit dem gleichen Reiz konfrontiert werden, irgendwann gar nicht mehr auf diesen Reiz an. Ein Beispiel: Neben Ihnen platzt plötzlich ein Luftballon – Sie erschrecken sofort. Wenn neben Ihnen aber alle fünf Sekunden ein Luftballon platzt, dann ist spätestens nach dem zehnten Platzen die Luft raus. Und zwar im Wortsinn, denn der Überraschungseffekt ist gleich null. Aus dem gleichen Grund schwächt sich das Geruchsempfinden ab, wenn man sich zu lange in einer Parfümerie aufhält. Dem Gewöhnungseffekt der Nervenzellen sei Dank.

Das Gleiche passiert jedoch nicht nur mit Gerüchen, sondern auch mit Informationen. Wenn Sie permanent die gleichen Informationen durchkauen, dann sinken die Aufmerksamkeit und die Neugier. Besser ist es, wenn man etwas Unklarheit schafft. Sei es durch Unterbrechungen, durch Abwechslung – oder durch Testen. Im Kapitel über die besten Lerntechniken (1.4) ging es schon darum, dass man tatsächlich die Dinge besser behält, wenn man sie »abfragt«. Doch das Testen hat darüber hinaus einen weiteren spannenden Effekt fürs Verstehen.

Unsicherheit fördert nämlich das »Kapieren auf den ersten Blick« (das *One-shot-Learning*). Wenn man nicht genau weiß, wie etwas funktioniert, probiert man aus, man testet und überprüft, ob man ein Problem lösen kann. Genau dann ist man aber besonders aufnahmebereit für neues Wissen. Dieses Prinzip simulierte man im Labor, indem man Probanden eine Serie von verschiedenen Bildern zeigte. Am Ende jeder Bilderserie kam es für die Probanden manchmal zu einem Geldverlust, manchmal zu einem Gewinn. Offenbar hing das geldwerte Resultat von der Abfolge der Bilder ab, aber welches Bild für Gewinne beziehungsweise Verluste ursächlich war, davon hatten die Teilnehmer keine Ahnung. Schließlich wurden sie dazu aufgerufen zu sagen, wie sicher sie sich seien, dass ein konkretes Bild zu einem Verlust führe. Das Überraschende war nun: Je unsicherer sich die Probanden waren, desto schneller bauten sie direkt danach die korrekte Auflösung des Rätsels in ihr Denken ein und vergaßen diese nicht mehr.[14] Als man im Hirnscanner untersuchte, woran das lag, kam heraus, dass eine Hirnregion am unteren seitlichen Bereich der Stirn immer dann aktiv war, wenn sich die Leute unsicher waren. Diese Region (für alle Interessenten: der ventrolaterale präfrontalee Cortex) liegt in etwa oberhalb der Schläfe und sorgt offenbar dafür, dass wir in solch unsicheren Momenten besonders aufmerksam und lernfähig werden. Zumindest können wir dann ohne große Umschweife, Zusammenhänge begreifen. Umgekehrt wird allerdings auch klar: Je mehr Sicherheit, desto weniger Interesse. Je mehr Klarheit, desto weniger Wissenshunger.

Unsicherheit ist der wichtigste Nährboden für erfolgreiche Wissensvermittlung. Viele glauben, dass der Kern unseres Lernens (und Verstehens) die Neugier ist. Schließlich kommen wir alle neugierig zur Welt und erkunden munter unsere Umwelt. Lern- und wissbegierig sind alle Kinder – bis die Schule beginnt. Das ist falsch. Die Schule nimmt niemandem die Neugier, sie erzieht Menschen auch nicht dazu, ihre Neugier abzulegen. Was man hingegen in der Schule macht, wie übrigens in nahezu jedem Bildungsbereich: Man reduziert die Unklarheit. Dabei ist der stärkste Antrieb beim Wissenserwerb das Vermeiden von Unklarheit. Nichts ist für uns schlimmer als Unsicherheit, Unklarheit oder Konfusion. Wir hassen diesen Zustand und versuchen deshalb alles, um ihn aufzulösen. Wann immer man also Menschen dazu bringen möchte, neues Wissen zu erzeugen, versetze man sie in einen Zustand der Unklarheit. Um das zu erreichen, kann man Fragen stellen, Rätsel anbieten, ungeklärte Phänomene vorstellen – genau dann sind Menschen, als Resultat ihrer Unsicherheit, angefixt.

Je unsicherer man ist, je öfter man den Lernvorgang unterbricht, und je mehr man die Informationen abwechselt (statt sie effizient zu bündeln), desto besser versteht man sie. In der Wissenschaft spricht man von »*desirable difficulties*«, also erwünschten Schwierigkeiten. Denn je eingängiger und einfacher man Wissen anbietet, desto weniger macht man sich selbst Mühe. Wozu dann noch selbst denken, wenn ohnehin schon alles klar ist? Ein Transfer im Denken, der Aufbau von Konzepten, das Lösen von Problemen – all das gelingt nur, wenn man sich selbst aktiv damit beschäftigt.

Verstehenstrick 3: Den Kontext ändern!

Stellen Sie sich vor, Sie sind Arzt und sollen einen Patienten behandeln, der einen bösartigen Gehirntumor hat. Der Tumor ist sehr hartnäckig, weshalb man ihn mit einer ordentlich hohen Dosis bestrahlen muss. Das Problem ist allerdings, dass dadurch auch das umliegende, gesunde Gewebe beschädigt wird. Reduziert man die Strahlendosis, kann jedoch der Tumor nicht zerstört werden. Was würden Sie tun?

Denken Sie kurz nach. Könnte man vielleicht mit mittelstarken Strahlen arbeiten? Oder den Tumor erst chirurgisch freilegen und dann direkt bestrahlen? Wenn Sie nicht sofort auf die Lösung kommen, trösten Sie sich: In der konkreten Studie kamen ohne Hilfe nur zehn Prozent der Teilnehmer auf die Behandlungsmethode, die den Tumor zerstört und das gesunde Gewebe unversehrt lässt.[15] Trotzdem waren Sie in einem Moment der Unklarheit. Das ist, wie Sie wissen, das Sprungbrett fürs Verstehen – auch wenn man dazu dann eine Unterstützung braucht.

Die Hilfe könnte darin bestehen, dass man den Kontext ändert und eine Analogie heranzieht: Stellen Sie sich vor, Sie sind ein General und wollen eine Burg einnehmen. Die Burg ist von einem Burggraben umgeben, über den fünf verschiedene Brücken führen. Allerdings sind diese Brücken nicht besonders tragfähig. Wenn Sie also alle Ihre Soldaten über eine Brücke schicken, stürzt sie ein. Wie gehen Sie vor, um die Burg einzunehmen? Klarer Fall, werden Sie sagen: Man teilt die Soldaten in kleine Gruppen auf, die parallel über alle Brücken gleichzeitig zur Burg laufen. Dort greifen sie dann gemeinsam an. Auf die Behandlung des Tumors übertragen, heißt das: Anstatt einen starken Strahl auf den Tumor zu richten, könnte man auch mehrere schwache aus unterschiedlichen Richtungen auf den Tumor feuern. Sie kreuzen sich dort, wo der Tumor liegt, und zerstören ihn, während das umliegende Gewebe nicht geschädigt wird, weil dort die Strahlendosis schwach bleibt.

Dies ist ein Klassiker der Ideenforschung aus den 1980er-Jahren. Während ohne Hilfe kaum jemand auf die richtige Lösung kam, war das immerhin bei Dreiviertel der Teilnehmer der Fall, wenn sie zusätzlich das »Burgproblem« präsentiert bekamen. Dieses Experiment verdeutlicht anschaulich ein Grundproblem menschlichen Denkens: Wir bleiben häufig in den Denkkategorien gefangen, die uns als Erstes angeboten werden. So nützlich das Schemadenken ist, so gefährlich ist es auch, wenn man es übertreibt. In der Wissenschaft nennt man dieses Phänomen »*encoding effect*« oder »*context dependent memory*« – gemeint ist damit die Tatsache, dass wir den Kontext beim Lernen gleich mitberücksichtigen und ihn in unser Denkschema mit einbauen. Wenn man beispielsweise Vokabeln in einer lauten Umgebung lernt, sollte der Vokabeltest anschließend auch in einer lauten Umgebung stattfinden, denn solange der Kontext gleich ist, erinnert man sich auch besonders gut.[16] Umgekehrt gilt jedoch: Wenn sich der Kontext ändert, ändert sich auch das Denken, und vermeintlich sicher gelernte Informationen verschwinden. Das ist der sogenannte Türrahmen-Effekt, den Sie auch gut kennen: Man geht durch eine Tür – und vergisst, was man gerade noch wollte. Dabei reicht es sogar schon, wenn man sich bloß vorstellt, dass man durch eine Tür geht, um seine Erinnerung zu kompromittieren.[17]

Unser Denken hängt also maßgeblich von der Umgebung ab, in der wir uns befinden. Diese Tatsache kann man sich, wie soeben gezeigt, auch zunutze machen: Wenn man mit einem Problem nicht weiterkommt, ändert man die Umgebung – und plötzlich kommt man auf eine neue Idee, weil man ein anderes Denkkonzept zur Lösungssuche herangezogen hat. Genau aus diesem Grund kommen Leute auf gute Ideen, wenn sie von einer Reise zurückkehren. Deswegen sind Großstädte auch innovativer pro Kopf als Kleinstädte. Doppelt so große Städte sind nämlich nicht einfach doppelt so innovativ oder produktiv (was man zum Beispiel an der Zahl der Patente oder dem Pro-Kopf-Einkommen messen könnte), sondern etwa zwei oder drei Mal leistungsfähiger.

In einer interessanten Studie untersuchte man, wie es zu diesem überlinearen Effekt kam. Dazu wertete man anonymisierte Telefonate in Großstädten aus und ging der Frage nach: Wer ruft eher Nummern außerhalb oder innerhalb der Stadt an? Dabei kam heraus, dass gerade der soziale Austausch der beste Indikator dafür ist, dass Produktivität und Kreativität in Großstädten überproportional ansteigen.[18] Es geht also darum, dass man kommuniziert, aber nicht irgendwie, sondern clever: mit Menschen, die unterschiedliche Hintergründe, verschiedene Erfahrungen oder Fähigkeiten haben. Genau deswegen sind Menschen in Städten oft besonders einfallsreich, denn die Wahrscheinlichkeit ist größer, dass sie jemanden mit anderen Ansichten treffen und dadurch zu einer Kontextänderung provoziert werden. Dieselbe Studie zeigte übrigens auch, warum manche Megastädte in Afrika, Asien oder Osteuropa nicht diesen typischen Innovationsschub zeigten. Sobald die Infrastruktur marode ist, kann man nicht mit vielen Menschen schnell in Austausch treten. Dann wird eine große Stadt zu vielen kleinen, direkt nebeneinanderliegenden Städten.

Und wer sich fragt, ob es eine Obergrenze für Megacitys gibt: Ja, die gibt es. Simulationen zeigen, dass ab 40 Millionen Einwohnern der Effekt nachlassen und ein zusätzliches Wachstum nicht mehr förderlich sein sollte. Aber bis dahin ist ja noch ein bisschen Zeit – und, nebenbei bemerkt, können Menschen auf dem Land natürlich auch sehr kreativ sein. Viele Ideen kommen Menschen ja gerade in einer entspannten Atmosphäre jenseits des städtischen Trubels in den Sinn – aber oft nur, wenn man vorher in der Stadt war. Ob Stadt oder Land, der Kontrastwechsel ist wichtig.

Apropos kreative Städte: Als ich in den USA war, hörte ich in San Francisco meinen Lieblingssender, der alles spielte, außer Rap und Hip-Hop. Schließlich hat sich bei mir (wie bei fast jedem Menschen) der Musikgeschmack nach der Pubertät verfestigt und bleibt dann vergleichsweise konstant. Der besagte Sender spielte allerdings eine unglaubliche Bandbreite an unterschiedlichen Songs – sechs von zehn Liedern waren Schrott, ich hätte sie niemals freiwillig gehört. Doch die restlichen 40 Prozent waren neu, anders und frisch. Ich musste einen Preis zahlen, der Nutzen aber war ungleich größer. Heute »ver-spotifyisieren« wir unseren Musikgeschmack wie unser Denken. Wir bleiben in unserem geschmacklichen Umfeld und wühlen uns durch die Gemeinsamkeiten. Deswegen laufen im Radio immer dieselben Songs in einer scheinbaren

Endlosschleife. Wir haben unsere typischen Nachrichtenquellen, unsere Lieblingszeitung, unseren Lieblingssender, unsere Lieblings-Website. Das ist so, als würde man – wie im »Malstil«-Experiment – blockweise immer nur Bilder desselben Künstlers anschauen. Wenn dann was Neues kommt, kapieren wir es nicht.

3.2 Der Erklärbär-Mythos – Ein Selbstverteidigungskurs gegen die häufigsten Verständnisfallen

Hinterher ist man immer schlauer und kann ohne Probleme alles erklären. Aus lauter Jux und Tollerei schaute ich mir deswegen neulich noch mal die Spielstatistik eines der bemerkenswertesten Fußballspiele aller Zeiten an. Schließlich sind heutzutage die Spielstatistiker und -analysten die wahren Helden des Sports. Zahlen lügen nicht und erklären in einer datengetriebenen Analysewelt alles. Die Zahlen dieses Fußballspiels waren beeindruckend: Die eine Mannschaft hatte 55 gefährliche Angriffe gestartet, 18-mal aufs Tor geschossen, 52 Prozent Ballbesitz, 22 Flanken geschlagen, sieben Ecken getreten und nur vier Klärungsversuche in der Verteidigung. Die andere Mannschaft hatte 21-mal seltener angegriffen, bloß 14-mal aufs Tor geschossen, zwölf Flanken weniger geschlagen, weniger Ecken getreten (fünf) und musste fünfmal so oft (nämlich zwanzigmal) einen Angriff des Gegners klären. In nahezu jeder Statistik war die erste Mannschaft der zweiten überlegen, in der wichtigsten Statistik jedoch nicht: dem Ergebnis. Die erste Mannschaft war Brasilien, die zweite Deutschland. Brasilien schoss ein Tor, Deutschland sieben.[19] Merke: Daten sagen nicht alles. Selbst wenn man alle Fakten über das Spiel ausgewertet und analysiert hat, hat man noch lange nicht verstanden, wie dieses Spiel zum Sinnbild einer krachenden Niederlage wurde, und die Brasilianer noch Jahre später »sete-um« (»7:1«) zu allen Dingen sagten, die massiv schiefgelaufen sind.

Zu verstehen, warum Brasilien verlor, erfordert also mehr als eine bloße Datenanalyse. Im Prinzip können wir Dinge überhaupt erst verstehen, wenn wir sie erklären können. Denn erst dann hat man das Ursache-Wirkungs-Prinzip hergeleitet und kann es anderen Personen mitteilen. Erklären hat dabei den gewaltigen Vorteil, dass man selbst aktiv wird. Man führt mögliche Ursachen zusammen, versucht sie mit der Wirklichkeit abzugleichen, erkennt, woran es hakt oder ob es passt, und kann dann ein logisch begründbares Erklärungsmodell zusammenstellen. Durch das Erklären erfassen wir die grundlegendste Eigenschaft eines Sachverhaltes: die Ursache. Mehr noch: Wenn wir erklären, können wir ein Ursache-Wirkungs-Prinzip auch abstrahieren und auf ähnliche Situationen übertragen. Erklären ist dabei etwas anderes, als etwas zu beschreiben. Beispiel:

Bittet man Probanden, einfache Rechenoperationen durchzuführen (zum Beispiel aus der Bruchrechnung: 4 : ½ = ?), so ist das für die meisten kein großes Problem. Aber haben sie dann auch verstanden, nach welchem Prinzip sie die Bruchrechnung durchführen? Um das herauszufinden, bat man Gruppe 1 zu beschreiben, wie sie beim Rechnen vorging. Probanden dieser Gruppe sagten dann, dass sie durch einen Bruch dividierten, indem sie mit dem Kehrbruch multiplizierten. Gruppe 2 hingegen sollte ihren Rechenvorgang erklären. Das ist etwas anderes, denn bei einer Erklärung muss man sich auch damit beschäftigen, warum man etwas tut. Interessant wurde es, als man anschließend das konzeptionelle Wissen der beiden Gruppen überprüfte. Dazu sollten sie die oben genannte Bruchrechnung in einer Grafik veranschaulichen oder Textaufgaben dazu lösen. Gruppe 2 schnitt hier besser ab als Gruppe 1.[20] Dieser Effekt ist für zahlreiche Aufgaben bestätigt worden: Wann immer man einen Sachverhalt erklärt, kann man seine Struktur oder sein zugrunde liegendes Prinzip besser auf andere Sachverhalte übertragen.[21] Die Theorie dahinter: Durch das Sich-selbst-Erklären erfährt man am eigenen Leib, wo noch Wissenslücken sind – das wiederum führt zu einem besseren Verständnis der Dinge. Wer nur beschreibt, bleibt an der Oberfläche.

Erklären ist eine wundervolle Methode, um ein Verständnis aufzubauen, aber trotzdem ist nicht jede Erklärung gut. Man kann auch den größten Schrott »sinnvoll« erklären (wie in Verschwörungstheorien). Außerdem ist die Art, wie wir Erklärungen aufbauen, auf Oberflächlichkeit und Einfachheit ausgelegt – das führt schnell in Sackgassen oder zu Missverständnissen.

Die Rasiermesser-Methode

Stellen Sie sich vor, Sie sind Brasilien-Fan und wollen verstehen, wie es zu diesem Untergang am 8. Juli 2014 kam. Wie gehen Sie vor? Vermutlich finden Sie einige Gründe. Durch das schnelle Aufrücken der Innenverteidiger war die taktische Ausrichtung von Brasilien zu risikoreich. Das Gegenpressing der Brasilianer war zu mannorientiert und besetzte die Mittelfeldräume zu ungenau, wodurch sich große Lücken ergaben. Die Deutschen griffen in einer robusten 4-1-3-2-Staffelung an und stellten die Flügelpositionen der Brasilianer zu, so kamen diese nicht zu gefährlichen Angriffen … Es gibt haufenweise Erklärungen für den Spielverlauf,[22] doch keine dieser Erklärungen kann allein das gesamte Spiel erklären. Es gibt jedoch auch eine simple Erklärung für alles: Die brasilianischen Topspieler Neymar und Thiago Silva waren ausgefallen. Ohne diese Superstars hatte Brasilien keine Chance. So eine einfache Erklärung kann man super nachvollziehen. Niemand mag faktengetriebene Statistikanalysen – viel eingängiger sind doch die simplen Lösungen, die gleichzeitig viel erklären. Was bleibt also hängen: Neymar war nicht dabei, Brasilien ging unter.

Das ist ein grundlegendes Prinzip unseres Denkens, das schon im 14. Jahrhundert von dem Philosophen und Theologen Willhelm von Ockham beschrieben wurde. Man nennt es Ockhams Rasiermesser. Er forderte, dass man von mehreren Erklärungen diejenige bevorzugen sollte, die die einfachste ist. Alle komplizierten Modelle (irgendwelche Taktikanalysen beim Brasilienspiel) werden »wegrasiert«, übrig bleibt die Erklärung, die am sparsamsten ist und trotzdem am meisten erklärt (Neymar war ausgefallen).

Übrigens trifft dieses Erklärverfahren nicht nur auf Fußballfans, sondern auch auf Wissenschaftler zu. Im Jahr 2012 befragte die Edge Foundation (eine wissenschaftliche Bildungsvereinigung in Großbritannien) Dutzende von führenden Wissenschaftlern, welche ihre »liebste umfangreiche, elegante oder schöne Erklärung« sei.[23] 194 Wissenschaftler aus den unterschiedlichsten Bereichen (von Biologie über Physik bis hin zu den Gesellschaftswissenschaften) antworteten. Und das Interessante war: Nahezu alle Wissenschaftler bevorzugten Erklärungen, die möglichst einfach nachzuvollziehen sind – und trotzdem möglichst viel erklären. Was richtig und einfach zugleich ist, gilt in der Wissenschaft als »schön«. Die Evolutionstheorie ist ein gutes Beispiel: Drei Regeln (Mutation, Rekombination und Selektion) reichen aus, um die Vielfalt der biologischen Existenz auf diesem Planeten zu erklären. Kein Wunder, dass die Evolutionstheorie immer wieder zu den »schönsten Theorien« gezählt wird. Für viele ist sie aber trotzdem noch nicht einfach genug. Noch simpler, als das Leben durch ein permanentes *»survival of the fittest«* zu erklären, ist anzunehmen, dass Gott die Welt in sechs Tagen erschaffen hat. Deswegen glaubt auch etwa ein Drittel der US-Amerikaner, dass die Lebewesen immer schon so existiert hätten.[24] Luft nach unten ist bei Erklärungsmodellen also immer.

Dennoch: Dass man Dinge erklärt, ist eine Bedingung dafür, dass man sie verstehen kann. Doch es hat auch seine Tücken. Deswegen geht es als Nächstes um die Top 4 der häufigsten Erklärfallen, dann folgt ein Selbstverteidigungskurs, bei dem Sie lernen können, wie man diese Fallen vermeidet.

Falle 1: »*Root Simplicity*« – Die Sehnsucht nach der Ursache für alles

Stellen Sie sich vor, Sie sind Arzt und haben einen Patienten vor sich, der über Müdigkeit und Gewichtsverlust klagt. Sie könnten nun folgende Erklärungen für die Symptome anbieten: Zum einen ist offenbar der Appetit gestört, deshalb isst der Patient zu wenig. Zum anderen gibt es wohl Probleme beim Ein- und Durchschlafen, deshalb leidet er unter Müdigkeit. Die alternative Erklärung könnte lauten: Der Patient ist depressiv, was den Appetitverlust und die Schlafstörungen erklärt. Welches Erklärungsmodell wählen Sie für Ihre Diagnose?

Wenn Sie so ticken, wie die meisten, tippen Sie darauf, dass eine Depression vorliegt,[25] obwohl man in diesem Fall gleich drei Gründe für die gezeigten Symptome anführen müsste (Depression, Appetitverlust, Schlafmangel). Allerdings ist dann nur einer dieser Gründe unerklärt (die Depression), die anderen beiden Gründe ergeben sich aus dem Ursprungsgrund. Menschen tendieren dazu, die Zahl der unerklärten Gründe möglichst gering zu halten. Das geht manchmal so weit, dass man Gründe erfindet, die wiederum andere Ursachen erklären. Wenn man alles auf eine gemeinsame Wurzel zurückführen kann, dann minimiert das die Unsicherheit im Erklärungsmodell, es wird einfacher.

In einem abgewandelten Experiment stellte man Probanden vor eine ähnliche Aufgabe. Man präsentierte ihnen eine Reihe von Krankheitssymptomen und bot verschiedene Krankheitsbilder als mögliche Ursachen an. Die allermeisten Probanden gingen sofort dazu über, eine gemeinsame Ursache für alle Symptome zu finden, statt für jedes Symptom eine eigene Krankheit anzunehmen. Erst als man die Krankheitswahrscheinlichkeiten im Experiment stark veränderte, brachte man sie dazu, von ihrer Meinung abzurücken. Dazu mussten die möglichen einzelnen Krankheitsbilder allerdings mehr als zehn Mal wahrscheinlicher sein als ein einzelner Ursprungsgrund.[26] Im obigen Beispiel müsste ich Ihnen also sagen, dass Depressionen zehn Mal so selten vorkommen wie eine zufällige Kombination von Appetitlosigkeit und Durchschlafstörungen, damit Sie sich von der Depression als Ursache lösen. Denn Menschen lieben es, wenn sich die Dinge auf eine gemeinsame Ursache zurückführen lassen, ein Phänomen, das man in der Psychologie »*root simplicity*« nennt, auf Deutsch: die Vereinfachung aller Ursachen.

Verschwörungstheorien bauen genau auf diesem Denkprinzip auf. Man könnte die Terroranschläge vom 11. September durchaus mit der politischen Radikalisierung der Attentäter erklären, die sich dezentral organisiert, Flugzeugtrainings absolviert, die Anschläge synchronisiert und telegen für die Weltöffentlichkeit durchgezogen hatten, sodass die Hochhäuser bei bestem Wetter und zur besten Sendezeit zusammenstürzten. Ein bisschen viele Zufälle, könnte man sich auch denken, und stattdessen annehmen, dass die Anschläge nur inszeniert wurden, damit die USA einen Vorwand hatten, um den Irak anzugreifen.

Wenn Sie sich Verschwörungstheorien anschauen, werden Sie feststellen, dass sie prinzipiell nach denselben Mechanismen funktionieren wie eine richtige Erklärung. Zum Teil sind die Erklärungsmodelle technisch sehr gut durchdacht, aber sie sind immer monokausal. Natürlich kommt noch eine selektive Wahrnehmung hinzu (man sieht nur das, was man sehen will), und man hinterfragt seine Erklärungsmodelle nicht, sondern umgibt sich mit Personen, die ähnliche Ansichten teilen. Aus dem gleichen Grund sind Menschen übrigens abergläubisch oder gläubig. Man führt immer alle Ereignisse auf einen einzigen Grund zurück.

Passen Sie deswegen auf, wenn ein ganzes Sammelsurium

an Ereignissen mit einem einzigen Grund erklärt wird. In den allermeisten Fällen ist das falsch. Das sollte man verinnerlichen, wenn man sich in sozialen Systemen bewegt. Gesellschaftliche Entwicklungen sind so gut wie niemals monokausal.

Falle 2: *»Ockhams Rasiermesser«* – Die Sehnsucht nach Schönheit

Am 26. Juni 2000 trat der damalige US-Präsident Bill Clinton vor die Presse. Der Moment war feierlich, die Worte waren pathetisch, für einen Augenblick hielt das Klein-Klein der Weltpolitik inne, denn man lauschte einem unfassbaren Erfolg der Wissenschaft: »Die heutige Ankündigung ist mehr als ein einfacher Triumph von Wissenschaft und Vernunft.« Und weiter: »Heute lernen wir die Sprache, mit der Gott das Leben erschuf. Wir werden umso mehr in Erstaunen versetzt über die Komplexität, die Schönheit und das Wunder von Gottes bedeutungsvollstem und heiligem Geschenk. Mit diesem umfassenden neuen Wissen steht die Menschheit an der Schwelle zu unfassbarer neuer Kraft, um Heilung zu bringen.« Damit nicht genug: »In den folgenden Jahren werden Mediziner immer mehr in der Lage sein, Krankheiten wie Alzheimer, Parkinson, Diabetes und Krebs an ihren genetischen Wurzeln zu packen.«[27]

Was war passiert? Im Juni 2000 wurde das Humangenomprojekt vollendet und das menschliche Erbgut komplett entschlüsselt – nach einem jahrelangen Wettstreit zwischen privaten Biotech-Firmen und einem öffentlichen wissenschaftlichen Projekt hatte schließlich die Wissenschaft als Ganzes gewonnen. Die folgenden Jahre konnten nur das medizinische Paradies versprechen.

Die folgenden Jahre waren hingegen von großer Ernüchterung gekennzeichnet. Mittlerweile wissen wir zwar viel besser, wie Diabetes, Parkinson oder verschiedene Krebsformen entstehen, aber wir sind immer noch meilenweit entfernt davon, diese Krankheiten ursächlich behandeln zu können. Denn in vielen Fällen liegt die Ursache auch weiterhin im Dunkeln (wie bei Alzheimer, hier kommen gleich mehrere Erklärungsmodelle infrage). Die Gene allein sagen nämlich gar nichts aus. Es kommt darauf an, wie, wann, unter welchen Bedingungen und in welchen Kombinationen die Gene aktiviert werden. Wenn Sie in ein Kochrezept schauen, wissen Sie ja auch nicht, wie das fertige Gericht schmeckt. Es kommt ebenso auf die Zutaten und die Zubereitung an. Selbst das beste Rezept können Sie verhauen, wenn Sie das Essen verkochen oder zur falschen Zeit kochen. Das Fachgebiet der Biologie, das sich damit beschäftigt, wie Umwelteinflüsse unsere Gene in den Zellen verändern, heißt Epigenetik und ist deutlich weniger einfach als das klassische Erklärungsmodell der Genetik. Außerdem besteht das menschliche Erbgut nur zu etwa drei Prozent aus direkten Bauanleitungen für Eiweißbausteine. Vom Rest wissen wir nicht genau, warum er da ist. Es gibt verschiedene Theorien, doch keine davon ist wirklich einfach und schön.

Die Wissenschaftsgeschichte ist voller voreiliger Sehnsucht nach Schönheit. Das führt häufig in eine Sackgasse, denn Schönheit darf kein Kriterium für Wahrheit sein. Erklärungen können auch oft hässlich sein, dafür aber viel mehr erklären. Gerade in der Neurowissenschaft wimmelt es von schönen und einfachen Erklärungen, die aber allesamt falsch sind: dass das Gehirn wie ein Computer tickt, dass die rechte Hirnhälfte kreativ, die linke Hirnhälfte logisch denken würde, dass es Lerntypen gäbe … Nichts davon stimmt. Das Gehirn tickt sehr viel unübersichtlicher und überhaupt nicht eingängig – und wir haben noch keine Formel, die dieses Denkprinzip wirklich in eine einfach wissenschaftliche Sprache übersetzen könnte. Vielleicht gibt es diese Formel auch nicht. So wie die Weltformel in der Physik ein ewiges Phantom bleiben wird.

Falle 3: »*Seductive Allure Effect*« – Die Sehnsucht nach Pseudowissenschaft

Testen wir mal an Ort und Stelle, wie gut Sie in der Lage sind, vernünftige Erklärmodelle zu erkennen. Sie sind ein Wissenschaftler oder eine Wissenschaftlerin und müssen folgendes Experiment beurteilen:

Neuropsychologen untersuchen gleich viele Frauen und Männer hinsichtlich ihres räumlichen Vorstellungsvermögens. Dabei kommt heraus, dass die Männer besser abschneiden als die Frauen. Außerdem befragt man die Testpersonen nach ihren Lebensumständen, wobei sich unter anderem herausstellt, dass die Männer in ihrer Kindheit häufiger Sport gemacht hatten als die Frauen. Folgende Erklärungen werden Ihnen angeboten:

1. Die Wissenschaftler folgern, dass die Unterschiede der räumlichen Vorstellungskraft zwischen Männern und Frauen daran liegen, dass die Männer in der Kindheit mehr Sport betrieben hatten.
2. Hirnscans des rechten prämotorischen Areals (wichtig für das räumliche Vorstellungsvermögen) zeigen, dass die schlechte Leistung der Frauen im Vergleich zu den Männern diesen Geschlechtsunterschied erklären.

Welche der beiden Erklärungen ist einleuchtender? Um es klar zu sagen: Nur die erste Erklärung ist sinnvoll, die zweite ist Quatsch. Doch wenn man Probanden ähnliche Erklärungen vorsetzt, tun sie sich schwer, die Quatscherklärung zu durchschauen. Immer dann, wenn man neurowissenschaftliche Fachbegriffe in ein Erklärungsmodell einbaut, wird es als plausibler eingeschätzt, selbst wenn der Inhalt Nonsens ist.[28]

Diese Denkfalle nennt man »*seductive allure effect*« beziehungsweise »Verführungsreizeffekt«. Wenn ich sage: »Menschen lehnen fremde Ideen ab, wenn sie nicht ins eigene Weltbild passen«, werden Sie sagen, dass das ja schön und gut, aber auch nichts Neues ist. Wenn ich hingegen behaupte: »Wenn Menschen mit fremden Ideen konfrontiert werden, werden im Gehirn die Amygdala und der insuläre Cortex aktiviert. Wir fühlen uns deswegen bedroht und nehmen eine Abwehrhaltung ein«, dann sagen Sie vielleicht: »Ui, jetzt kann man schon wissenschaftlich nachweisen, weshalb Menschen fremde Meinungen ablehnen.« Dabei steht im zweiten Satz ebenfalls nicht viel Neues drin, außer dass eine Abwehrhaltung eben vom Gehirn vermittelt wird (wer hätte das gedacht).

Übrigens ist das nicht nur bei neurowissenschaftlichen Begriffen der Fall. In einer lustigen Studie bat man Probanden (allesamt in der Wissenschaft tätig), die Qualität einer wissenschaftlichen Veröffentlichung zu beurteilen. Dafür servierte man ihnen die Kurzzusammenfassung (das sogenannte »Abstract«), die immer am Anfang eines Artikels steht. Wenn man diese Zusammenfassung mit einer völlig nutzlosen Matheformel würzte, schätzten die Wissenschaftler den Gehalt des Papers als deutlich höher ein, als wenn keine Matheformel dabei war.[29] Ähnliche Phänomene kennt man auch aus den Sozialwissenschaften, der Chemie oder der Biologie, ein paar wichtig klingende komplizierte Fachtermini, fertig ist die Glaubwürdigkeit.

Das ist Unsinn, gelangen Sie nicht zu dem Fehlschluss, dass Wissenschaft immer kompliziert klingen muss, um korrekt zu sein. Vielleicht haben Sie sich schon gewundert, warum in diesem Kapitel bisher noch keine neurowissenschaftlichen Begriffe geliefert wurden – bisher waren die auch noch nicht nötig. Aber keine Sorge, in wenigen Seiten kommt wieder ein konkreter Bezug zur Hirnforschung. Ich will schließlich nicht umsonst Neurowissenschaften studiert haben.

Falle 4: »*Teleologischer Fehlschluss*« – Die Sehnsucht nach dem Sinn

Frage: Warum gibt es Wolken am Himmel? Antwort: Damit es daraus regnen kann.

Das ist natürlich Quatsch, werden Sie sagen. Wolken haben schließlich keinen Sinn und Zweck, sondern entstehen, weil gasförmiges Wasser in kalten Luftschichten wieder zu flüssigem Wasser wird und die vielen Wassertröpfchen zusammen eine Wolke bilden. Kleine Kinder argumentieren allerdings oft auf diese Weise. Man fährt an einem Kühlturm eines Kraftwerks vorbei und sieht, wie der Wasserdampf aufsteigt: »Schau nur, da werden Wolken gemacht«, schallt es aus dem Kindermund. Das ist natürlich goldig, aber falsch.

Trotzdem fallen auch erwachsene Menschen auf diese Erklärfalle rein, die man »teleologischen Fehlschluss« nennt, was so viel wie »Sinnfehlschluss« bedeutet. Anders gesagt: Man erfindet einen Sinn und Zweck für Dinge, auch wenn gar kein Sinn und Zweck da ist. Üblicherweise ist man vor diesem Erklärfehler gefeit. Niemand würde zum Beispiel behaupten, dass Wasser dazu da ist, damit man mit einem Schiff darauf fahren kann. Doch wie sieht es mit der Erklärung aus, dass Wasser dazu da ist, damit man es trinken kann? Natürlich ist sie genauso falsch, aber schon kniffliger zu entlarven.

Vor allem dann, wenn wir wenig Zeit haben, fallen wir auf diese Erklärvereinfachung rein. In einer konkreten Studie bat man promovierte Physiker einzuschätzen, welche Erklärungen stimmig waren und welche nicht. Allerdings setzte man eine Gruppe dabei unter Zeitdruck, sie hatte bloß 3,2 Sekunden Zeit für ihre Einschätzung. Das ist in etwa die Zeit, die man dafür braucht, um Sätze wie diese durchzulesen:

Bakterien verändern sich, um gegen Antibiotika resistent zu werden.

Die Erde hat eine Ozonschicht, damit sie vor der UV-Strahlung geschützt ist.

Bäume produzieren Sauerstoff, damit Lebewesen ihn atmen können.

Kinder ziehen im Winter Handschuhe an, damit ihre Finger warm bleiben.

Interessanterweise fielen die Wissenschaftler auf die gleichen Denkfehler rein wie nicht promovierte Menschen (wenngleich in einem geringeren Ausmaß).[30] Sie schätzten häufiger auch Aussagen als korrekt ein, die völlig falsch waren – in obigem Beispiel sind das die ersten drei Aussagen. Denn natürlich ist der Sinn der Ozonschicht nicht, dass sie die Erde schützt, es ist bloß ein angenehmer Nebeneffekt.

Übrigens sind wir weitaus anfälliger für den Sinnfehlschluss als für seinen großen Bruder, den »Ursachefehlschluss«. Konkretes Beispiel: Die Aussage, »es hat sich auf der Erde eine Ozonschicht ausgebildet, weil die Lebewesen vor der UV-Strahlung geschützt werden müssen«, klingt nicht sehr plausibel, sondern eher so, als hätte die Erde beschlossen, eine Ozonschicht aufzubauen. Doch die Aussage, »es gibt eine Ozonschicht, damit die Lebewesen geschützt sind«, klingt schon besser. Eine Erklärung ist, dass unsere psychologische Grundeinstellung darin besteht, einen Zweck zu erkennen. Wer sich an das Kapitel »Warum überhaupt?« (2.4) erinnert, weiß auch, warum das so ist: Indem wir uns vorstellen, dass ein Mensch einen Sachverhalt manipuliert oder manipulieren könnte, erkennen wir, dass Dinge eine Ursache haben können. Nun haben Menschen in aller Regel ein Ziel ihrer Handlungen, also einen Zweck. Also könnte man schlussfolgern, dass Ursache und Sinn zusammenhängen. Wir suchen nach dem Sinn des Lebens, weil das Leben auch eine Ursache hat. Nach Niederlagen versuchen wir noch einen Sinn darin zu erkennen, schließlich gab es auch einen Grund, weshalb man verloren hat. Schicksalsschläge werden nach dem Sinn abgesucht, denn es passiert ja nichts »ohne Grund«. Natürlich passiert nichts ohne Grund, aber es passiert durchaus ohne Zweck.

Natürlich können Pflanzen nur gedeihen, weil die Sonne auf sie fällt. Aber der Zweck des Sonnenlichtes ist es nicht, dass die Pflanzen wachsen.

Praxistipp an dieser Stelle: In der Naturwissenschaft ist die Frage nach dem Sinn und Zweck niemals sinnvoll. Im Gegenteil, man verbaut sich den Weg zum echten Verstehen. Es gibt nur einen Fall, in dem die Frage nach dem Zweck gerechtfertigt ist: Wenn Menschen die konkrete Ursache für einen Vorgang sind.

Der Selbstverteidigungskurs gegen die Erklär-Fallen

So wichtig das Erklären ist, es will gelernt sein, um nicht in die typischen Denkfallen zu tappen.

Trick 1: Das große Ganze erkennen.

Wir alle kennen das Prinzip »Storytelling«: Eine Botschaft verpackt man am besten in eine Geschichte, denn Storys bleiben am besten hängen. Das könnte man auch auf die Wissensvermittlung übertragen. Man genießt eine Geschichte und lernt noch was dabei.

Wie bei dieser Geschichte: Die drei Hunde namens Clifford, Cleo und T-Bone sind gute Freunde. Eines Tages treffen sie auf den Hund namens »KC«, der auf der Suche nach neuen Freunden ist, aber nur drei Beine hat. Cleo ist zunächst skeptisch: Was ist, wenn dieser dreibeinige KC irgendwelche Krankheiten überträgt? Clifford ist aufgeschlossener, aber denkt, dass KC oft Hilfe benötigt, selbst bei Kleinigkeiten, schließlich ist er ja gehbehindert. Im Laufe der Zeit überwinden die Hunde jedoch ihre Vorurteile und spielen am Ende lustig zusammen als gute Freunde.

Die Moral von der Geschichte? Wenn man diese Geschichte fünfjährigen Kindern erzählt und sie fragt, was man aus ihr lernt, sagen sie: Sei freundlich zu dreibeinigen Hunden![31] Von der generellen Idee, dass man seine Vorurteile gegenüber Behinderten durchaus ablegen könnte und gute Freunde werden kann, keine Spur.

In einem Folgeexperiment änderte man die Bedingungen und forderte die Kinder auf, zu erklären, warum die Hunde am Ende mit dem dreibeinigen KC spielten und wie sie alle Freunde wurden. Das Ergebnis war nun ein anderes: Die Kinder konnten die zugrunde liegende Moral erkennen und auch auf andere Situationen übertragen.[32] Sie generalisierten die Idee der Geschichte und verstanden damit, um was es geht. Interessanterweise war es für die Kinder sogar besser, wenn sie selbst erklären sollten, als wenn ihnen die Moral erklärt wurde. Etwas auf dem Silbertablett serviert zu bekommen ist schließlich nicht besonders spannend. Wir bauen offenbar erst dann ein Verständnis für einen Sachverhalt auf, wenn wir uns selbst aktiv damit beschäftigen. Der klassische pädagogische Ansatz, mit erhobenem Zeigefinger die Moral zu verkünden, hatte in diesem konkreten Experiment einen geringeren Effekt.

Nun könnte man sagen, dass es eine Frage des Alters ist, ob man die Moral einer Geschichte erkennt und generalisieren kann. Keine Frage, denn Erwachsene schneiden beim Verstehen dieser Geschichte deutlich besser ab (immerhin konnten das beruhigende 91 Prozent der Teilnehmer). Aber das Prinzip des Sich-selbst-Erklärens sollte man trotzdem nicht unterschätzen. Diese Geschichte ist schließlich recht simpel, und Erwachsene sehen sich häufig komplexeren Problemen ausgesetzt – und da kommt man mit bloßem Beschreiben nicht weiter. Doch auch dort muss man eine Erklärtechnik anwenden, um die Zusammenhänge zu verstehen.

Das Knifflige bei komplexen Problemen liegt darin, dass man nicht einfach ein Ursache-Wirkungs-Prinzip herleiten kann. Denn komplexe Probleme gehorchen einer anderen Dynamik. Einfaches Beispiel: Ein hochmodernes Auto ist vollgestopft mit allerlei Technik, Mechanik und Elektronik – aber es ist kein komplexes System, sondern ein kompliziertes. Wenn ich im Auto nach rechts lenke, fährt es nach rechts. Wenn ich nach links lenke, nach links. Bei komplexen Systemen ist das anders: Wenn man da nach rechts lenkt, fährt das Auto einmal nach rechts, ein anderes Mal nach links und in einem dritten Fall bremst es vielleicht. Komplexe Systeme haben nämlich die Eigenschaft, nicht vorhersehbar zu sein. Man sagt auch: Sie verhalten sich nicht-linear. Man kann also nicht einfach aus einem konkreten Zustand ableiten, wie der nächste Zustand sein wird. Das heißt nicht, dass ein komplexes System komplett zufällig ist. Das Wetter ist zum Beispiel komplex (genauso wie Aktienmärkte, Verkehrsströme, Ökosysteme, Datenströme im Internet, menschliches Verhalten, Gehirne …). In einer Woche wird es ein Wetter geben (ich habe zumindest noch keinen Tag ohne Wetter erlebt). Das Wetter ist auch vollständig von Naturgesetzen bestimmt, wir kennen die Gesetze der Atmosphärenphysik und Meteorologie. Doch selbst wenn wir jetzt genau in diesem Moment den exakten Zustand aller Moleküle in der Atmosphäre wüssten, könnten wir trotzdem nicht exakt vorhersagen, wie das Wetter in einer Woche ist. (Paradoxerweise kann man in der Rückschau immer ganz genau sagen, warum das Wetter so kommen musste, wie es kam.)

Wie soll man nun tief in ein komplexes Problem einsteigen, seine Ursache-Wirkungs-Prinzipien erkennen und diese dann generalisieren? Die Lösung: Man muss erklären (nicht beschreiben). Auch wenn es einem nicht komplett gelingt, reicht der Versuch, damit man Zusammenhänge besser generalisieren kann.

Wie man dafür praktisch vorgehen könnte, untersuchte man in einem didaktischen Experiment. Die Teilnehmer hatten die Aufgabe, ein Klimamodell zu verstehen. Das erfordert, dass man mehr erkennt als eine einfache Ursache, denn komplexe

Systeme bauen auch auf Rückkopplungen, Schwellenwerten und Emergenzen (plötzlichen neuen Strukturen) auf. Gruppe 1 erklärte man zu Beginn der mehrtägigen Schulung ein konkretes Prinzip von Komplexität (eben zum Beispiel das Phänomen von Schwellenwerten, ab denen es kein Zurück mehr gibt) und bat die Teilnehmer dann, dieses Prinzip in einer Computersimulation nachzuvollziehen. Bei Gruppe 2 drehte man die Abfolge um: Anstatt gleich die richtige Erklärung zu präsentieren, ließ man die Teilnehmer ausprobieren und ihre eigenen Erklärungen zurechtbasteln. Erst im Anschluss glich man diese mit der Musterlösung ab. Obwohl die Gruppe 1 vermeintlich »effizienter« arbeitete, war Gruppe 2 besser darin, die zugrunde liegenden Konzepte von komplexen Systemen anzuwenden.[33] Selbst komplexe Eigenschaften, die vorher gar nicht Teil des Unterrichts waren, wurden später besser abstrahiert. Zum Beispiel konnten die Teilnehmer aus Gruppe 2 die Frage, »Wie könnte ein autonomer Roboter auf einem fremden Planeten effektiv und effizient Gold abbauen?«, deutlich tiefgängiger beantworten. Jeder wird wohl zustimmen, dass der Goldbergbau auf fremden Planeten mit dem hiesigen Klima wenig zu tun hat. Die zugrunde liegenden Denkkonzepte sind aber ähnlich – zum Beispiel verändert der Eingriff eines Roboters die Geologie des Planeten, was wiederum Auswirkungen auf den Bergbau hat (Stichwort Rückkopplung).

Die beste Art, um ein wirkliches Verständnis von komplexen Sachverhalten aufzubauen, ist daher, sich die Dinge erst selbst zu erklären und dann mit anderen zu testen. Das ist leicht gesagt, denn Menschen tendieren dazu zu beschreiben und bleiben dadurch an der Oberfläche. Wer nicht hinterfragt oder anfängt zu erklären, kann aber nicht verstehen. Das fällt uns in einer Welt, in der einfache Antworten nur einen Mausklick entfernt sind, sehr leicht. Noch nie war es so einfach wie heute, bei einer Frage zu googeln und vorgekaute Antworten zu bekommen. Das darf jedoch nicht dazu führen, dass wir in unserem kritischen Denken passiviert werden und in unserer Urteilskraft erlahmen. »Es ist so bequem, unmündig zu sein«, schrieb Immanuel Kant vor über 230 Jahren – und weiter: »Ich habe nicht nötig zu denken, wenn ich nur bezahlen kann.«[34] Nie war dieser Satz aktueller denn heute.

Ich googele auch oft, wenn ich eine Erklärung suche. Doch ich habe mir angewöhnt, jedes Mal, bevor ich Google anwerfe, selbst zu überlegen, was die Antwort auf meine Frage sein könnte. Es kann sogar helfen, einfach ins Blaue zu raten, bevor man die Antwort ergoogelt. Denn sich selbst mit etwas zu beschäftigen ist ein wichtiger Schritt zum Verstehen, selbst wenn man irrt.

Trick 2: Den Fehler erklären.
Stellen Sie sich vor, Sie halten zwei Kugeln in der Hand. Eine ist sehr schwer, die andere federleicht. Sie halten beide Kugeln gleich hoch und lassen sie gleichzeitig los. Welche Kugel wird als Erstes auf die Erde fallen, die schwere oder die leichte? Wenn man sich mit den physikalischen Fallgesetzen nicht auskennt, wird man intuitiv vielleicht vermuten, dass die schwere Kugel schneller zu Boden fällt, schließlich wird sie von der Erde »stärker angezogen«. Wenn das Ihre Erklärung ist, dann müssten Sie auch erklären können, wie schnell die Kugeln auf den Boden fallen, wenn man sie aneinander festbindet. Angenommen, die schwere Kugel braucht allein nur eine Sekunde, um auf den Boden zu fallen, und die leichte Kugel zwei Sekunden, wie schnell würden die beiden Kugeln fallen, wenn man sie aneinander befestigt hätte? Würde die leichte Kugel die schwere abbremsen? Ja? Dann müssten die aneinandergebundenen Kugeln mit einer mittleren Geschwindigkeit fallen. Das passt dann aber nicht dazu, dass schwere Objekte schneller fallen als leichte. Denn die beiden aneinandergebundenen Kugeln sind ja in Summe schwerer als die schwere Kugel allein. Also müssten die beiden Kugeln zusammen am schnellsten

fallen! Merke: Die Erklärung, dass schwere Objekte schneller fallen als leichte, führt zu einem Widerspruch.[35] Die Lösung für das Problem: Es ist egal, wie schwer die Kugeln sind, sie fallen immer gleich schnell.

Dieses Kugelbeispiel nennt man in der Wissenschaft »Widerspruchsbeweis«. Man versucht etwas zu erklären, bis es zu einem Konflikt kommt. Dieser Widerspruch schafft Unklarheit. Der Sinn einer Erklärung ist nicht nur, dass man etwas erklärt, sondern auch, dass man mit seiner Erklärung an Grenzen stößt. Nur wer diese Grenzen erkennt, hat die Möglichkeit, sein Denkmodell zu überprüfen. Deswegen ist es wichtiger, etwas zu erklären, als es richtig zu erklären. Okay, das setzt voraus, dass man offen genug dafür ist, seine fehlerhafte Erklärung zu verändern und den Fakten anzupassen – eine zunehmend seltener werdende Eigenschaft in der heutigen Zeit. Doch prinzipiell ist das Suchen nach einem Fehler in einer Erklärung ein wundervoller Weg, um ein tieferes Verständnis aufzubauen.

Trotzdem: Sind falsche Erklärungen nicht hinderlich auf dem Weg zum Verständnis? Schließlich bringen sie einen von der Wahrheit weg. Um das zu überprüfen, sollten Testpersonen einen Text über den menschlichen Blutkreislauf lesen. Gruppe 1 bekam anschließend die Möglichkeit, noch mal den Text zu lesen. Gruppe 2 sollte hingegen sofort erklären, worum es in dem Text ging und wie der Blutkreislauf funktioniert. Viele Erklärungen der Teilnehmer aus Gruppe 2 waren nicht korrekt, trotzdem schnitten sie in einem anschließenden Verständnistest besser ab. Sie konnten das Prinzip des Blutkreislaufs abstrahieren und auch mit Fragen umgehen, die über den gelesenen Textinhalt hinausgingen.[36] Anders gesagt: Auch wenn man gar nix kapiert, hilft es, sich an einer Erklärung zu versuchen. Denn nur wenn man erklärt, erkennt man, woran es noch hapert.

Wer erklärt und seine Erklärung testet, begibt sich auf unsicheres Terrain, denn die Erklärung könnte schließlich auch falsch sein. Im »Warum überhaupt?«-Kapitel (2.4) ging es schon darum, dass wir Ursache-Wirkungs-Prinzipien nur erkennen können, wenn wir die Dinge manipulieren und dann überprüfen, was im Anschluss passiert. Wenn man das nicht körperlich machen kann, muss man es geistig tun. Dieses mentale Manipulieren ist das Erklären. Ganz genauso wie das Gehirn seine Denkmodelle anpasst, wenn es die Umgebung manipuliert, passiert das auch beim Erklären. Jeder mögliche Erklärfehler ist eine Einladung dazu, sein Erklärmodell zu verbessern. Fehler verunsichern uns, aber dieses Momentum ist der stärkste Antrieb fürs Lernen. Man kann ihn entweder aktiv in Gang setzen, um bei anderen Neugier zu erzeugen, oder man hinterfragt sich selbst.

Trick 3: Sich selbst aufs Kreuz legen.

In der US-Militärausbildung gibt es ein spezielles Training, das sich *»Hotwashing«* nennt.[37] Eine Truppe neuer Soldaten wird in einen fiktiven und simulierten Kampf gegen eine andere Gruppe Soldaten geschickt. Was die Neulinge jedoch nicht wissen: Ihnen steht eine erfahrene Einheit gegenüber, die solche Kampfszenarien schon mehrfach durchgeführt hat und extra dafür trainiert wurde. Logischerweise werden die Neulinge vernichtend geschlagen. Anschließend gibt es jedoch eine clevere Manöverkritik. Unabhängig von Rang und Namen soll jeder sagen, was aus seiner Sicht schiefgelaufen ist und wie man die Niederlage erklären könnte. Außerdem wird nach Möglichkeiten gesucht, sich beim nächsten Mal geschickter zu verhalten. An diesen *»After Action Reviews«* (also der Manöverkritik) beteiligen sich dann auch wirklich alle. Denn wenn eine Niederlage so vernichtend war, dass es sich noch nicht mal lohnt, sich gegenseitig die Schuld in die Schuhe zu schieben, ist man offener für einen Austausch an Ideen.

Wenn es also stimmt, dass man aus Niederlagen mehr lernt

als aus Siegen, dann könnte man daraus doch auch generelle Konzepte ableiten. »*Tough love*« nennt Toto Wolff, der Motorsportchef des Formel-1-Teams von Mercedes, dieses gnadenlose Ansprechen der Wahrheit, das Sich-selbst-Hinterfragen und -Angreifen, bevor es die Gegner tun.[38]

Das ist tatsächlich eine sehr clevere (wenn auch mitunter schmerzvolle) Variante, um zu lernen und zu verstehen. Interessanterweise verstehen wir immer am besten, wenn wir Widersprüchen ausgesetzt sind. Ein Fehler im Denken? Dann kommt es zu dem, was man in der Wissenschaft »*hypercorrection effect*« nennt, die »Überkorrektur«. Man könnte ja meinen, dass Menschen, die von ihrem Faktenwissen überzeugt sind, auch besonders stark daran festhalten und sich nicht so leicht korrigieren lassen. Doch das Gegenteil ist der Fall.

2019 untersuchte man, was Menschen beim Lernen und Verstehen wirklich antreibt. Dazu stellte man ihnen beispielsweise folgende Fragen zum Allgemeinwissen:

Wie hieß die Landefähre, die als Erstes auf dem Mond aufsetzte?

Wer erfand das Radio?

Welches ist die zweitgrößte Insel Europas?

Insgesamt waren es hundert Fragen, die bewusst so schwer waren, dass man nicht alle korrekt beantworten konnte. Trotzdem sollten die Probanden ihren besten Tipp abgeben und einschätzen, wie nah sie der korrekten Antwort kamen. Anschließend wurde aufgelöst, und die Probanden sollten angeben, wie überrascht sie vom Ergebnis waren. Danach gab es eine zweite Runde Fragen – aber es wurden nur die Fragen gestellt, die zuvor falsch beantwortet worden waren. Natürlich beantwortete man in der zweiten Runde die Fragen häufiger korrekt, doch als man auswertete, wovon dies abhing, stellte sich heraus, dass es die Unsicherheit und Überraschung der Probanden waren, die zum Lernerfolg führten. Wenn die Probanden dachten, dass sie es besser wüssten, aber falsch geantwortet hatten, führte das zum besten Lernerfolg.[39] Neugier weckt man nämlich nur, wenn man überrascht. Und wann ist man am meisten überrascht? Wenn man denkt, man wüsste es, aber trotzdem danebenliegt.

Testen und sich hinterfragen, das ist eine wunderbare Technik, um Wissen dauerhaft und schnell aufzubauen. So zeigen Studien, dass die Synchronisierung zwischen dem schnellen Hippocampus und der Großhirnrinde quasi in Echtzeit dazu führt, dass man neues Wissen aufbaut.[40] Anders gesagt: Wenn man abgefragt wird und Erklärungen liefern soll, reaktiviert man sein bestehendes Wissen, man erkennt seine Grenzen, zieht neue Informationen hinzu und passt sein Denkmodell (seine Erklärung) an. Als »Aufpasserstruktur« scheint dabei ein Hirnareal zu dienen, das man Striatum nennt (zu Deutsch: Rille). Diese Region liegt in einer tiefen und besonders gut vernetzten Region des Gehirns und ist immer dann aktiv, wenn wir eine Aufgabe aktiv lösen. Wenn wir in einem Test also nach einer Lösung gefragt werden, ist zu Beginn dieses Striatum noch besonders aktiv, doch diese Aktivität schwächt sich bei Testwiederholungen immer mehr ab.[41] Wir registrieren also sehr genau, wenn wir in einem Test unsere Denkmodelle anpassen müssen. Das ist dann dieser Moment der Unsicherheit, der uns herausfordert, uns zu hinterfragen.

Brasilien hatte gegen Deutschland 2014 sein Waterloo erlebt. Doch dies war wahrscheinlich nur möglich gewesen, weil es Deutschland ganz ähnlich ergangen war: 2004 zerschellte der deutsche Traum von der Europameisterschaft in der Vorrunde mit einem 1:2 an einer B-Elf der Tschechen. Die Deutschen fuhren gedemütigt und sang- und klanglos nach Hause. Das machte den Weg frei für Jürgen Klinsmann, der im Anschluss alle Abläufe hinterfragte. Es wurden neue Jobs geschaffen (Fitnessbetreuer für Sportpsychologie und den Umgang mit den Medien), man installierte einen Teammanager, probierte neue Trainingsmethoden aus.[42] In der Folge kam es zum *Hypercorrection*-Effekt im ganz großen Stil. Schließlich ist es nicht vermessen anzunehmen, dass im 7:1-Sieg noch nachwirkte, was den Deutschen Jahre zuvor selbst widerfahren war. Man darf gespannt sein, zu welchen Taten die Brasilianer im Jahre 2024 in der Lage sein werden. Wenn der *Hypercorrection*-Effekt tatsächlich stimmt, müssten die Brasilianer 2024 mit 36:1 gewinnen. Hoffen wir, dass dann nicht wir ihr Gegner sind.

3.3 Das Basketballer-Paradoxon – Vier Tricks der Wissensvermittlung

Es war ein kalter Novembermorgen im Jahre 1999, der Regen prasselte gegen die Scheiben unserer Schule. Müdigkeit hatte sich in der Klasse breitgemacht, als unser Geschichtslehrer schwungvoll den Raum betrat. Er knallte seine Tasche auf den Tisch und ließ sich in seinen Stuhl fallen. »Leute, ich bin Papst!«, rief er uns zu. Und wir so: »Wie bitte?« – »Ja, ich bin Papst. Ihr wisst aus der letzten Stunde, wir schreiben das Jahr 1076, und der Papst ist im Heiligen Römischen Reich Deutscher Nation durchaus der Boss.« Dann schlug er auf den Tisch: »Nur der König sieht das nicht ein! Der denkt, ich hätte als Papst nichts mehr zu melden. Unfassbar – ich bin Papst, und der König lästert über mich ab und untergräbt meine Autorität! Was soll ich denn jetzt machen? Vorschläge aus der Runde hier?«

Wir waren immer noch irritiert, aber wir spekulierten drauflos: Vielleicht könnte man den König angreifen? Doch ein vom Papst angezettelter Krieg im eigenen Reich käme wohl nicht so gut an. Man könnte vielleicht die Verbündeten des Königs auf seine Seite ziehen und sie bestechen – doch das wäre vermutlich teuer und langwierig. Oder man könnte den König öffentlich demütigen und bloßstellen, das war schließlich das gute Recht des Papstes. Etwas formeller ausgedrückt: Der Papst könnte den König exkommunizieren, dann hätte dieser keinen kirchlichen Segen mehr, und die Treueschwüre der Untertanen gegenüber dem König würden ihre Gültigkeit verlieren. Er wäre also politisch isoliert.

»Gute Idee«, meinte unser Lehrer, »es reicht aber nicht, den

König einfach nur zu demütigen. Schließlich müssen das die Untertanen noch mitkriegen.« Wir überlegten weiter: Eine geschickte Meinungskampagne wäre vielleicht praktisch – ein Symbol, das auch wirklich jeder versteht.

Wir hätten auch klassisch lernen können, direkt und ohne Umschweife. Dann hätten wir ein Geschichtsbuch aufgeschlagen und alles zum Gang nach Canossa gelesen: Wie König Heinrich IV. im Winter 1076/77 demütig über die Alpen reiste, um beim Papst um Vergebung und Aufhebung seines Banns zu bitten. Man hätte noch ein bisschen was über den Investiturstreit und die Rolle des Adels in der ganzen Auseinandersetzung gelesen – vielleicht noch kurz darüber diskutiert, was das alles bedeutet. Doch indem wir uns selbst mit dem Problem des Papstes auseinandersetzten und ergebnisoffen überlegten, wie man seinen Herrschaftsanspruch sichtbar macht, hatten wir das Prinzip dieser Politik verstanden. Dieses Verständnis kann man anschließend auch auf andere Sachverhalte anwenden. Denn das Phänomen der symbolischen Unterwerfung und öffentlichen Demütigung taucht immer wieder in der Menschheitsgeschichte auf – und obendrein werde ich niemals vergessen, wie sauer man als Papst auf einen König sein kann. Schließlich ist Geschichte nicht unsere tote Vergangenheit, sondern wurde von quicklebendigen Menschen gemacht, die genauso bekloppt oder clever waren wie wir heute. Geschichte lebt, das wurde mir in diesem Moment klar. Seitdem denke ich immer daran, dass man in vierzig oder fünfzig Jahren über uns lachen wird. Und wie man in tausend Jahren über uns denkt, wage ich mir nicht vorzustellen. Wenn die Menschen in ferner Zukunft jedoch einen solchen Lehrer haben wie ich, können sie es vielleicht ein kleines bisschen nachfühlen.

All das, was ich in den vorangegangenen Kapiteln geschrieben habe, zielte darauf ab, dass Verstehen kein passiver Prozess ist. Schauen wir uns nun deswegen an, wie man die Techniken des Verstehens aus den letzten Kapiteln zusammenführt – in einem Konzept, das man »erfolgreiches Fehlermachen« nennt und in der Wissenschaft als »*productive failure*« bezeichnet.

Wissen ist wie ein Weihnachtsgeschenk: umständlich

Lernen soll effizient und leistungsoptimiert sein. Sie können Dutzende von Büchern kaufen, Seminare besuchen, Tutorials schauen oder sich Apps runterladen, in denen gezeigt wird, wie man spielend leicht eine Sprache lernt. Oder in drei Minuten erklärt bekommt, warum der Zweite Weltkrieg ausgebrochen ist. Oder nach fünf Minuten weiß, wie man mit einer binomischen Formel eine quadratische Gleichung löst. All das hat auch seine Berechtigung – wenn man schnell ein Problem lösen will, wenn man konkret für eine Prüfung lernt oder eine ganz präzise Frage hat, für die man schnell eine Antwort sucht. Echtes Wissen erzeugt man damit allerdings nicht.

Gute Wissensvermittlung ist immer ein bisschen ineffizient – wie ein Weihnachtsgeschenk. Es gibt jemanden, der wünscht sich etwas; das schreibt er auf einen Zettel, damit man losgehen und das kaufen kann, was er sich gewünscht hat. Dann packt man es ein, nur damit der andere es wieder auspacken kann, um das zu bekommen, was er sich gewünscht hat. Das ist ein ineffizienter Prozess! Jeder Unternehmensberater würde die Hände über dem Kopf zusammenschlagen: Optimiert das Ganze! Spart euch doch dieses dämliche Geschenkpapier und das Einpacken – das verzögert schließlich nur den ganzen Ablauf. Das mag stimmen, aber ich garantiere, dass so keine gute Stimmung unter dem Weihnachtsbaum aufkommt.

Auch Wissen kann man vermitteln wie ein unverpacktes Weihnachtsgeschenk: schnell, schnörkellos, effizient. Man kann es vielleicht noch lustig animieren oder mit unterhaltsamen Grafiken bebildern. Keine Frage – das ist alles schön und gut und kommt prima an. Ich weiß, wovon ich rede, schließlich wurde ich so Deutscher Meister im Science-Slam. In dieser Disziplin geht es darum, sein eigenes Forschungsfeld in zehn Minuten eingängig und kurzweilig zu präsentieren. Am Ende entscheidet das Publikum, wer am besten präsentiert hat. Eine tolle Sache.

Bei einem meiner ersten Science-Slams quatschen der Moderator und ich hinter der Bühne darüber, wie man Menschen schnell und locker wissenschaftliche Themen nahebringt. »Weißt du, Henning«, sagte er zu mir, »Science-Slams sind toll. Aber mich überrascht immer wieder, wie wenig man von den Vorträgen behält. Man geht raus, und am nächsten Tag weiß man noch, dass es lustig war, aber an den Inhalt erinnert man sich kaum. Das Einzige, was ich jemals behalten habe, ist, dass man Bierdosen im Kühlschrank hinstellen und nicht hinlegen soll. Aber warum, das weiß ich auch nicht mehr.« Seitdem habe ich Science-Slam-Vorträge in erster Linie nur gemacht, um Menschen für ein Thema zu begeistern, nicht um ihnen Wissen zu vermitteln. Dafür eignen sich solche Veranstaltungen prima – und auch, um Vorurteile abzubauen oder Neugier zu wecken. Das nachhaltige Überraschungsmoment, das fürs Verstehen so wichtig ist, bleibt jedoch aus.

Gute Wissensvermittlung erfolgt also in zwei Etappen. Zunächst zeigt man ein Problem, ein Rätsel oder ein Geheimnis auf. Man stellt quasi ein verpacktes Wissensgeschenk hin. Das reicht aber noch lange nicht aus! Es muss auch vollständig ausgepackt werden. Natürlich muss man bei diesem Prozess manchmal helfen, denn niemand kann von selbst das Rad neu erfinden. Am Ende muss schließlich klar und deutlich sein, was rauskommen sollte. Einfach nur spielerisch auspacken zu lassen, könnte auch dazu führen, dass man gar nicht vollständig auspackt. Dann schlägt die Stunde eines Wissensvermittlers, der gleichzeitig auch Auspackhilfe sein muss.

Verstehen ist alles, aber nicht einfach. Lernen ist auch nicht einfach. Gutes Lernen und Verstehen können Spaß machen, Zeit sparen, motivieren und begeistern – aber es ist niemals einfach. Es ist etwas umständlich, manchmal von Umwegen geprägt, man muss aktiv denken, ausprobieren, sich hinterfragen – und so ein stabiles Denkkonstrukt entwickeln.

Übrigens: Dass viele Informationskanäle so beliebt sind (sei es Wikipedia oder Lern-Tutorials auf YouTube), liegt nicht daran, dass sie Wissen schnell und eingängig vermitteln. Sondern daran, dass jemand aktiv nach einer Lösung für ein Problem sucht. Wer nämlich neugierig eine Wikipedia-Seite liest oder sich ein Lernvideo anschaut, hat den wichtigsten Schritt schon längst gemacht: Er ist interessiert und hungrig nach einer Lösung. Dann ist es kinderleicht, etwas Neues aufzunehmen und anzuwenden.

Wissen entsteht nur, wenn man vor ein Problem gestellt wird und erkennt, dass man mit seinem bisherigen Wissen nicht weiterkommt. Bei der Wissensvermittlung macht man es fälschlicherweise oft andersherum: Man bekommt zunächst etwas erklärt und soll anschließend Probeaufgaben lösen. Nach dem Motto: »So addiert man schriftlich, hier sind zwanzig Rechenaufgaben, an denen du das üben kannst.« Nicht falsch verstehen, in einem eindeutig messbaren Umfeld, bei dem es darum geht, konkrete Fähigkeiten zu erwerben, die man später für andere Probleme einsetzen kann, ist das sicherlich auch die richtige Methode. Doch wenn es darum geht, ein tieferliegendes Denkkonzept nachzuvollziehen und anschließend Transferprobleme zu lösen, ist der umgekehrte Ansatz zielführender. Die wissenschaftliche Theorie dahinter baut auf diesem *»problem solving instruction«*-Prinzip auf, auf Deutsch: »sich erst an einem Problem versuchen und im Anschluss die richtige Erklärung geliefert bekommen«.[43] Auf den nächsten Seiten erfahren Sie, wie man dieses Konzept anwendet, um selbst besser zu verstehen oder andere verstehen zu lassen.

Schritt 1: Aktivieren statt passivieren!

Stellen Sie sich vor, Sie sind Trainer eines Basketball-Teams. Das entscheidende Spiel in der Meisterschaft steht an. In Ihrer Startmannschaft aus fünf Spielern sind vier Mann gesetzt. Doch für die wichtige Position des *shooting guard*, des Distanzschützen, der viele Punkte aus der Ferne werfen soll, haben Sie zwei ähnlich gute Spieler zur Wahl. Spieler 1, nennen wir ihn Stephen, hat in seinen letzten Spielen folgende Punkteausbeute geworfen: 25, 23, 27, 21, 23. Spieler 2, sagen wir LeBron zu ihm, hat in seinen letzten Spielen wie folgt getroffen: 20, 12, 41, 38, 8. Ist Stephen oder LeBron der konstantere Spieler, und wie würden Sie Ihrem Co-Trainer erklären, welchen Spieler Sie aufstellen? Bedenken Sie, es ist das entscheidende Spiel, es geht um alles oder nichts!

Ein ganz ähnliches Experiment führte man auch vor einigen Jahren mit Neuntklässlern durch.[44] Gruppe 1 sollte mathematisch begründen, welcher der Konstantere der beiden Spieler war. Ohne ihr gleich das Ergebnis zu präsentieren, hatte sie eine Stunde Zeit zum Ausprobieren möglicher Lösungen. Die Ergebnisse, auf die die 14-Jährigen kamen, waren durchaus interessant. Einige bestimmten zunächst den Mittelwert und zählten dann die Zahl der Spiele, die oberhalb beziehungsweise unterhalb des Mittelwertes lagen (Motto: Je ausgewogener, desto konstanter in der Leistung). Andere berechneten immer den Unterschied der geworfenen Punkte von Spiel zu Spiel und bildeten die Gesamtsumme der Punkteunterschiede (Motto: Je kleiner der Unterschied von Spiel zu Spiel, desto konstantere Leistung). Niemand kam in einer Stunde auf die richtige Lösung, die da lautet:

$$s = \sqrt{\frac{\sum_{i=1}^{n}(x_i - \bar{x})^2}{n-1}}$$

Es ist die Formel für die Standardabweichung. Niemand, das garantiere ich, kommt in einer neunten Klasse (noch nicht mal ein Erwachsener) selbstständig in sechzig Minuten auf diese Lösung. Aber darum ging es nicht. Viel wichtiger war, dass die Kinder ausprobieren durften und eigenständig Lösungswege entwickelten. Im Schnitt kamen sie nämlich auf sechs eigene Entwürfe, wie man das Problem lösen könnte. Keiner davon stimmte, doch diese Phase des aktiven Ausprobierens bereitete den Boden für die zweite Phase. Es ging eben nicht darum, die Musterlösung zu finden, sondern am eigenen Leib zu erfahren, worin eine Wissenslücke besteht – genau diese Lücke schafft dann die Neugier: Man will erfahren, wie es wirklich geht.

Im Anschluss wurde das Geheimnis gelüftet. Der Lehrer hatte wiederum eine Stunde Zeit, um das Konzept der Standardabweichung vorzustellen und zu zeigen, wie man damit das Basketballproblem anpackt.

Klassischerweise hätte man das an den Anfang gesetzt, denn das ist die Art, wie man Wissensvermittlung optimieren will: Hier ist die Formel für die Standardabweichung, nun gibt's ein paar Übungsaufgaben, Hausaufgaben für zu Hause und nächste Woche den Test. Wer dort die meisten Aufgaben richtig ausrechnen kann, kriegt die meisten Punkte. Und dann kommt das nächste mathematische Konzept dran. In dem obigen Experiment unterrichtete man Gruppe 2 nach diesem Prinzip, erklärte also zunächst eine Stunde lang die Formel für die Standardabweichung und präsentierte dann im Anschluss das Basketballproblem. Ergebnis: Im Durchschnitt produzierten diese Schüler nur halb so viele Ideen – dafür kamen natürlich alle auf die richtige Lösung. So weit, so gut, könnte man meinen. Das direkte Unterrichten hatte offenbar was gebracht.

Im Anschluss untersuchte man, welche der beiden Gruppen das Prinzip der Standardabweichung besser verstanden hatte.

Gruppe 1 war nicht nur deutlich besser darin, Verständnisfragen zum Phänomen der Standardabweichung zu beantworten (zum Beispiel, wie man mit Ausreißern umgeht, die extrem weit vom Mittelwert abweichen, mögliche Lösung: In wissenschaftlichen Experimenten schließt man Ausreißer manchmal aus, wenn sie außerhalb der doppelten Standardabweichung liegen). Sie war auch viel besser darin, Transferaufgaben zu lösen und zum Beispiel das Phänomen der mathematischen Normalisierung zu beschreiben (was vorher gar nicht unterrichtet wurde). Der Aufwand hatte sich also gelohnt.

Auf einmal macht die Formel Sinn und ist mehr als eine willkürliche Anordnung von Buchstaben und Zeichen. Es ist eine Formel gewordene Idee, die man sich in abgespeckter Form selbst ausgedacht hatte. Und noch mehr: Jedes Mal, wenn man vor ein Problem gestellt wird, für das es nicht sofort eine Formel im Formelbuch gibt (und das gilt für die allermeisten Probleme in unserer Welt), wird man sich daran erinnern, dass das eigene Nachdenken hilft.

Als wir für ein Finanzunternehmen in Frankfurt neue Schulungskonzepte entwickelten, ging es genau darum, Wissen mal anders zu vermitteln. Dabei kam auch das Basketballexperiment zum Einsatz, denn genauso wie die Punkteausbeute der Basketballspieler schwanken auch Aktienkurse hin und her – und diese Schwankungen kann man mathematisch mit der Standardabweichung berechnen. Mehreren Hundert Beschäftigten wurde also dieselbe Frage wie den Neuntklässlern gestellt, sie überlegten sich daraufhin gemeinsam mit ihrem Sitznachbarn, welchen Spieler sie im fiktiven Basketballspiel aufstellen würden. Interessant war, wie unterschiedlich die Beschäftigten die Aufgabe lösten. Die Außendienstler und Vertriebler bevorzugten immer den zweiten Spieler. Der hat zwar mal ein paar Ausreißer nach unten gehabt, aber auch immer wieder Top-Spiele gezeigt. Natürlich stellt man den im entscheidenden Spiel auf, nach dem Motto: »Der hat es drauf. Und wenn's drauf ankommt, pushe ich den Spieler als Trainer so sehr, dass der seine Höchstleistung bringt.« Typisch Vertrieb eben. Die Beschäftigten im Innendienst wählten lustigerweise meist den ersten Spieler, der sollte nämlich unter Druck nicht so sehr versagen, weil er gleichmäßigere Leistungen abrief. Im nächsten Schritt wurde dann auch hier das Geheimnis gelüftet, wie man mathematisch begründbar eine Entscheidung als Basketballtrainer treffen könnte. So angefixt folgte sogleich der nächste Schritt, und den Teilnehmern wurde gezeigt, wie man nicht nur Basketballspiele mit der Standardabweichung gewinnt, sondern sogar messen kann, welche Aktien besonders stark schwanken (und damit vielleicht ein Investment erfordern, das etwas wagemutiger ist). Eine interessante und unterhaltsame Schulung über die mathematische Beschreibung der Volatilität an Aktienmärkten – wer hätte das gedacht?

Je passiver man wird, desto schlechter versteht man. Regeln, Zusammenhänge und Konzepte können wir schließlich nur nachvollziehen, wenn wir die Grenzen unseres eigenen Wissens kennen. Diese Grenzen erfahren wir nur, indem wir sie übertreten und ausprobieren, was dann passiert. Wer sich nur konzeptionell überlegt, was sein könnte (ohne es zu testen), wird sich schwertun, neues Wissen aufzubauen. Das merke ich in meinen Experimenten im Labor immer wieder. Dort müssen Probanden sich manchmal merken, in welchem Raum sich bestimmte Objekte befinden. Nach einem Trainingsdurchgang ist das meist unmöglich, denn niemand merkt sich vierzig Objekte in vier Räumen beim ersten Mal. Trotzdem stehen manche Probanden schon beim zweiten Trainingsdurchgang da und überlegen sich, wo die Objekte waren, anstatt sich erneut auf die Suche zu machen. Besser ist es, man wird schnell aktiv und sucht nach den Objekten. Oder wie es Wayne Gretzky, einer der erfolgreichsten Eishockeyspieler aller Zeiten, formulierte: »Du vergibst hundert Prozent der Schüsse, die du nicht abfeuerst.«

Schritt 2: Auf bestehendem Wissen aufbauen!

Ich habe keine Ahnung, ob Sie sich mit der Biochemie von Pflanzenzellen auskennen. Trotzdem können wir mal an Ort und Stelle testen, wie gut Sie ein Konzept einer Pflanzenzelle aufbauen können.

Stellen Sie sich vor, Sie sind ein Baum. Ihre Aufgabe lautet: Aus dem Sonnenlicht so viel Energie wie möglich zu ziehen, um damit Zucker zu bauen. Wie würden Sie Ihre Pflanzenzellen konstruieren, damit das gelingt?

Auch wenn Sie keinerlei Vorwissen vom Aufbau einer Pflanzenzelle haben, ein bisschen was wissen Sie sicherlich darüber, wie man Energie aus Sonnenlicht einfangen kann. Vielleicht haben Sie schon mal eine Solarzelle gesehen – eine Art Sonnenkollektor wäre in einer Pflanzenzelle daher ganz praktisch. Um die Energie nutzen zu können, die so ein Kollektor aufgenommen hat, bräuchte man anschließend vielleicht noch eine kleine Fabrik, die die eingefangene Energie verwendet, um Zuckermoleküle herzustellen. Dann wäre ein Lagerplatz für den Zucker nicht verkehrt, damit er nicht kreuz und quer durch die Zelle schwimmt. Außerdem wären ein paar Baupläne ganz praktisch, um die Zuckerfabrik zu konstruieren. Und natürlich müssen die dafür nötigen Bauteile an den richtigen Platz transportiert werden, ein Transportsystem wäre also prima. Zu guter Letzt braucht die Zelle noch eine solide Wand, sonst läuft sie aus.

Ohne zu wissen, wie eine Pflanzenzelle aufgebaut ist, kann man also mit ein paar ganz einfachen Überlegungen sich seine eigene Zelle konstruieren. Ganz ähnlich läuft es übrigens in echten Pflanzenzellen auch ab. Leider erklärt man Pflanzenzellen (und überhaupt Sachverhalte) immer andersherum. Man zeigt ein Schaubild, beschriftet die einzelnen Bestandteile mit Fachbegriffen und hofft dann, dass man sich gut merken kann, um was es geht. Jeder, der schon mal was lernen oder verstehen wollte, stellt aber irgendwann die Warum-Frage oder fragt: Wozu brauche ich das?

Warum nicht mit der Warum-Frage anfangen? Oder gleich den Sinn und Zweck erklären: Ihr seid Trainer eines Basketballteams und wollt gewinnen, wie geht ihr vor? Ihr wollt in Aktien investieren, die wenig schwanken, wie findet ihr die? Ihr wollt mit Sonnenlicht maximal viel Zucker produzieren, wie stellt ihr das an? Dann aktiviert man sein Vorwissen und kommt vielleicht nicht gleich zur Musterlösung, aber man versteht am Ende, worum es geht.

In einer Studie konnte man kürzlich nachweisen, dass dieses Prinzip der Wissensvermittlung vor allem für recht komplizierte Sachverhalte nützlich ist. Dazu versuchte man herauszufinden, wie gut Pharmaziestudenten aus dem ersten Semester in der Lage waren, ein physiologisches Problem zu verstehen und zu lösen, konkret: die Funktionstüchtigkeit einer Niere zu bestimmen. Dazu muss man die Konzentration von Stoffwechselprodukten in Blut und Urin messen, das Körpergewicht und das Alter der untersuchten Person kennen – kurzum: Es ist ziemlich knifflig, und kein Erstsemester-Student kriegt aus eigener Leistung hin, in 40 Minuten die Cockcroft-Gault-Gleichung aufzustellen, mit der man die Nierenfunktion bestimmen kann.

Trotzdem legte man ihnen (Gruppe 1) Patientendaten vor, mit denen sie eine Formel konstruieren sollten, um die Nierenfunktion zu bestimmen. Eine Vergleichsgruppe (Gruppe 2) bekam sofort die Gleichung präsentiert und durfte im Anschluss ein paar Übungsaufgaben damit rechnen. Währenddessen mühte sich Gruppe 1 ab. Es war nicht so, dass man einfach ins Blaue riet, man hatte schließlich Daten und konnte durchaus auf mathematisches und biologisches Vorwissen zurückgreifen. Erst nach einer knappen Dreiviertelstunde bekam auch diese Gruppe die korrekte Gleichung serviert – aber eben erst, nachdem sie hungrig darauf gemacht worden war. Bei der

Auswertung dieses Versuchs war das Ergebnis wie folgt: Beide Gruppen war ähnlich gut darin, die Gleichung in einfachen Aufgabenstellungen anzuwenden (also Beispielzahlen in die Gleichung einzusetzen und dann auszurechnen). Wenn es jedoch darum ging, neue Fallbeispiele von Patienten mit Nierenleiden zu beurteilen und zu entscheiden, welche Behandlungsmethode die erfolgreichere ist, war Gruppe 1, die erst mal ausprobiert hatte, deutlich besser als die, die klassisch gelernt hatte.[45]

Schritt 3: Den Austausch fördern!

In der siebten Klasse fragte uns unser Religionslehrer, wer denn Lust habe, ein Gespräch über sein Lieblingsthema oder Hobby mit ihm zu führen. Sofort meldeten sich einige, und ich hatte das Glück, dass er mich auswählte. Toll, dachte ich mir, jetzt zeige ich meinem Reli-Lehrer mal, was ich alles über die menschliche Biologie weiß und wie mächtig die Naturwissenschaften sind. Das Gespräch lief dann jedoch ganz anders, als ich es erwartet hatte. Anstatt mit meinem Wissen prahlen zu können, driftete das Gespräch dahin ab, was ich denn alles noch nicht beantworten könnte und welche naturwissenschaftlichen Rätsel noch ungelöst seien. So mutierte ich innerhalb von wenigen Minuten vom potenziellen Welterklärer zum bescheidenen Zweifler – und ich fühlte mich nicht schlecht dabei.

Danach waren wir alle verblüfft. Was sollte das jetzt gewesen sein? Unser Lehrer holte sogleich zu einer Erklärung aus. Natürlich war der Sinn dieses Gespräches nicht, dass ein 13-jähriger Besserwisser zeigt, was er alles weiß, sondern dass er zu der Erkenntnis gelangt, dass sein Wissen begrenzt ist. Es war die Art Gespräch, die Sokrates schon vor über zweitausend Jahren in Athen geführt hatte. Ich musste also als Naturwissenschaftsfan eingestehen, dass wir noch nicht die

Weltformel gefunden haben. Unser Lehrer hätte uns das Prinzip eines sokratischen Gesprächs erklären können, doch er ließ es uns selbst erfahren. Seitdem habe ich auch verstanden, dass Wissenschaft eigentlich immer nur die aktuellste Form der Unkenntnis ist. Auf jede wissenschaftlich gegebene Antwort kommt ein Vielfaches an neuen Fragen. Das kann man deprimierend finden oder anspornend, schließlich gibt es nichts Spannenderes als ungelöste Fragen. Oder?

In vielen Studien, die das Ausprobieren und Fehlermachen als aktive Lernstrategie untersuchen, lässt man die Teilnehmer in Teams oder Kleingruppen arbeiten. Das ist kein Zufall, denn der Austausch mit anderen optimiert den Aufbau eigener Denkmodelle. Zum einen konstruieren wir umso besser ein eigenes Verständnis, wenn wir es anderen mitteilen müssen. Dann reicht es nämlich nicht mehr, wenn man es individuell für sich aufgenommen (quasi konsumiert) hat, sondern man muss auch den konstruktiven Schritt gehen und es in seine eigenen Worte fassen, man muss es erklären (und was das für Auswirkungen hat, haben Sie in Kapitel 3.2 gesehen). Zum anderen erfährt man auch durch die Fehler und das Scheitern der anderen, wie man es besser nicht macht. Leider nutzt man dieses Prinzip während der Wissensvermittlung viel zu selten.

Ein typisches Beispiel sind Erklärvideos, die man mittlerweile inflationär auf YouTube & Co findet. Wie sähe wohl ein optimales Erklärvideo aus? Im konkreten Fall untersuchte man Physikvideos: Testpersonen sollten die Bewegungsgesetze der Newton'schen Mechanik beigebracht werden – also zum Beispiel das grundlegende Prinzip, dass Kraft gleich Masse mal Beschleunigung ist. In einem Video könnte man gut zeigen, wie eine Person in einem Auto sitzt und einmal in fünf Sekunden von 50 km/h auf null und einmal von 100 km/h zum Stillstand abgebremst wird. Im zweiten Fall wird sie mehr in den Gurt gedrückt, die Bremskraft ist also größer. Etwas

Ähnliches hat man auch in den Erklärvideos gemacht. Man teilte die Probanden in vier Gruppen auf, die unterschiedliche Videos sahen. Gruppe 1 sah eine klassische Vorlesung, in der das Prinzip der Newton'schen Bewegungsgesetze vorgestellt wurde. Gruppe 2 sah die Vorlesung plus interessante Beispiele, wie man das Ganze anwenden könnte (zum Beispiel das eben erwähnte Abbremsen aus hoher Geschwindigkeit). Gruppe 3 sah ein Video mit der Vorlesung, in dem anschließend mit typischen Missverständnissen in der Mechanik aufgeräumt wurde (zum Beispiel, dass Impuls und Kraft gleich sind). Und Gruppe 4 wurde in einem Video bloß ein Frage-Antwort-Dialog zwischen einem Lehrer und einem Schüler präsentiert, in dem auf Missverständnisse des Schülers eingegangen wurde. Als man anschließend untersuchte, was die Testteilnehmer aus den unterschiedlichen Videos behalten hatten, kam Folgendes heraus: Die Gruppen 3 und 4 gaben an, dass sie die Videos sehr verwirrt hätten. Außerdem schätzten sie ihre Erkenntnisse geringer ein als die von den Gruppen 1 und 2. Das klingt auch plausibel, schließlich wurde in den Videos 1 und 2 das Thema ohne Umschweife klar erklärt (sogar aufbereitet durch eingängige Beispiele). Ein Verständnistest im Anschluss brachte allerdings etwas anderes zutage: Die Gruppen 3 und 4 schnitten in Transfer- und Anwendungsaufgaben besser ab als die beiden anderen Gruppen. Dieser Effekt war übrigens auffällig groß bei den Testpersonen, die vor dem Experiment besonders wenig über die Newton'schen Gesetze wussten.[46] Anders gesagt: Je weniger man weiß, desto weniger profitiert man auch von eingängigen Videos. Oder, je klarer und eingängiger man Wissen vermitteln will, desto weniger gut gelingt es. Besser ist, man stiftet ein bisschen Verwirrung, dann ist der Lernende zwar kurz irritiert – aber diese Irritation ist der beste Nährboden für den Verständnisprozess. Verstehen bedeutet ja gerade, dass man erst erkennt, wo man nicht weiterkommt oder wo typische Fallstricke und Missverständnisse lauern, und sich dann anhand dieser Grenzerfahrung ein eigenständiges Denkmodell baut.

Warum nur setzt man diese Form der interaktiven Wissensvermittlung so selten ein? Als man im Jahr 2015 in einer Übersichtsarbeit untersuchte, was eine gute Darbietung von Wissen ausmacht, kam heraus, dass die eingängige und widerspruchsfreie Präsentation von Informationen ein trügerisches Scheinverständnis schafft.[47] Man denkt also, man habe es kapiert, weil es so schön dargeboten wurde. Und das fühlt sich angenehm an, weil alle Widersprüche vermieden wurden. Man schafft sich eine Wissenskomfortzone, aber man versteht weniger, weil man sich nicht so intensiv mit einem bestimmten Thema beschäftigt hat. Man weiß nur, wie es geht, nicht, wie es nicht geht. Das wiederum ist das Gegenteil von kritischem (man könnte auch sagen: wissenschaftlichem) Denken. Egal, wen Sie in der Wissenschaft fragen: Jeder wird Ihnen bestätigen, dass die allermeisten Experimente und Versuche fehlschlagen. Nur dadurch baut man sich ein Verständnis auf. Am Ende sieht es immer klar und eindeutig aus, denn man veröffentlicht schließlich nur die Experimente, die geklappt haben.

Die Ironie an dieser Stelle: Wir wollen es gerade einfach und direkt und Widersprüche vermeiden. Man kann im Internet viel Geld damit verdienen, wenn man ein Thema knackig und auf den Punkt bringt. Dabei zeigt die Forschung eindeutig: Es gibt nichts Effektiveres, als einen Fehler selbst zu durchleben. Als man untersuchte, ob das Ergebnis beim Lernen eines bestimmten Sachverhalts (konkret: das Erkennen von Matheprinzipien wie der Standardabweichung) genauso effektiv ist, wenn man die Fehler von anderen erörtert, kam heraus, dass das nur die zweitbeste Möglichkeit ist. Die Gruppe, die selbst Fehler gemacht hatte, konnte das Gelernte später besser auf andere Probleme anwenden und hatte ein tieferes Verständnis dafür aufgebaut als die Gruppe, die die Fehler von anderen Testpersonen präsentiert bekam.[48] Die beste Art, sich an den

Geburtstag des Partners oder der Partnerin zu erinnern, ist deswegen, ihn einmal zu vergessen. Wohl dem, der dann eine zweite Chance bekommt.

Schritt 4: Klarheit am Ende!

Wie jeder weiß, sind Ingenieure (rund um die Welt) an Perfektion interessiert. Niemand baut eine Anlage, die nur zu 80 Prozent funktioniert. Der Todfeind der Ingenieure ist deswegen der Fehler. Doch nicht in der Ausbildung – denn dort offenbart er seine ganze Kraft; wenn man ihn denn richtig zeitlich platziert. Konkret bat man eine Gruppe von angehenden Ingenieuren, ein Fallbeispiel aus dem wirklichen Leben zu bearbeiten, bevor anschließend die richtige Lösung vorgestellt wurde. Eine andere Gruppe bekam genau die gleichen Lösungen und das Fallbeispiel präsentiert – allerdings in umgedrehter Reihenfolge: erst die Lösung, dann das Beispiel. Die Ingenieure, die zunächst das Fallbeispiel bearbeiteten und sich an der richtigen Lösung die Zähne ausbissen, waren später besser in der Lage, auch andere Fallbeispiele zu lösen. Aber nur, wenn sie auch die richtige Lösung präsentiert bekommen hatten.[49]

Der Grund ist klar: So wichtig es ist, Dinge auszuprobieren, Grenzen zu testen, Fehler zu machen, sich auszutauschen, so wichtig ist es auch, dass schlussendlich klar ist, worum es geht. Ein Verständnis der Dinge baut man nur auf, wenn man sein Denkmodell auch konkret anwenden kann. Vergleicht man die zahlreichen Studien auf diesem Gebiet, fällt auf, dass es der geschickte Übergang von Unklarheit zur Klarheit ist, der die Ausbildung eines tiefen Verständnisses ausmacht. Nicht nur bei mathematischen Fragen, sondern auch in der medizinischen, ingenieurswissenschaftlichen oder biologischen Ausbildung.[50]

Über dem Hauptgebäude des Stuttgarter Bahnhofs steht

seit 1993 ein Zitat von Hegel: »… daß diese Furcht zu irren schon der Irrtum selbst ist.« Im Zuge der Diskussionen um Stuttgart 21 bekommt dieser visionäre Spruch eine ganz neue Dimension. Doch er bleibt gültig: Wann immer es darum geht, dass Menschen den Sinn der Dinge verstehen, müssen sie sich aktiv damit beschäftigen und riskieren, auch mal auf die Nase zu fallen. Wer dann liegen bleibt, hat maximale Unsicherheit und Unklarheit – doch das bringt einen nicht weiter. In einem geschützten Bildungsumfeld hilft man sich gegenseitig wieder auf. Das ist es, was den Verständnisprozess im Gehirn auslöst.

3.4 Das Verführungsprinzip – Eine Anleitung zur Bildung von morgen

Vor einigen Monaten hielt ich einen Vortrag über effektive Wissensvermittlung anlässlich einer feierlichen Preisverleihung in Niedersachsen, bei der besondere schulische Lernprojekte ausgezeichnet wurden. Von einem Robotik-Workshop über das praktische Tüfteln an neuen Flugzeugen bis hin zu mehrtägigen Ökosystem-Projekten war die ganze Bandbreite an pädagogischem Einfallsreichtum zu bewundern. Was mich aber viel mehr beeindruckte, waren die Typen, die sich diese Ideen für die Schüler ausgedacht hatten. Allen sah man die Begeisterung an für das, was sie taten. Jeder einzelne dieser Lehrer hatte Lust auf sein Projekt, und es fiel mir in diesem Moment nicht schwer, mir vorzustellen, wie die Schüler mit diesen Lehrern unglaublich viel Spaß hatten. Und genau das ist der entscheidende Punkt, denn Bildung ist ein *»people business«* – und zwar egal ob in der Schule, im Beruf, bei Vorträgen, bei Abendveranstaltungen, im Fernsehen oder im Freundeskreis: Wer Wissen »vermitteln« will, muss Leute dafür begeistern können.

Überall auf der Welt ist man mit Schulsystemen und Bildungsformen unzufrieden, selbst da, wo wie in Singapur das System prinzipiell super ist. Es wird darüber diskutiert, ob man die Schulen mit Tablets ausstatten soll, ob man erst nach der 6. Klasse die Grundschule beendet oder ob das dreigliedrige Schulsystem sinnvoll ist oder nicht. Worüber aber viel zu selten geredet wird, ist die Frage, was Wissen überhaupt ist und wie man es vermittelt. Es geht eben nicht darum, auf welche Schule man geht, sondern was in der Schule passiert. Wenn man die in diesem Buch genannten Prinzipien des Verstehens anwendet, kann man selbst mit Schiefertafel und Overhead-Projektor den Unterricht rocken. Umgekehrt kann man in der besten Schulform die Wissensvermittlung vergeigen, wenn man nicht verstanden hat, worauf es beim Verstehen ankommt.

Wie sollte man nun praktisch vorgehen, wenn man andere Menschen verstehen lassen will? Manchmal hilft es, sich anzuschauen, wie es nicht geht – denn dadurch wird der eigentliche Sachverhalt umso klarer erkennbar (Sie erinnern sich: Durch Kontrastierung bauen wir Denkkategorien auf). Da sich die bei YouTube gezeigten Werbefilmchen oft am Inhalt der Videos orientieren, habe ich mir die Werbung angeschaut, die einem meiner dort gezeigten Vorträge zum Thema »Lernen und Verstehen« vorgeschaltet wurde. Dabei wurde erklärt, wie man wissenschaftliche Texte (zum Beispiel eine Seminararbeit) am besten verfasst, Quellen analysiert und Wissen verschriftlicht.

Die Top 5 der wichtigsten Tipps lauteten:

1. Effizienz – Nicht chronologisch arbeiten, weil man dann im Zweifel unter Zeitdruck nicht fertig wird.
2. Mentale Einstellung – Keine Grundlagenforschung bearbeiten, sondern etwas, was einen interessiert.
3. Roter Faden – Sich vorher überlegen, was man machen will.
4. Eindruck schaffen – Weil man den Text nicht für sich, sondern für den Prüfer schreibt, sollte man sich vorher überlegen, worauf der Professor Wert legt, und den Text entsprechend formulieren.
5. Recherche optimieren – Nicht viele Quellen bearbeiten und sich verzetteln, sondern gleich von Beginn an die Quellen auswählen, die relevant sind.

Natürlich sind alle diese Tipps gut gemeint, und vielleicht helfen sie auch dem einen oder anderen verzweifelten Studenten weiter. Es zeigt aber auch, wie der Zeitgeist von Bildung ist – und wie man es nicht machen sollte. Man versteht die Sachen nämlich gerade nicht, wenn man sich vorher auf die Quellen besinnt, die wichtig sind. Das ist typisch deutsch: »Von zehn Ideen sind am Ende nur zwei nützlich? Dann befasse dich doch gleich mit den zwei guten Ideen und überspring die acht anderen!« Dass man aber nur durch Ausprobieren erkennt, worum es wirklich geht, wird völlig außer Acht gelassen. Man sagt schließlich auch nicht: »Nach durchschnittlich fünf gescheiterten Beziehungen findet man den Partner fürs Leben? Dann spar dir doch diese fünf Beziehungen und geh gleich zum Richtigen!« Auf dem Weg zur Erkenntnis müssen wir notgedrungen viel »Ausschuss« produzieren, nur so kommen wir beim Ziel an.

Überhaupt spricht aus den obigen Tipps genau jenes Effizienzstreben, das häufig auf dem Weg zum Verstehen hinderlich ist. Keine Frage: Natürlich sollte man sich eine Struktur überlegen und ein Thema auswählen, das einen interessiert (nebenbei bemerkt: auch Grundlagenforschung kann sehr spannend sein). Doch so effizient zu arbeiten, dass man zeitlich optimiert den Wünschen des Professors entsprechen will, führt mit Sicherheit nicht zum Verständnis der Dinge. Vielleicht gibt's eine 1 auf die Arbeit – aber was bleibt schon dauerhaft hängen, wenn man sich darauf konzentriert, was von einem verlangt wird? Natürlich darf man nicht am Thema vorbeischreiben und muss die Vorgaben beachten, doch man sollte weiterhin selbstständig kritisch denken – und sich nicht als Erfüllungsgehilfe betrachten, der in einem Prüfungssystem möglichst effizient funktionieren soll. Wissen ist schließlich nicht wie ein Sack Mehl, den man von einem Ort an den anderen stellen oder irgendwo speichern kann.

Weil man aber immer noch vielfach glaubt, Effizienz sei

beim Lernen das A und O, verkaufen sich Bildungs- und Lernkonzepte wunderbar, die genau dieses Versprechen erfüllen wollen: schnellstmöglich viele Informationen verarbeiten mit dem Ziel, die beste Note zu bekommen. Am Ende beklagt man sich dann, dass man nach der Prüfung nichts mehr weiß oder Dinge gelernt hat, von denen man gar nicht weiß, wozu man sie eigentlich gelernt hat.

Bildung, die höchste Form der Verführungskunst

Verführung ist die Fähigkeit, Menschen für Unbekanntes zu interessieren. Genau das sollte das Grundprinzip von Bildung sein. Um das zu erreichen, verpackt man Wissen heute gern lustig und humorvoll, nach dem Motto: Was unterhaltsam ist, ist auch besonders eingängig. Wenn man aber untersucht, ob ein Witz in einem Wissenstext wirklich förderlich für das Erinnern ist, stellt man fest, dass sich die Probanden eher den Witz als den Inhalt des Textes merken.[51]

Anders gesagt: Witzigkeit kennt Grenzen – wenn es nämlich darum geht, Menschen dauerhaft für ein Thema zu begeistern. Oder wie es mir meine Schwester erklärte: »Henning, schau dir einen *Cosmopolitan*-Männerkalender an. Von den zwölf Typen lächeln vielleicht drei freundlich. Der Rest schaut mit dunklem Blick verführerisch in die Kamera. Denn Frauen mögen keine Clowns.« Glauben Sie nicht? Dann können Sie das gern mal empirisch überprüfen, indem Sie jemanden bitten, »verführerisch« zu schauen. Niemand, egal ob Mann oder Frau, wird dann fröhlich lächeln. Denn die Grundregel der Verführungskunst lautet: Wer zu schnell herzlich-offen lächelt, landet in der »Friend-Zone«, kommt also bestenfalls noch als guter Kumpel, aber nicht als Partner infrage. Bei verführerischem Augenkontakt sind vielmehr tiefe, durchdringende und doppeldeutige Blicke gefragt, vielleicht ein scheues Lächeln, das eines vermittelt: Hier ist ein Geheimnis – komm her und lüfte es! Denn genau das ist das Wesen der Verführung, sich selbst einzupacken wie ein Weihnachtsgeschenk. Bei Wissen ist es nicht anders.

Nun mag das nicht generell auf alle zutreffen (Sie finden sicherlich auch lustige Typen, die gut bei potenziellen Partnern ankommen) – aber das Prinzip sieht man überall. Es ist das erfolgreichste auf der ganzen Welt, wenn es darum geht, Menschen zu begeistern. Man erzeugt Neugier, indem man Informationen zurückhält und ein Geheimnis schafft. Apple legt ja auch nicht jeden Schritt seiner Hardware-Entwicklungsabteilung offen, sondern verzögert geschickt bis zur hauseigenen Keynote, streut vorher noch ein paar Gerüchte und enthüllt das neue Smartphone erst am Schluss mit großem Getöse. Genauso im Marketing: Eines der wichtigsten Grundprinzipien ist das Zurückhalten von Informationen (»Im September kommt das nächste große Ding! Seien Sie gespannt!«). Netflix oder Bezahlsender wie HBO verdienen ihr Geld damit, dass man ein Geheimnis am Ende jeder Folge offenlässt – einen gut gesetzten Cliffhanger hält keiner aus und schon zieht man sich zehn Folgen »Game of Thrones« in einem Bingewatching-Marathon rein. Diese »horizontale Erzählweise« hat unsere Sehgewohnheiten in den letzten Jahren komplett verändert. Eine Folge »Forsthaus Falkenau« war in den 90er-Jahren am Ende komplett erklärt und konnte unabhängig von den anderen Folgen geschaut werden. Doch heute hält das die Leute nicht bei der Stange.

Selbst Nachrichtenüberschriften oder YouTube-Titel werden mit diesem Trick optimiert: »Dieser Mann steht am Ufer eines Flusses. Was gleich passiert, wird sein Leben für immer verändern.« Man hält gezielt Informationen zurück, weil man weiß, dass so etwas Menschen anfixt. Nur in der Wissensvermittlung und in der Bildung muss immer noch alles schnell und schnörkellos sein: in Form von Wissenshäppchen, die eingängig und auf den Punkt sind, leicht verdaulich und bloß nicht kompliziert. Was für eine bekloppte Idee, dass man Wissen so effizient vermitteln kann wie ein unverpacktes Weihnachtsgeschenk. Man entmündigt die Leute, sich selbst mit den Dingen zu beschäftigen und degradiert sie zu Wissenskonsumenten. So macht man am Ende jede Neugier kaputt. Warum vermittelt man Wissen nicht wie in einer Staffel von »Game of Thrones«? Warum muss am Ende eines Wissenshäppchens immer sofort alles klar sein? Mal mit einem Cliffhänger in einer Schulstunde zu arbeiten – das wäre doch was. Übrigens, die besten Lehrer, die ich kenne, machen genau das. Welche Tricks man weiterhin einsetzen kann und welche Fallen man vermeiden muss, steht übrigens auf den nächsten Seiten.

Make Steuerrecht sexy again!

Wer interessiert sich schon von sich aus für Analysis polynomialer Funktionen, das Feudalsystem des Mittelalters oder die Literatur der Weimarer Klassik? Wohl nur die wenigsten. Doch selbst diese Themen wirken noch vergleichsweise spannend gegenüber wirklich trockenen Sachverhalten wie Einkommenssteuerrecht oder Krankenversicherungspolicen. Jeder, der über eintönige Fächer motzt, darf sich gern mal in ein Schulungsseminar zur aktuellen Geldwäschegesetzgebung setzen. Im Anschluss daran erscheint selbst die Konjugation unregelmäßiger Lateinvokabeln wie eine Offenbarung.

Trotzdem war das genau die Herausforderung: Wie schafft man es, selbst solche trockenen Themen elegant zu vermitteln? Für ein Finanzunternehmen in Frankfurt entwickelten wir deshalb ein Seminarkonzept, das all die Prinzipien, die in den vorigen Kapiteln vorgestellt wurden, aufgreift. Jährlich werden von dieser Firma über 50 000 Schulungstage durchgeführt, an denen Themen wie »Wie funktioniert eine Krankenversicherung, und welche Produkte gibt es dafür am Markt?« besprochen werden – und üblicherweise laufen solche Seminare in einem klassischen Frontalunterricht ab.

Wir dachten uns: Wie wäre es wohl, wenn man den Spieß umdrehen und die Leute im Seminar aktiv zum Mitdenken auffordern würde? Nach dem Motto: Seht her, ihr seid Bundeskanzler und wollt dafür sorgen, dass die Leute im Land im Krankheitsfall gut abgesichert sind – was würdet ihr tun? Oder: Stellt euch vor, ihr seid Bismarck und seht, wie in Deutschland im Zuge der Industrialisierung massenweise Leute ohne Krankenversicherung zugrunde gehen – wie stellt ihr sicher, dass jeder Mensch in den Genuss einer Krankenversorgung kommen kann (und wie soll man das bezahlen)? Im Anschluss lässt man die Leute einfach machen und eine Krankenversicherung konstruieren. Auch wenn das Prinzip von privater und gesetzlicher Krankenversicherung schon bekannt ist, dürfte es wohl kaum einem gelingen, die Details des deutschen Versicherungswesens selbst zu entwickeln. Aber das ist egal, solange man am Anfang das Ziel und das zugrunde liegende Konzept einer Krankenversicherung erkennt. Im nächsten Schritt muss das Konzept angewendet werden, unter anderem anhand von konkreten Fallbeispielen, wie man sich zum Beispiel als Single oder als Familie versichern könnte. Erst ganz am Ende wird es immer konkreter mit präzisen Erläuterungen zu Kündigungsregelungen oder Steuererstattungen – und ganz ehrlich: Solche detaillierten Sonderfälle kann man auch im Nachgang noch locker aufbereiten, wenn sie in einem guten Skript oder einem Online-Video verfügbar gemacht wurden. Wichtig ist allerdings der hier beschriebene Ansatz: Anstatt Wissen in einer Richtung zu vermitteln (nämlich vom Seminarleiter zu den Teilnehmern), lockt man die Leute mit einer Frage oder einer Aufgabe und lässt sie ausprobieren. Die Seminarteilnehmer tauschen sich aus und befruchten sich so gegenseitig mit Ideen.

Die Aufgabe des Seminarleiters ist es lediglich, dafür eine physische Plattform zu bieten, also die Leute hungrig auf ein Thema zu machen, sie zu verwirren und Unklarheit zu schaffen – und diese Unklarheit in den nächsten zwei Tagen Stück für Stück aufzulösen. Dieses Prinzip lässt sich natürlich auch auf die Geldwäschegesetzgebung anwenden: »Ihr seid Mafiaboss und wollt die Herkunft eures Geldes aus illegalen Geschäften verschleiern. Wie würdet ihr vorgehen?« Oder: »Ihr wollt die Mafia gründen, wie stellt ihr das an?« (Die spannendste Antwort, die ich auf diese Frage gehört habe, war übrigens: »Ich gründe zuerst die Polizei!«)[52] Und anschließend packt der Seminarleiter aus, wie man ein Geldwäschegesetz clever formulieren könnte.

Dieser Bildungsansatz greift das auf, was in den vorigen Kapiteln beschrieben wurde: Wer will, dass die Leute etwas lernen, kann die Themen eingängig und effizient vermitteln. Wer jedoch will, dass auch verstanden wird, der muss den Dreiklang des Verstehens berücksichtigen: Man muss die Dinge einordnen, hinterfragen und auf neue Situationen anwenden.

Moderne Bildung dreht den Unterricht um!

Im Grunde geht es darum, Wissen nicht zu leicht konsumierbar zu machen, sondern dafür zu sorgen, dass man es sich selbst erarbeitet. Das oben genannte Krankenversicherungs-Beispiel ist nur eines von vielen, wie man die Wissensvermittlung umdrehen könnte. Wichtig ist dabei, dass alle Schritte (so explorativ und ausprobierend sie auch sein mögen) in einem kontrollierten Umfeld bleiben. Es geht nicht darum, dass man blind Fehler macht und aus diesen Fehlern anschließend irgendwie lernt. Es ist mehr so, wie mein Mathelehrer aus der Schule immer sagte: »Leute, wenn ihr nicht wisst, wie ihr ein Problem lösen sollt, dann ratet. Aber mit Sinn und Verstand, nicht blind. Solange ihr euer Raten begründen könnt, beschäftigt ihr euch mit dem Problem.« Genau das ist auch der Ansatz japanischen Matheunterrichts: Anstatt (typisch westlich) Fehler zu vermeiden und im Unterricht klar zu zeigen, wie es gehen muss, ist in Japan der Matheunterricht darauf ausgelegt, dass man zunächst ein neues Problem vorstellt und die Schüler anschließend ausprobieren lässt.[53] Nur wenn man (unter kontrollierten Bedingungen) scheitert und erkennt, wie es nicht geht, kann man später kapieren, warum eine korrekte Lösung wirklich funktioniert. Man kontrastiert also verschiedene Denkmodelle, hinterfragt sie kritisch und wendet sie auf neue Sachverhalte an. Voilà, genau das ist der Dreiklang des Verstehens.

Es gibt verschiedene Konzepte dafür, wie man diese Bildungsidee umsetzen kann. Ein aktueller Ansatz, der gleichzeitig ihre Stärken und Schwächen aufzeigt, nennt sich »*flipped classroom*«, also das »umgedrehte Klassenzimmer«. Das Prinzip ist recht einfach: Wenn man in der heutigen Zeit sowieso alle Informationen digital abrufen kann (siehe Wikipedia, Google oder YouTube), dann sollte sich der Unterricht darauf konzentrieren, Probleme zu lösen. Zunächst gibt's Hausaufgaben, mit denen sich die Schüler auf die nächste Stunde vorbereiten. Üblicherweise sollen sie sich ein Video anschauen, das ein Thema oder ein Problem vorstellt. In der Schulstunde können sie dann das Thema konkret in Aufgaben oder an Beispielen anwenden.

Eine tolle Idee, doch sie ist nicht konsequent zu Ende gedacht. Denn hier wird die Wissensvermittlung nicht wirklich umgekehrt. Immer noch wird zunächst klar und eingängig ein Sachverhalt beschrieben (zum Beispiel in dem Video, das man sich zur Vorbereitung zu Hause anschauen soll), und anschließend werden Übungsaufgaben gerechnet. Das ist alter Wein in neuen Schläuchen: Selbst ich hatte schon vor über zwanzig Jahren Hausaufgaben, bei denen ich einen Text zur Vorbereitung für die nächste Stunde durchlesen sollte. Das war *»flipped classroom«* analog. Nur weil diese Vorbereitung nun mit einem Video erfolgt, wird die Sache nicht besser. Die Studienlage zum praktischen Nutzen von umgedrehtem Unterricht ist deswegen bestenfalls durchwachsen: Manche Untersuchungen zeigen, dass ein solcher umgedrehter Unterricht den Lernfortschritt leicht verbessert,[54] während andere darauf hindeuten, dass dieser positive Effekt auf das kritische Denken und Lernen langfristig bloß genauso groß ist wie bei klassischen Lehransätzen.[55] Übersichtsarbeiten zeigen außerdem, dass umgedrehter Unterricht keinen positiven Effekt auf die Zufriedenheit der Schüler hat und der Lerneffekt (wenn überhaupt) minimal besser ist als in klassischen Lernansätzen.[56] Ein Grund dafür: Man bricht zwar chronologisch mit der klassischen Form der Wissensvermittlung, man stellt sie aber nicht inhaltlich auf den Kopf.

Die Lern- (oder sollte ich besser sagen: Verständnis-) Forschung zeigt jedoch wunderbar, dass es das eigene Scheitern, das produktive Fehlermachen ist, was wirkliches Verständnis schafft. Dafür muss man auf zwei Dinge achten: Erstens, es muss eine Aufgabe, ein Problem oder Rätsel *am Anfang* stehen. Zweitens muss man das knifflige Problem, mit dem man Aufmerksamkeit und Neugier bei den Schülern erzeugen will, *gemeinsam in einer Gruppe* lösen. Die korrekten Antworten und die Lerninhalte muss man dann *im Anschluss* verfügbar machen.

In einer konkreten Studie untersuchte man, ob man den Ansatz des umgedrehten Unterrichts auch an Universitäten umsetzen könnte – und zwar in fortgeschrittenen Kursen zu Evolutionsbiologie oder Biochemie (kein leichter »Stoff«, so viel kann ich als Biochemiker versichern). Die Studenten sollten sich also zunächst zu Hause auf die Präsenzlehreinheit an der Uni vorbereiten, aber nicht bloß, indem sie passiv ein Lernvideo schauten, sondern indem sie darüber hinaus aktiv

Fragen dazu beantworteten (man erinnere sich daran, dass das Testen von Informationen den größten Effekt auf das Lernen hat). Außerdem nutzte man die sozialen Medien, damit sich die Studenten vorher gegenseitig Verständnisfragen schickten. Man ermutigte sie dazu, pseudowissenschaftliche Fakten zu sammeln und kritisch zu hinterfragen und Wissenslücken mit anderen zu teilen. Kurz gesagt: Man machte sie im Vorfeld hungrig auf die eigentliche Lehrstunde. Im Unterricht wurden diese Vorbereitungsergebnisse gesammelt, besprochen und anschließend auf konkrete Problembeispiele angewendet. Dieses aktive Hinterfragen, Ausprobieren und Arbeiten im Team hatte Folgen: Es führte dazu, dass die Teilnehmer in einem solchen umgedrehten Unterricht am Ende nicht nur Faktenwissen parat hatten, sondern die Sachverhalte kritischer hinterfragen und besser auf neue Problemstellungen anwenden konnten.[57]

Moderne Bildung nutzt digitale (und analoge) Medien!

Im September 2019 stolperte ich über eine interessante Studie des Marktforschungsinstituts Gallup. Sie beschäftigte sich mit den Möglichkeiten neuer Medien im Bildungsumfeld. Aus dieser Umfrage sprach ein eindeutiger Trend: E-Learning ist auf dem Vormarsch und wird klassische Medien im Bildungsumfeld zunehmend verdrängen. So nutzten, laut Studie, schon zwei Drittel der über 3000 befragten Lehrkräfte digitale Medien (definiert als Webseiten, Apps, online-Tutorials, Spiele, Videos oder Programme), um Lerninhalte zu vermitteln.[58] Ganze 77 Prozent gaben an, dass E-Learning beim Lernprozess tatsächlich hilft und ihn effizienter mache. Gleichzeitig sagten nur 27 Prozent, dass sie ausreichend viele Infos hätten, um die Güte von E-Learning überhaupt beurteilen zu können. Kurze Überschlagsrechnung: Wenn Dreiviertel aller Lehrer sagt, dass

E-Learning funktioniert, und ein Viertel davon nicht genau weiß, warum, dann nutzt die Hälfte dieser Lehrer digitale Tools im Unterricht, ohne Informationen darüber zu haben, ob sie tatsächlich funktionieren. Das nennt man einen Hype.

Genauso interessant war, dass die in dieser Studie befragten Bildungsbeamten aus Schulämtern die Chancen digitaler Medien im Unterricht noch höher einschätzten als die Lehrer – bei gleichzeitig größerem Unwissen. Offenbar ist der Enthusiasmus umso größer, je weniger man mit Smartphone & Co im Unterricht arbeitet. Das ist auch nicht verwunderlich, denn die konkreten Studien, die es zum Thema »digitale Technologien« im Unterricht gibt, sprechen eine ernüchternde Sprache. Als man beispielsweise 2017 an einer US-Militärakademie untersuchte, wie sich der Einsatz von Laptops auf die Lernleistung auswirkte, stellte sich heraus: Sowohl bei freier Nutzung von Laptops als auch bei einer Nutzung, bei der die Laptops auf den Tischen bleiben mussten (und nicht rumgetragen werden durften), verschlechterte sich die Prüfungsleistung.[59] Dabei hatte man ansonsten die didaktischen Konzepte gleich gelassen – und Anwärter einer militärischen Kaderschmiede in den USA stehen ohnehin außer Verdacht, sich Müßiggang und Ablenkung am Laptop hinzugeben, dürften also in allen Fällen (auch beim Lernen mit Laptop) top-motiviert gewesen sein. An Universitäten ergibt sich das gleiche Bild: Auch hier führt eine Nutzung von Laptops zu einer schlechteren Studienleistung, wobei besonders männliche und leistungsschwächere Studenten betroffen sind.[60]

Ein Grund dafür: Wir nehmen Informationen an einem Bildschirm anders wahr als in gedruckter Form. Liest man beispielsweise ein E-Book, dann gerät die räumliche oder zeitliche Einordnung von Inhalten durcheinander. Personen, die eine Geschichte in einem gedruckten Buch lesen, können hingegen die zeitlichen Abläufe einer Geschichte anschließend besser einordnen als Leute, die im E-Book lasen.[61] Nun könnte man sagen, dass man E-Books digital so aufrüsten könnte, dass man viel mehr mit dem Inhalt interagiert, man könnte animierte Grafiken oder Animationen einblenden, um den Inhalt lebhafter zu machen. Doch tatsächlich verschlimmbessert man damit nur den Einfluss digitaler Geräte. So zeigt sich, dass Testpersonen einen digitalen Text am besten behalten, wenn er quasi »nackt«, ohne großes Animationsspektakel präsentiert wird.[62]

Schön und gut, das sind nette Einzelstudien, die zeigen, dass man digitale Technologien nicht ganz so unkritisch einsetzen darf, doch wie sieht das generell in Lehrverfahren aus? Offenbar besser, als man denken könnte. So zeigen Übersichtsarbeiten aus 2018, die insgesamt einige Dutzend wissenschaftliche Veröffentlichungen zusammenführten, dass es tatsächlich einen kurzfristigen positiven Effekt von mobilen digitalen Geräten auf den Lernerfolg gibt (zumindest im Falle von naturwissenschaftlichen und mathematischen Fächern, in denen solche Geräte gern eingesetzt werden).[63] Allerdings ist dieser Effekt meist nur von kurzer Dauer. Die wenigen Studien, die Effekte untersuchen, die länger als ein Jahr dauern, kommen zu dem Schluss, dass der bloße Einsatz von digitalen Geräten weder Vorteil noch Nachteil gegenüber konventionellen Lehrmethoden hat. Es wird derzeit spekuliert, warum das so ist. Eine mögliche Erklärung könnte man die »*Coolness Fallacy*« (den Coolness-Fehlschluss) nennen. Am Anfang sind neue Technologien besonders spannend, weil sie frischen Wind in die Ausbildung bringen. Selbst wenn das didaktische Konzept völlig unverändert zum klassischen Unterricht ist: Sich als Hausaufgabe ein YouTube-Video anzuschauen ist cool und motiviert kurzfristig. Langfristig nutzt sich dieser Effekt allerdings ab, und man stellt fest, dass eine neue Technologie nicht die grundlegenden Prinzipien von Lernen und Verstehen revolutioniert. Diese sind nämlich gut bekannt, erforscht und erprobt. In diesem Buch haben Sie alle kennengelernt: das

Lernen durch Testen und Abfragen, das Verstehen durch Einordnen und Pausemachen (das *interleaving* und *spacing*), das aktive Erklären, das Nutzen von Fehlern und der Austausch in der Gruppe. All das wird noch viel zu wenig von App-Entwicklern genutzt.[64] Angesichts der Zigmilliarden, die man in die Digitalisierung der Bildung investiert (der weltweite Markt für E-Bildung wird auf 190 Milliarden US-Dollar geschätzt),[65] sind diese Erkenntnisse doch recht ernüchternd. Anders gesagt: Ein gut eingesetztes Schulbuch bringt mehr als eine durchschnittliche Lern-App.

Oft liegt das Problem darin, dass man den Vorteil digitaler Systeme nicht nutzt. Vergleicht man nämlich die verschiedenen Ansätze, wie man mobile Geräte im Unterricht einsetzen kann, stellt sich heraus: Es gibt einen leicht positiven Effekt für den Lernerfolg, wenn man es richtig anstellt.[66] Der Vorteil mobiler Geräte ist es ja gerade, dass man individuell und interaktiv arbeiten kann. Das muss man nutzen, zum Beispiel, indem man zum gemeinschaftlichen Mitraten oder Rätseln auffordert. Vor einiger Zeit traf ich ein Team von App-Entwicklern, die eine Quiz-App für Studenten (oder prinzipiell jeden Lernwilligen) entwickelt hatten, quasi ein »Quizduell« für prüfungsrelevante Wissensfragen. Allerdings wurde nicht einfach nur passiv nach Faktenwissen abgefragt, sondern man sollte auch selbst Fragen stellen – und anschließend gegen andere Studenten aus der Gruppe spielen. Der Witz ist, dass man gar nicht so sehr lernt, wenn man quizzt, sondern viel mehr, wenn man selbst neue Fragen stellt. Wenn man dann noch in der Gruppe gegeneinander spielt, kann das eine prima Ergänzung zum eigentlichen Lernprozess sein.

Sosehr uns der digitale Wandel in Atem hält, die Art, wie Gehirne seit vielen Tausend Jahren ticken, wird er nicht auf den Kopf stellen. Bildung wird sich deswegen auch in Zukunft an den schon vorgestellten grundlegenden Prinzipien orientieren müssen. Mehr noch: Das Analoge wird in Zukunft immer wichtiger werden – und Menschen werden Geld dafür bezahlen. Schon heute könnte ich mir die Vorlesungen einiger Top-Universitäten online anschauen. Doch dafür zahle ich kein Geld. Ich zahle Geld für gute Bildung, das ist etwas anderes. Nämlich etwas, was man nicht so leicht digitalisieren kann: Austausch und Zusammenarbeit in der Gruppe. Die in diesem Buch genannten Beispiele zeigen deutlich, wie wichtig dieses gemeinsame Rumprobieren für den Wissenserwerb ist. Der Krankenkassen-Workshop legt schließlich den Fokus gerade darauf, was nicht zu digitalisieren ist: provokante Fragen zu stellen, Menschen kooperativ zusammenarbeiten lassen, das korrekte Konzept erschließen und anschließend auf Fallbeispiele übertragen. Das ist die Zukunft von Bildung.

Aber das spricht nicht prinzipiell gegen den Einsatz von digitalen Medien in der Weiterbildung. Im Gegenteil, er kann durchaus sinnvoll sein, wenn ein Wechsel zwischen digitalen und analogen Weiterbildungsformen ermöglicht wird. Solange das Grundprinzip des Verstehens berücksichtigt bleibt, kann man Bildung durchaus in digitale Vor- und Nachbereitung einbetten (zum Beispiel durch kleine Tests oder Fragestellungen, die man digital ermutigt bearbeiten muss). Ergänzt (nicht ersetzt) diese Art der Wissensvermittlung analoge Bildung, ist sie klassischem Frontalunterricht überlegen. Übrigens: Teilnehmer empfinden solche hybriden Weiterbildungsformen anstrengender als klassisches Lernen.[67] Doch, das wissen Sie aufgrund der Lektüre dieses Buches längst, solche »erwünschten Schwierigkeiten« führen oftmals zum Verständnis der Dinge.

Vielleicht wird sich die Bildung in Zukunft deswegen aufspalten: in diejenige, die billig und überall digital verfügbar ist, quasi eine »Fast Food«-artige E-Bildung *to go*, und in eine analoge tiefergehende Bildung, die teurer ist und Eliten vorbehalten bleiben könnte. Schon heute fangen Universitäten an, ihre Vorlesungen in Online-Kursen anzubieten. Im nächsten Schritt werden diese Kurse für mobile Geräte wie Smartphones optimiert, um das Bildungsangebot auch maximal verfügbar zu machen. Im dritten Schritt wird es noch individueller, indem man die Online-Kurse individuell auf die Nutzer zuschneidet. Ganz ähnlich wie Amazon, Spotify oder YouTube schon heute Kunden Produkte empfehlen, könnte man sich ein maßgeschneidertes Bildungsprogramm zusammenstellen lassen. Da Universitäten und auch Unternehmen schon jetzt vielfach an die Kapazitätsgrenze für Fachkräfte stoßen, geben sie sich alle Mühe, diese Form der Bildung möglichst billig und weit zu verbreiten. Wenn man einen Online-Kurs an 10 Millionen Menschen ausspielt, reicht es schon, wenn jeder einen Dollar dafür zahlt, damit sich die Sache lohnt. Außerdem kann man dadurch großflächig fachliche Expertise erzeugen und Arbeitskräfte rekrutieren, die sonst niemals den Zugang zu Universitäten oder Firmen gefunden hätten. Es ist daher kein Wunder, dass Google in den USA ein Online-Lernprogramm ins Leben gerufen hat, in das sich 2019 aus dem Stand 75 000 Menschen eingeschrieben haben[68] – so erreicht man Menschen, die nicht zum männlich, hellhäutig und von Dreißigjährigen dominierten Umfeld der IT-Unternehmen gehören. Die Rechnung ist einfach: Wenn man dieses Bildungsangebot skaliert und vielleicht 2 Millionen Menschen weltweit anspricht, dann braucht nur ein Zehntel das Programm erfolgreich zu absolvieren, um später die derzeit etwa 200 000 offenen IT-Stellen in den USA zu besetzen. Als Nebeneffekt lässt man den restlichen 90 Prozent noch eine fast gratis Bildung angedeihen (das Google-Programm kostet nur knapp 50 Dollar pro Monat, ein Schnäppchen im Vergleich zu anderen Weiterbildungsprogrammen).

Diese digital dominierte Breitbandbildung wird den Zugang zu individuellem Lernen gewiss flächendeckend ermöglichen können (auch in Gegenden auf der Welt, wo bislang der Zugang zu hochwertiger Bildung immer noch begrenzt ist), und das ist etwas Gutes. Doch neben dieser Billigbildung wird es womöglich eine Bildungselite geben, die das nutzt, was in Zukunft immer teurer wird, weil es nicht zu digitalisieren ist: den menschlichen Austausch. Nach dem Motto: Lasst die Masse ruhig billig und online lernen – wir zahlen gern Geld für analoge Premiumbildung. Kein Wunder daher, dass gerade in Kalifornien, also dort, wo die Digitalindustrie boomt, Kinder auf gänzlich analoge Schulen geschickt werden.[69] Oder dass gerade Bill Gates und Steve Jobs ihre Kinder mit restriktiven Smartphone-Regeln erzogen haben,[70] und auch der Bildungstrend im Silicon Valley momentan in die analoge Richtung geht[71]: Man zahlt Geld dafür, dass man den Einsatz digitaler Geräte limitiert. Vielleicht ist auch das wieder nur ein Hype (es wäre nicht der erste in Kalifornien).

Moderne Bildung lässt spielen!

Als ich in Kalifornien war, nahm ich an der Universität in Berkeley an einem Kurs über den menschlichen Einfluss auf Projektteams teil. Es ging darum herauszufinden, was erfolgreiche Teams ausmacht. Das Besondere an diesem Kurs war, dass es weder Tests noch Frontalunterricht gab. Es gab auch keine Noten, keine Abschlussprüfung, keine Hausaufgaben und kein Schulbuch. Was es stattdessen gab: Spiele, haufenweise Spiele. So sollten wir in Gruppen gegeneinander antreten und besonders robuste Türme bauen, Holzklötzchen balancieren, aus Zuckerstückchen »etwas Kreatives« machen oder eine Strategie finden, wie man am schnellsten Wassereimer über einen Hindernisparcours transportiert. Wenn man ein Spiel gewann, gab es Punkte, selbst wenn man verlor, konnte man noch Punkte gewinnen, indem man analysierte, woran es gelegen hatte. Die Methode war immer gleich: die Leute neu in Gruppen zusammenzusetzen und sich an einem Problem die

Zähne ausbeißen zu lassen. Das Ziel: am Ende erklären zu können, was erfolgreiche Teams ausmacht, welche Formen von Blockaden innerhalb eines Teams möglich sind, was einen guten Teamleader ausmacht oder wie man mit Konflikten innerhalb der Gruppe umgeht. Wir hätten das alles auch in einem Buch lesen können, aber das wäre nicht so eingängig gewesen. So ist zum Beispiel bekannt, dass Personen in einer Gruppe »dümmer« werden, als wenn sie allein sind. Tatsächlich sinkt der IQ für Problemlösungsaufgaben um über zehn Punkte ab, wenn man mit anderen zusammenarbeiten muss.[72] Für diesen sogenannten *groupthink effect* gibt es viele Gründe: dass man sich an anderen orientiert, Energie dafür aufwendet, Konflikte zu lösen, dass man es sich in einer Gruppe bequem macht … Doch wer selbst mal in einer Gruppe gewesen ist und unter Zeitdruck ein kniffliges Problem lösen musste, hat leibhaftig gespürt, was dieser Verlust von zehn Punkten wirklich bedeutet.

Spiele sind wunderbar – wenn man denn weiß, was ein erfolgreiches Lernspiel ausmacht. Als man 2018 untersuchte, wie die meisten Spiele im Lernumfeld aufgebaut sind, kam heraus: Die häufigsten Elemente in Spielen sind Punkte, die man erspielen kann, Abzeichen oder Level, die über den Spielfortschritt Auskunft geben, und eine Bestenliste, in der man sehen kann, wie man im Vergleich zu anderen steht.[73] *Points, badges, leaderboard* – mit diesen drei Elementen hält man die Spieler bei Laune. Ein bisschen wie eine moderne Form der Dressur: Wenn man etwas tut, bekommt man eine Belohnung. Das klingt negativer, als es ist, denn es zeigt sich, dass solche Ansätze tatsächlich Lernerfolge bringen. Allerdings sind diese meist recht klein und kurzfristiger Natur.[74] Langfristig schneiden Weiterbildungsangebote, bei denen man auf Lernspiele setzt, ähnlich gut ab wie klassische Unterrichtsformen.[75]

Nicht falsch verstehen: Wenn es schwer möglich ist, alle zu

schulenden Personen in einem Kurs zu unterrichten (das ist zum Beispiel bei großen Firmenbelegschaften der Fall) und wenn das Lernziel klar und eindeutig ist, dann kann es durchaus sinnvoll sein, Spiele, Quizze, Puzzle oder Denksportaufgaben einzusetzen (auch digital). So erging es einem großen deutschen Einzelhändler, der vor der Aufgabe stand, über 70 000 Beschäftigte jährlich zu unternehmensinternen Themen (zum Beispiel Warenkunde) weiterzubilden. Natürlich gibt es dafür Präsenzschulungen, doch in Ergänzung arbeitete man mit einer interaktiven Quiz-App, mit der man gegen andere Beschäftigte im Unternehmen spielen konnte.[76] Bei klaren und eindeutig zu lernenden Informationen (zum Beispiel zu Themen wie »Kasse« oder »Filiale«) ist ein solcher Ansatz eine prima Ergänzung – trotzdem ersetzt er niemals das grundlegende didaktische Konzept, wie man Menschen für ein Thema begeistert.

Dass man in einem Spiel nämlich immer gewinnen muss – darauf kommt man nur, wenn man ein junger IT-Nerd aus dem Silicon Valley ist. Kein Wunder, dass man fortwährend Lernspiele entwickelt, bei denen man die richtigen Vokabeln in einer virtuellen Umgebung erspielen muss oder bei denen man in Quizduellen gegeneinander antritt. Dann wird behauptet, dass sei die Art, wie wir am besten lernen, denn schon kleine Kinder lernen spielerisch. Das ist richtig, doch schauen Sie sich gern einmal an, wie Kinder wirklich spielen: Es geht bei den spannendsten Spielen nämlich gar nicht darum, dass man gewinnt! Okay, wer gerade ein fünfjähriges Kind zu Hause hat, wird mir jetzt entschieden widersprechen, denn bei kleinen Kindern ist der Ehrgeiz zu gewinnen oft unermesslich. Ich weiß, wovon ich spreche: Bis heute hebt meine Mutter ein Spielkartenset auf, in das ich mit vier Jahren so wutentbrannt reinbiss, dass noch nach über dreißig Jahren der Abdruck meines Milchzahngebisses zu erkennen ist. Doch ich bleibe dabei: Bei den wirklich interessanten Spielen (bei denen man nicht nur lernt, sondern versteht) kann man gar nicht gewinnen. Oder wie »gewinnen« Sie beim Spielen mit Lego, Playmobil, Spielzeugautos, Holzklötzen, Puppen oder Dinosauriern? Die Spiele, bei denen man neues Wissen aufbaut, haben ein offenes Ende. Es geht gerade nicht darum, die Spielregeln zu perfektionieren, um die meisten Punkte zu erspielen. Vielmehr baut man sich beim Spielen eigene Regeln auf, die man anschließend testet und mit seinen Freunden ausprobiert. Achten Sie gern darauf, wie oft Kinder beim Spielen mit Playmobil-Figuren den Konjunktiv verwenden – ein Denken, das Computern völlig fremd ist: Was wäre, wenn?

Moderne Bildung befreit Lehrkräfte!

Als ich damals in Hannover die Bühne verließ, nachdem ich meinen Vortrag bei der Preisverleihung für besonders erfolgreiche Lehrprojekte gehalten hatte, fiel mir auf, wie begeistert die prämierten Lehrer von ihren Projekten waren. Was sie alle einte, war der Gedanke, dass man Lehrkräften generell mehr Freiheit und Möglichkeiten geben muss, um sich neuen Bildungs- oder Unterrichtsansätzen öffnen zu können. Lehrkräfte werden in Zukunft nicht die Aufgabe haben, Informationen möglichst eingängig zu präsentieren. Ihre Rolle wird vielmehr die eines Coaches sein, der die Schüler auf ihrem Bildungsweg unterstützt.[77]

In kaum einem Beruf ist es wichtiger, Neugier und Begeisterung zu erzeugen – und in keinem Beruf ist es auch so einfach, die eigene Begeisterung zu verlieren. Oder wie mein Kumpel in Frankfurt, selbst Lehrer, meinte: »Ich bin jetzt Mitte dreißig und Lehrer. Wenn ich will, kann ich die nächsten dreißig Jahre dasselbe machen wie jetzt.« In welchem Beruf ist das heutzutage noch der Fall? Überall gibt es Jobwechsel, Firmenübernahmen, Änderungen des Geschäftsmodells, Firmenfusionen, Insolvenzen, Neugründungen … kurzum: den ganzen Strauß an Möglichkeiten, sich immer wieder neu zu erfinden. Gewiss, auch im Lehrberuf kann man über den Tellerrand hinausschauen, es gibt Fortbildungen, die Möglichkeit, die Schule zu wechseln oder neue Unterrichtsformen auszuprobieren. Das sollte aber noch viel leichter geschehen. Warum nicht ein »Lehr-Sabbatical«, bei dem man sich alle sechs Jahre für ein Jahr wieder an die Uni begibt? Oder nicht nur an der Schule, sondern mal in einem Unternehmen lehrt? Ich bin der Meinung, dass der Lehrberuf ein wundervoller und einer der wichtigsten in einem Land ist, das sonst keine Rohstoffe hat. Wir haben kein Öl, das wir aus der Erde buddeln. Wir haben clevere Leute mit guten Ideen. Genau deswegen lohnt es sich, dort anzusetzen, wo dieses Wissen entsteht. Ich hatte das Glück, mit wirklich guten Lehrern zusammenzuarbeiten (und ich sage bewusst »zusammenzuarbeiten«, weil ich den besten Lehrern immer auf Augenhöhe begegnen konnte oder sie zumindest so taten, als könnte ich das) – und alle Lehrer, die ich im Zuge dieses Buches nochmals kontaktierte, bestätigten mir eines: Genauso wie man Schülern im Unterricht die Freiheit geben muss, Dinge auszuprobieren und sich Wissen selbst aufzubauen, muss man Lehrern die Freiheit geben, über den Tellerrand hinauszuschauen und die eigene Begeisterung wachzuhalten.

Nicht nur in Deutschland, auch in Singapur ist man mit dem eigenen Bildungssystem unzufrieden. Man investiert deswegen auch und vor allem in die Lehrer. Über hundert Stunden werden Lehrer hier jährlich in Fortbildungskursen mit den neuesten Trends und Möglichkeiten der Bildung versorgt.[78] Das sind zwei Stunden pro Woche! Die Klassen sind mit durchschnittlich 36 Schülern größer als im Weltdurchschnitt (dort: 24), doch man investiert lieber in top-ausgebildete Lehrkräfte in großen Klassen als in mittelmäßige in kleineren. Überhaupt ist das Investment in Lehrkräfte der Schlüssel zu guter Bildung. Als man 2017 in einer Übersichtsarbeit die wichtigsten Prinzipien der Lehrerfortbildung verglich (so stellte man die Ansätze aus Finnland, Singapur, Australien, Kanada und den USA einander gegenüber), kamen als entscheidende Erfolgsfaktoren heraus: Lehrer erhalten in bildungserfolgreichen Ländern ständig Fortbildungsmöglichkeiten und verfügen über ein Netzwerk, in dem sie sich austauschen können und das Kooperationen zu anderen Bildungseinrichtungen ermöglicht.[79] Man lernt voneinander und hinterfragt seine Lehrmethoden permanent. Außerdem werden sie immer wieder in ihrem Unterrichtsverhalten beurteilt, was weitere Feedback- und Verbesserungsmöglichkeiten bedeutet. Übrigens sollte man dabei nicht zu sehr Wert auf das Urteil der Schulklasse legen, denn es stellt sich heraus, dass die Lehrer mit den besten Schülerbewertungen langfristig weniger gut Wissen vermitteln als die etwas schlechter bewerteten Lehrer.[80] Bildung muss nämlich manchmal auch ein bisschen unangenehm und schwierig sein. Erinnern Sie sich an die Kapitel über die »erwünschten Schwierigkeiten« in der Wissensvermittlung?

Solche Vergleichsstudien zeigen schon, dass Bildung mittlerweile ein weltweiter Wettbewerb geworden ist. Wissen ist die wichtigste Ressource der Welt. Es geht nicht darum, die besten Abschlüsse zu haben, sondern das beste Wissen. Meine Schwester hat Chemieingenieurwesen studiert (ein Studiengang, bei dem man den Frauenanteil im Promillebereich messen musste), an einer Uni, bei der man stolz sein darf, wenn man mit einer 2 abschließt. Wenn man sich dann international an Universitäten bewirbt, konkurriert man mit einer Armada aus 1er-Absolventen aus aller Herren Länder. Langfristig setzt sich dennoch die Qualität (sprich: das Wissen, das Verstehen) durch – und die sollte bei Bildung im Vordergrund stehen. Letztendlich ist der Lehrberuf ein Schlüsselberuf in einer Wissensgesellschaft. Gute Lehrer sind im Idealfall Verführungskünstler, sie werden zum Advokaten für unsere Neugier, sie führen uns zu neuem Wissen. Oder wie ich es als Quintessenz aus meinem Spiele-Kurs aus Berkeley mitnahm: »Ein Boss sagt: Go! Ein Leader sagt: Let's go!«[81] Für gute Lehrer gilt das Gleiche.

3.5 Das Fünf-Dollar-Geheimnis – Wie Verstehen für gute Ideen sorgt

Stanford, Kalifornien, vor über zehn Jahren: Die Studenten in einem Studiengang zu Unternehmensgründung bekommen eine raffinierte Aufgabe gestellt. Die Klasse wird geteilt, und jedes Team bekommt fünf Dollar und zwei Stunden Zeit, aus diesen fünf Dollar möglichst viel Geld zu machen. Natürlich darf man sich vorher überlegen, wie man die zwei Stunden nutzen möchte – doch nach vier Tagen muss man der restlichen Klasse präsentieren, wie man als angehender Unternehmensgründer vorgegangen ist.

Was würden Sie mit fünf Euro und zwei Stunden Zeit machen? Vielleicht würden Sie sich Eimer, Seife und Schwamm kaufen und einen Autowaschservice anbieten? Oder Sie kaufen sich ein paar Brötchen und Wurst und verkaufen belegte Brötchen weiter? Oder Sie wetten darauf, dass die Bayern das nächste Fußballspiel gewinnen? Klar, damit kann man ein bisschen Geld machen – aber richtig große Sprünge sind wohl nicht drin. Das erfolgreichste Team machte hingegen über 600 Dollar in zwei Stunden. Denn der Trick ist zu verstehen, um was es eigentlich geht.

Ein Team erkannte, dass fünf Dollar eine eigentlich wertlose Ressource sind, und stellte sich deshalb die Frage: Was wäre wohl möglich, wenn man davon ausgeht, dass man gar kein Geld hat und nur die zwei Stunden Zeit? Die Antwort: Man könnte für mögliche Kunden ein Problem lösen, völlig unabhängig von den fünf Dollar. Die Gruppe stellte fest, dass es an der kalifornischen Westküste beliebte Restaurants gibt, für die man nur schwer Reservierungen bekommt. Also besorgten sie sich rechtzeitig die begehrten Plätze an einem Samstagabend und verkauften sie an diejenigen weiter, die nicht so lange warten wollten. Gerade bei teuren Restaurants hat man auf diese Weise schnell eine zahlungskräftige Klientel am Haken.

Diese Gruppe war ziemlich erfolgreich, doch den Vogel schossen diejenigen ab, die erkannten: Vergesst Zeit und Geld, erkennt den wahren Wert in diesem Experiment, die dreiminütige Abschlusspräsentation vor lauter Stanford-Elitestudenten! Unternehmen prügeln sich schließlich darum, die besten Typen von einer solchen Top-Universität abzuwerben, also könnte man diese dreiminütige Präsentationszeit einem Unternehmen anbieten. Gesagt, getan – der Slot wurde für 650 Dollar verkauft.[82]

Dieses gewitzte Experiment ist in zahlreichen Veröffentlichungen beschrieben worden und war der Startschuss für das von Stanford initiierte »Global Innovation Tournament«, bei dem Teams in ähnlichen Kreativaufgaben ihren Unternehmergeist unter Beweis stellen sollen. Es zeigt zwei Dinge: Erstens fällt es selbst auf Einfallsreichtum geschulten Stanford-Studenten schwer, diese Aufgabe kreativ zu lösen. Zweitens, die besten Ideen beginnen damit, dass man versteht, um was es eigentlich geht. Alle drei Teilbereiche des Verstehens spielen hier die wichtige Rolle für den Erfolg: Wer das Problem einordnen und klassifizieren kann, erkennt, dass es unterschiedliche Ressourcen (Zeit, Geld, Abschlusspräsentation) in diesem Experiment gibt. Wer das Ursache-Wirkungs-Prinzip der jeweiligen Ressourcen beachtet, stellt fest, warum die verschiedenen Ansätze mehr oder weniger erfolgversprechend sind. Und wer den Transfer leisten kann und unterschiedliche Denkschemas kombiniert, hat richtig Erfolg.

Dieser Aha-Moment ist das wichtige Ziel des Unterrichts, er geschieht plötzlich, unumkehrbar und ermöglicht, neue

Probleme zu lösen. Mit Sicherheit wird niemals später im Leben wieder die Aufgabe auftauchen, dass man aus fünf Dollar in zwei Stunden möglichst viel Geld machen soll. Doch das Denkschema, dass man sich vom Offensichtlichen entfernt, dass man die Sachen hinterfragt und neue Sichtweisen zur Lösungsfindung berücksichtigt, wird entscheidend bei allen erfolgreich gelösten Problemen sein. Eigentlich war auch dieses Experiment wieder sehr ineffizient: Man ließ die Teilnehmer sogar mehrere Tage damit zubringen, eine Lösung zu finden – in der Gewissheit, dass die allermeisten Lösungen falsch sein werden. Dennoch war der Erkenntnisgewinn sehr effektiv.

Die Fähigkeit, neue Ideen zu entwickeln, ist zunächst keine Frage des Schulsystems, des Alters oder der Intelligenz. Es ist eine Frage der Haltung und, ob man Menschen ermutigt, die Dinge aktiv zu hinterfragen. Leider machen wir heute häufig das Gegenteil. Wir fordern, dass Menschen fehlerfrei und akkurat denken, und unterschätzen dabei, dass Kreativität immer darauf aufbaut, dass man mit Denkmustern bricht oder Denkschemas ungewohnt kombiniert. Das ist unbequem, aber der einzige Weg, um wirklich gute Ideen zu entwickeln. Als man 2019 untersuchte, ob Kinder während der Schulzeit tatsächlich unkreativer werden (wie man landläufig vermutet), kam heraus, dass weder Alter noch Geschlecht oder Intelligenz ausschlaggebend dafür waren, wie gut jemand auf neue Ideen kam. Viel interessanter: Während bei einigen Kindern die Kreativität tatsächlich abnahm, stieg sie bei anderen an – und zwar bei denjenigen, die auch sonst häufiger zu Regelbrüchen oder aggressivem Verhalten neigten.[83] Das soll jetzt nicht heißen, dass wir mehr Rabauken in unserem Leben brauchen, weil nur die Aggressoren auf gute Ideen kommen. Es zeigt vielmehr, dass es darauf ankommt, Dinge infrage zu stellen und nicht zu schnell zufrieden zu sein. Wenn wir von Menschen verlangen (egal in welchem Schulsystem oder Unternehmensumfeld), akkurat zu funktionieren, kann man schließlich nicht erwarten, dass man später die querdenkenden Ideen erntet. Schon vor einigen Jahren stellte man bei einer Untersuchung fest, dass sich Kinder von Waldorfschulen und klassischen Schulen hinsichtlich ihrer Kreativität nur unwesentlich unterschieden. Etwas anderes kam jedoch ebenfalls heraus: Die unzufriedensten Kinder waren diejenigen, die am besten in den Kreativitätstests abschnitten.[84] Unzufriedenheit ist gewissermaßen die radikale und unangenehme Schwester der Unklarheit, dem wichtigen Prinzip zur Verständnisbildung. Denn wenn alles klar und man selbst zufrieden ist, warum sollte man dann noch die Sachen aktiv hinterfragen und Neues entwickeln? Zufriedene Menschen stellen keine Fragen, sie lassen es sich einfach gutgehen. Mit dieser Einstellung wird es aber schwierig, den Dingen auf den Grund zu gehen.

Verstehenstrick Einordnen: Warum man auf andere hören sollte

Im Jahr 2000 dominierte Siemens den weltweiten Markt für Telekommunikationssysteme. Die Unternehmenssparte »Information and Communication Networks« (darunter fällt zum Beispiel die Festnetzinfrastruktur) war das Rückgrat von Siemens, machte 11,4 Milliarden Euro Umsatz und knapp 700 Millionen Euro Gewinn.[85] 2005 war der Umsatz der nun »Information and Communications« (Com) genannten Sparte auf 13,8 Milliarden Euro angewachsen,[86] nichts schien das Wachstum aufhalten zu können, schließlich war die Telekommunikation *der* Wachstumsmarkt der 2000er. Ein Jahr später, 2006, war die Com-Sparte von Siemens am Ende. Sie wurde zerschlagen, ein Großteil ging an Nokia, 53 000 Mitarbeiter verloren ihren Arbeitsplatz, Siemens stand in der Krise.[87]

Wie konnte ein milliardenschwerer Unternehmensteil, führend in seiner Technologie, quasi über Nacht vernichtet werden? Der Grund war: Man hatte die Entwicklung in der Telekommunikation kurz nach der Jahrtausendwende nicht verstanden und wurde von einem Wettbewerber überrollt. Man hatte auch nicht zugehört, als man die Möglichkeit bekam, rechtzeitig auf ein anderes Telekommunikationssystem zu setzen. Siemens nutzte nämlich das Prinzip der klassischen Leitungsvermittlung. Ganz ähnlich wie zu den Anfängen des Telefonierens, als das »Fräulein vom Amt« noch einen Anschluss direkt mit einem anderen verband. Der Vorteil war die hohe Gesprächsqualität ohne zeitliche Verzögerung. So machte Siemens Werbung: mit der besten Telefonqualität, kristallklarem Sound, als wäre man mit dem Gesprächspartner in einem Raum.

Gleichzeitig entwickelte ein anderes Unternehmen eine Technik, um Daten im neu aufkommenden Internet zu verschicken: Cisco Systems. Damit man Daten schnell versenden kann, zerlegt man sie in Einzelteile und verschickt diese Datenpakete stückchenweise. Prinzipiell kann man mit dieser Technik auch telefonieren, denn auch Gespräche kann man in kleinere Päckchen zerhacken und dann über die Datenleitung verschicken. Der Nachteil ist jedoch, dass das Gespräch nicht so klar und deutlich ist und außerdem etwas zeitverzögert daherkommt. Was Siemens jedoch nicht verstand: Für die Kundschaft ist die Qualität des Telefongesprächs gar nicht entscheidend. Es reicht ja, wenn man den anderen akustisch halbwegs wahrnehmen kann. Im echten Leben sind wir schließlich auch immer von Geräuschen umgeben – warum also von einem Telefon verlangen, dass es Tonstudioqualität bietet? Mit der Cisco-Technik konnte man in annehmbarer Qualität telefonieren – zusätzlich aber gleichzeitig Daten transportieren. Sprich: im Internet surfen. Das ermöglichte dieser Technik den Durchbruch und verdrängte die Siemens-Technik in wenigen Monaten nahezu vollständig.[88] Die Ironie an dieser Stelle: Schon in den 1980er-Jahren waren die späteren Gründer von Cisco mit ihrer Idee bei Siemens vorstellig geworden. Ob Siemens denn investieren wolle, fragten sie die Verantwortlichen. Diese entgegneten brüsk: »Wie soll das denn funktionieren? Wenn das ginge, hätten ja wir es erfunden.«[89] Da tröstet auch die doppelte Ironie wenig: Siemens verkaufte seine im Zerfall begriffene Com-Sparte an Nokia, die kurz zuvor einen Prototypen für ein neues Mobiltelefon entwickelt hatten: ein Telefon mit Touchscreen und Apps.[90] Jahre bevor Apple mit dem iPhone den Weltmarkt für Smartphones dominieren sollte, hatte Nokia das Produkt schon längst im Köcher gehabt! Die Firmenleitung stampfte die Idee der Designabteilung jedoch ein, schließlich verdiente man sich zu dieser Zeit mit klassischen Handys eine goldene Nase. Sieben Jahre später war die Firma quasi am Ende. Hier sieht man wieder: Der Athlet auf dem Höhepunkt seiner Kraft ist seinem Fall am nächsten. Immerhin, heute macht Siemens fast das Dreifache an Gewinn wie Mitte der 2000er.[91] Man kann also gestärkt zurückkommen.

Erinnern Sie sich an das Kapitel über das Einordnen und Kontrastieren von Malstilen (Kapitel 3.1): Wer immer nur blockweise und gebündelt auf die gleiche Sammlung an Bildern schaut, tut sich schwer, neue Bilder richtig zuzuordnen. Man wird blind für die Veränderungen, je effizienter und stromlinienförmiger man in seinem Denken wird. Neue Ideen entwickelt man schließlich nur dann, wenn man die Dinge hinterfragt und mit anderen vergleicht.

Das sagt sich so leicht, ist aber schwierig. Denn Menschen schrecken vor neuen Sichtweisen prinzipiell erst mal zurück. Genauso wie die Siemens-Chefs oder die Nokia-Vorstände, die neue Ideen abgelehnt haben. Man versetze sich in ihre Lage: Jemand kommt mit einer radikal neuen Idee, die das eigene Geschäftsmodell infrage stellt. Wenn man da einschlägt, gibt man gleichzeitig zu, dass man vorher falschgelegen hat. Auch wissenschaftliche Studien belegen, wie schwer es uns fällt, Sichtweisen zu verändern. Im konkreten Fall präsentierte man Probanden unverfängliche Statements zu Sachthemen (zum Beispiel: Ein Vitaminpräparat ist gut für die Gesundheit) und politische Behauptungen (beispielsweise: Abtreibungen sollte man generell erlauben). Nahm man dann eine Stellung zu den Behauptungen ein, wurden Gegenargumente vorgelegt, zum Beispiel, dass Vitaminpillen für die Gesundheit gar nichts bringen, weil die Vitamine vom Körper gar nicht vollständig aufgenommen werden können. Interessanterweise änderten die Teilnehmer ihre Sichtweisen – aber nur bei den unpolitischen Behauptungen, die man durch sachliche Belege gut entkräften konnte. Je politischer oder persönlicher es wurde, desto stärker lehnte man die Gegenbeweise ab und umso starrköpfiger wurde man.[92] Und dank der Hirnforschung weiß man nun auch, was da besonders starr im Kopf ist: nämlich die Amygdala und die Inselrinde. Während die Inselrinde daran beteiligt ist, ein Selbstempfinden aufzubauen, vermittelt die Amygdala in diesem Experiment vermutlich die Abwehrreaktion. Anders gesagt: Je stärker man sich persönlich angegriffen fühlt, desto weniger zugänglich wird man für Argumente. Selbst faktisch korrekte Tatsachen werden dann ignoriert oder zum Festhalten an der eigenen Meinung genutzt.

In derselben Studie zeigte sich übrigens auch, dass Menschen nur dann ihre Meinung änderten, wenn sie dafür eine andere Hirnregion aktivierten: ein Nervennetzwerk, das immer dann anspringt, wenn wir uns über uns selbst Gedanken machen, Was-wäre-wenn-Fragen stellen oder von einem Problem zurücktreten und uns neuen Eindrücken aussetzen. Deswegen: Wann immer jemand mit einer neuen Meinung oder einem Vorschlag kommt, hören Sie zu und nutzen Sie, wenn nur für einen winzigen Moment, die Möglichkeit, dieser Idee etwas Positives abzugewinnen. Kontrastieren Sie Ihre Sichtweisen mit neuen Eindrücken – oder erleiden Sie das Schicksal von Nokia, Kodak, Yahoo, BlackBerry, AOL oder Atari (dessen Untergang ich besonders bedaure).

Verstehenstrick Ursachenforschung: Wie man sich neu erfindet

Gute Ideen haben oft eine besondere Eigenschaft. Im Nachhinein erscheinen sie so einfach und logisch, dass man sich wundert, nicht selbst darauf gekommen zu sein. War ja klar, dass das mit den Smartphones so kommen musste und Apple den Smartphone-Markt dominiert. Oder Amazon den E-Commerce, Google die Suchmaschinen und Facebook die sozialen Medien. Alle erfolgreichen Entwicklungen der letzten Jahre lassen sich in der Rückschau begründen, doch nicht alle Begründungen von heute werden in Zukunft korrekt sein. Bedenken Sie: Wir halten uns für die Cleversten, dabei sind wir diejenigen, über die sich die Leute in fünfzig Jahren lustig machen werden.

Die Wirtschaftsgeschichte der letzten zwanzig Jahre ließe sich nämlich auch problemlos anhand der Beispiele erzählen, von denen jeder dachte, dass sie kommen werden, die sich jedoch niemals durchgesetzt haben: das Bildtelefon zum Beispiel. Ende der 1990er-Jahre, ISDN kommt auf den Markt, überall macht die Telekom Werbung für Bildtelefone, die noch heute ein Nischendasein fristen. Die Datenbrille von Google-Glass gab es schon 2013 – wird sich aber nie durchsetzen. Das Brennstoffzellenauto kam schon in den 1990ern, fristet bis heute ein Schattendasein. Ich kann mich an die ersten Veröffentlichungen meiner Bücher vor einigen Jahren erinnern und dass damals das Schreckgespenst »E-Book-Reader« durch die Buchbranche geisterte. In Zukunft, so dachte man 2014, würde man nur noch E-Books lesen, der Markt für gedruckte

Bücher und Buchläden würde erodieren. Es kam anders, von meinem letzten Buch wurden zehn Prozent als E-Book verkauft, was immer noch mehr ist als die etwa fünf Prozent, die das E-Book am Gesamtmarkt ausmacht (Tendenz stagnierend).[93] Ähnlich erging es dem Smart-TV (denn Leute wollen sich nicht im Wohnzimmer vor eine Webcam setzen) oder dem 3-D-Fernsehen, das schon seit vielen Jahren kurz vor dem Durchbruch steht.

Auch heute leben wir in einer Welt von Innovationsversprechen, von denen wir nicht wissen, ob sie sich durchsetzen werden. Das selbstfahrende Auto ist so ein Fall. Niemand weiß, ob das vollautonom fahrende Auto wirklich kommen wird. Denn nicht die Entwicklungsabteilung eines Automobilherstellers entscheidet darüber, ob ein Produkt erfolgreich ist, sondern der Markt. Es gibt einige Gründe, die dem selbstfahrenden Auto ein ähnliches Schicksal prophezeien wie den soeben genannten Hypes. So führte man schon vor wenigen Jahren eine theoretische Simulation durch, in der man untersuchte, wie sich der Straßenverkehr ändern würde, wenn nur noch vollautonome Robo-Autos auf den Straßen führen. Das Ergebnis: Städte würden zu einer Fußgängerzone werden.[94] Denn in einer Welt voller selbstfahrender Autos ist der Fußgänger der King. Schließlich halten solche auf Sicherheit programmierten Autos immer an, wenn ein Fußgänger kommt. Das weiß man als Fußgänger und kann den Autos immer die Vorfahrt nehmen. Wozu noch an einer roten Fußgängerampel halten? Ein Schwätzchen auf der Mittelspur – überhaupt kein Problem, die Autos halten an oder kurven drum herum. So wird man in einem selbstfahrenden Auto degradiert ans unterste Ende der Verkehrsnahrungskette: Als Kind habe ich mit meinen Freunden noch Klingelstreiche gemacht, vielleicht spielt man in Zukunft Auto-Brems-Streiche? Dass das keine rein theoretischen Überlegungen sind, kam 2019 heraus, als das Transportunternehmen Uber davon berichtete, dass Fußgänger und andere Verkehrsteilnehmer gezielt die selbstfahrenden Autos der Uber-Flotte schikanierten, abdrängten und ihnen die Vorfahrt nahmen.[95] Das selbstfahrende Auto darf in keiner Zukunftsvision fehlen – dabei ist es das geborene Opfer.

Es kann auch ganz anders kommen, und in dreißig Jahren werden wir alle in selbstfahrenden Autos an unser Ziel kutschiert. Der Punkt ist: Wir wissen es nicht – doch nur wenn wir den wahren Grund dafür verstehen, weshalb sich Ideen durchsetzen und andere scheitern, werden wir Erfolg haben können. Dies erfordert, dass wir nicht immer aus unserer Perspektive denken. Im Kapitel 2.4 »Warum überhaupt?« haben Sie gesehen, dass unser Gehirn prinzipiell nur dann ein Ursache-Wirkungs-Prinzip erkennen kann, wenn es sich selbst in andere Positionen oder Personen hineinversetzt. Tun wir das nicht, kapieren wir auch nicht, warum die Dinge funktionieren. So wie die Instagrammerin Arianna Renee, die mittlerweile über 2,6 Millionen Follower hat. Sie wollte Mitte 2019 eine eigene T-Shirt-Kollektion herausbringen. Bei mehreren Millionen Online-Fans sollte das schließlich kein Problem sein. Sie verkaufte jedoch noch nicht mal 36 Stück.[96] Offenbar hatte sie nicht die Perspektive ihrer Community berücksichtigt. Genau dieses Ich-fixierte Denken steht echtem Verständnis häufig im Weg.

In diesem Buch ist eine Vielzahl an Techniken aufgeführt, mit denen man sein Verständnis schärfen kann. Eine der mächtigsten Strategien kombiniert das produktive Fehlermachen mit anschließendem Feedback. Es eignet sich nicht nur wunderbar dafür, Sachverhalte ursächlich zu durchdringen, sondern gleichzeitig auch, um neue Denkwege zu entwickeln. Denn gerade aus diesen kontrollierten Fehlschlägen entwickelt man das beste Verständnis für die Dinge. Genau diesen Moment muss man in der Bildung nutzen, um als Lehrkraft neue Infos zur Verfügung zu stellen. Im Unternehmensumfeld ist es ganz ähnlich, nur dass das Feedback nicht von einer

Lehrkraft, sondern vom Markt kommt. Die Lehrmeister aller guten Ideen sind die Menschen um uns herum, die uns nach unseren Fehlschlägen Tipps geben, wie es besser geht.

Niemand würde heutzutage zum Beispiel einen Omnibus entwickeln: zu unsicher, zu wenig kontrollierbar, zu unrentabel. Denn die Idee eines Omnibusses ist es, dass Menschen einfach so in einen Bus steigen, sich nicht an feste Plätze setzen und unangeschnallt durch die unfallträchtigsten Straßen gefahren werden: nämlich in der Stadt und auf dem Land. Weil man keine Gurte hat, gibt es praktische Haltegriffe und -schlaufen, an denen man sich zur Not festhalten kann, und zu guter Letzt überprüft auch niemand, wie viele Menschen tatsächlich in den Bus einsteigen. Trotzdem fahren die Dinger und sollen im Zuge des ÖPNV-Ausbaus noch viel häufiger fahren. Was für ein Schlag ins Gesicht für jeden Entwickler eines selbstfahrenden Autos, das selbstverständlich auf hundertprozentige Sicherheit programmiert sein muss. Man macht sich moralische Gedanken darüber, ob selbstfahrende Autos im Zweifelsfall die alte Oma oder das junge Mädchen umfahren sollen. Was für eine seltsam akademisch-philosophische Diskussion, wenn man gleichzeitig Zigtausende Menschen unangeschnallt in Omnibussen fahren lässt. Wer hätte damals gedacht, dass Busse so erfolgreich sind? Und warum prophezeien wir heute den selbstfahrenden Autos eine goldene Zukunft?

Achtung, Denkfehlergefahr: Nicht immer führt eine Ursachenforschung zur Erkenntnis. Nämlich immer dann, wenn man das Erfolgreiche erforscht und das Erfolglose oder Widersprüchliche ignoriert. In diesem Kapitel habe ich deswegen einige Beispiele von wirtschaftlichen Fehlschlägen gezeigt, weil man aus Niederlagen oft mehr lernen kann als aus Siegen. Praxistipp an dieser Stelle: Wenn Sie wirtschaftliche oder gesellschaftliche Entwicklungen verstehen wollen, schauen Sie sich immer Gegenbeispiele an von Menschen, Unternehmen oder Staaten, die gescheitert sind. Das ist nicht einfach, denn selbst dann erliegen Menschen dem *»survivorship bias«*, also der Denkfalle, dass man am Ende nur die Erfolgreichen sieht. Beispiel: Googeln Sie nach *»people who failed«*, dann spuckt Ihnen die Suchmaschine nicht eine Liste erfolgloser Leute aus, sondern eine Liste von denjenigen, die erfolgreich wurden, nachdem sie mal gescheitert waren. Wer sich dann die Geschichten von Walt Disney, Steven Spielberg und J.K. Rowling durchliest, könnte denken, dass Scheitern quasi zum Erfolg dazugehört. Das ist natürlich Quatsch. *»Try again. Fail again. Fail better«*, so lautet ein häufig zitiertes Mantra dieser Kultur des Scheiterns. Was die wenigsten wissen, wie dieses Zitat von Samuel Beckett später weitergeht: *»Try again. Fail again. Better again. Or better worse. Fail worse again. Still worse again. Till sick for good.«*[97] Man kann sich also auch zu Tode scheitern, bis man die Schnauze für immer voll hat. Am Scheitern ist nämlich gar nichts gut, niemand scheitert gern. Aber wenn man schon mal gescheitert ist, dann sollte man die Gelegenheit nutzen, um zu verstehen, wie man es besser machen könnte. Das muss man im nächsten Schritt allerdings auch tun. Niederlagen sind oft spannender als Siege – Siege jedoch sind trotzdem viel schöner. Leider versperren uns Siege oft den Weg zur Erkenntnis, denn wenn alles gut läuft, braucht man sich nicht zu hinterfragen. Dabei fängt mit dem Hinterfragen das Verstehen an. Anders gesagt: Wer nur gewinnt, muss nichts verstehen. Dann darf man allerdings nicht überrascht sein, wenn der Abschwung kommt. Denn wer weiß es schon: Vielleicht ist das heutige Apple das morgige Nokia?

Verstehenstrick Schemadenken: Wie man sich inspiriert

Nach den ganzen Misserfolgsstorys wieder zurück zu den Gewinnertypen. Kobe Bryant ist so einer, der dritterfolgreichste Scorer der nordamerikanischen Basketballliga NBA. Eine Legende. Sein Spezialwurf war der Fadeaway: ein Wurf, bei dem Bryant im Zurückfallen über den Gegenspieler hinweg in den Korb warf. Allerdings ist dieser Wurftyp, wie Bryant selbst zugab, nicht ganz einfach, weil man dabei leicht das Gleichgewicht verlieren kann. In einem Interview mit der *New York Times* verriet er 2014 jedoch, warum er seinen Fadeaway-Wurf dennoch beherrscht. Irgendwann sah er im Fernsehen, wie ein Gepard seine Beute jagte. Obwohl er in höchstem Tempo scharfe Haken schlagen und die Richtung wechseln musste, behielt er die Balance. Der Grund: Sein Schwanz diente als Gleichgewichtsstütze und glich die Richtungswechsel aus. Genau dieses Prinzip nutzte Kobe Bryant und streckte von nun an bei seinem Wurf immer ein Bein aus, um nicht umzufallen.[98] Auf ganz vielen Bildern sieht man ihn deshalb mit seltsam abgewinkeltem Bein – dem Gepard sei Dank.

Neben dem Hinterfragen und dem Erklären ist das Kombinieren von Denkschemas die erfolgreiche dritte Zutat für das Verstehen und für das Erzeugen neuer Ideen. Wann immer man mit einem Denkschema auf ein anderes Problem losgelassen wird, entstehen faszinierende Ergebnisse. Seit 2017 gibt es beispielsweise eine Kooperation zwischen Lufthansa-Piloten und Chirurgen, bei denen beide Seiten voneinander profitieren können. Schließlich stehen sowohl Piloten als auch Chirurgen vor ähnlichen Problemen: Sie müssen unter Druck in einem hierarchischen System schnell Entscheidungen treffen und dennoch kritikfähig sein. Niemand ist dabei vor menschlichem Versagen gefeit. 2018 starben in Deutschland 88 Menschen durch ärztliche Behandlungsfehler.[99] Warum sich daher nicht gegenseitig unterstützen und die Denkschemas der Piloten nutzen – und umgekehrt?

Es ist völlig egal, was Sie kombinieren, Hauptsache, Sie bringen unterschiedliche Denkschemas zusammen. Das setzt immer voraus, dass Sie vorher ein Denkschema aufgebaut (sprich: verstanden) haben; sobald das passiert ist, können Sie kreativ werden. Dieses Buch ist zum Beispiel in Kürze zu Ende. Sie können es zuklappen und sich darüber Gedanken machen, wie Sie die Dinge besser verstehen oder anderen Menschen auf clevere Weise Wissen vermitteln können. Dann haben Sie das Buch verstanden. Sie können es aber auch verwenden, um damit eine nervige Fliege zu vertreiben, als Unterlage für einen wackelnden Tisch oder um Ihren Kamin anzuzünden. Auch dann haben Sie verstanden, was Sie mit diesem Buch machen können. Ich nehme es Ihnen nicht übel, wenn Sie dieses Buch zum Feuermachen nutzen, solange Sie jedes Mal mein Buch als Anzünder verwenden.

»*Creativity is just connecting things*«, soll Steve Jobs gesagt haben. Das ist natürlich nur die halbe Wahrheit, denn es fängt damit an, dass man Dinge hat, die man kombinieren kann. Er selbst besuchte zu seiner Uni-Zeit einen Kalligrafiekurs, was angesichts des aufkommenden digitalen Schreibens sicherlich nicht als besonders visionär gegolten haben durfte. Doch die Idee, dass man Schriftarten ansehnlich gestaltet und Produkte immer einem Design-Anspruch genügen müssen, fand Jahre später Niederschlag in den Macintosh-Computern.[100] Dieses Denkschema-Übertragen gilt übrigens nicht nur für kreative Gestalter, sondern auch für Ingenieure, deren grundlegendes Denkschema nicht designgetrieben ist. »*Form follows function*«, sagt der Ingenieur – und muss dennoch in der Lage sein, über den Tellerrand hinauszuschauen. Als man vor wenigen Jahren deswegen gezielt im Ingenieursumfeld untersuchte, was die einfallsreichsten Köpfe ausmachte, kam genau das heraus: Viel wichtiger als die fachliche Expertise wird irgendwann fachfremdes Wissen, sprich: ein neues Denkschema.[101] Ich habe deswegen noch kein Projekt gesehen, das nicht von einem Nicht-Experten profitiert hätte. Ob es Geparden, Piloten oder Kalligrafen sind: Der unerwartete Blick von außen auf ein Problem führt immer zu Lösungen, auf die man selbst nicht gekommen wäre. Ob diese funktionieren oder nicht ist eine andere Frage – aber der Startschuss für die nächste bahnbrechende Idee ist immer die Kombination von Denkschemas.

Ich komme aus einer Ingenieursfamilie. Ich musste mich fast dafür entschuldigen, »nur das mit dem Gehirn« gemacht zu haben, schließlich haben Ingenieure die Welt gebaut und verändert – und das stimmt auch. Es sind Visionäre, die verstanden haben, wie man ein neues Geschäftsmodell entwickelt und dann verfeinert und anwendet. Wir brauchen ein solches Denken, dass man vor dem Hintergrund einer breiten Allgemeinbildung erst versteht, um was es geht, und anschließend die funktionierende und neuartige Lösung ausarbeitet. Larry Page und Sergej Brin, die Gründer von Google, wollten zu Beginn nicht die besten Programmierer werden, sondern das Wissen der Welt einfach und schnell zugänglich machen. Ein Katalog des Weltwissens – das ist mal ein Anspruch! Amazon hat verstanden, wie Menschen ticken: Sie sind faul – und darauf kann man super ein neues Geschäftsmodell aufbauen. Facebook begriff hingegen, dass Menschen süchtig nach sozialer Anerkennung sind, fertig ist das Geschäftsmodell sozialer Netzwerke. Hinterher noch ein paar Codezeilen zu programmieren, geschenkt. Wichtig ist die Idee am Anfang und, dass man ein Verständnis der Dinge entwickelt. Damit verändert man die Welt.

Anmerkungen

1 Lernen

1 Ich danke Gert Scobel, der mich auf dieses Phänomen des Grenzübertritts aufmerksam machte.
2 Hawkins DM (2004) The problem of overfitting, J Chem Inf Comput Sci, 44(1):1–12
3 French RM (1999) Catastrophic forgetting in connectionist networks, Trends Cogn Sci, 3(4):128–135
4 Simić G et al. (1997) Volume and number of neurons of the human hippocampal formation in normal aging and Alzheimer's disease, J Comp Neurol, 379(4):482–94
5 O'Neill J (2010) Play it again: reactivation of waking experience and memory, Trends Neurosci, 33(5):220–229
6 Jenkins JG et al. (1928) Obliviscence During Sleep and Waking, Am J Psychol 605–612
7 Lewis PA et al. (2018) How Memory Replay in Sleep Boosts Creative Problem-Solving, Trends Cogn Sci, 22(6):491–503
8 Schuck NW, Niv Y (2019) Sequential replay of nonspatial task states in the human hippocampus, Science, 364(6447)
9 Ben-Yakov A et al. (2013) Hippocampal immediate poststimulus activity in the encoding of consecutive naturalistic episodes, J Exp Psychol Gen, 142(4):1255–63
10 Frankland PW, Bontempi B (2005) The organization of recent and remote memories, Nat Rev Neurosci, 6(2):119–30
11 Mnih V et al. (2015) Human-level control through deep reinforcement learning, Nature, 518(7540):529–33

12 Silver D et al. (2016) Mastering the game of Go with deep neural networks and tree search, Nature, 529(7587):484–489

13 Silver D et al. (2017) Mastering the game of Go without human knowledge, Nature, 550(7676):354–359

14 https://twitter.com/jackyalcine/status/615329515909156865

15 https://www.wired.com/story/when-it-comes-to-gorillas-google-photos-remains-blind/

16 https://www.aclu.org/blog/privacy-technology/surveillance-technologies/amazons-face-recognition-falsely-matched-28

17 Buolamwini J, Gebru T (2018) Gender Shades: Intersectional Accuracy Disparities in Commercial Gender Classification, Proceedings of Machine Learning Research, 81:1–15

18 Wang Y et al. (2016) Do They All Look the Same? Deciphering Chinese, Japanese and Koreans by Fine-Grained Deep Learning, arXiv:1610.01854

19 Sekeres MJ et al. (2016) Recovering and preventing loss of detailed memory: differential rates of forgetting for detail types in episodic memory, Learn Mem, 23(2):72–82

20 Richards BA, Frankland PW (2017) The Persistence and Transience of Memory, Neuron, 94(6):1071–1084

21 Huijbers W et al. (2017) Age-Related Increases in Tip-of-the-tongue are Distinct from Decreases in Remembering Names: A Functional MRI Study, Cereb Cortex, 27(9):4339–4349

22 Ramscar M et al. (2014) The myth of cognitive decline: non-linear dynamics of lifelong learning., Top Cogn Sci, 6(1):5–42

23 Porter SB, Baker AT (2015) CSI (Crime Scene Induction): Creating False Memories of Committing Crime, Trends Cogn Sci, 19(12):716–718

24 https://www.innocenceproject.org/dna-exonerations-in-the-united-states/

25 St Jacques, PL et al. (2015). Modifying memory for a museum tour in older adults: Reactivation-related updating that enhances and distorts memory is reduced in ageing, Memory, 23(6):876–887

26 Björkstrand J (2017) Think twice, it's all right: Long lasting

effects of disrupted reconsolidation on brain and behavior in human long-term fear, Behav Brain Res, 324:125–129
27 James EL et al. (2015) Computer Game Play Reduces Intrusive Memories of Experimental Trauma via Reconsolidation-Update Mechanisms, Psychol Sci, 26(8):1201–15
28 https://www.kapiert.de/lerntypentest/
29 Kirschner PA (2017) Stop propagating the learning styles myth, Computers & Education, 106:166–171
30 Dekker S et al. (2012) Neuromyths in Education: Prevalence and Predictors of Misconceptions among Teachers, Front Psychol, 3:429
31 Macdonald K et al. (2017) Dispelling the Myth: Training in Education or Neuroscience Decreases but Does Not Eliminate Beliefs in Neuromyths, Front Psychol, 8:1314
32 Rovers SFE et al. (2018) How and Why Do Students Use Learning Strategies? A Mixed Methods Study on Learning Strategies and Desirable Difficulties With Effective Strategy Users, Front. Psychol, doi:10.3389/fpsyg.2018.02501
33 https://www.bertelsmann-stiftung.de/de/themen/aktuelle-meldungen/2016/januar/eltern-geben-jaehrlich-rund-900-millionen-euro-fuer-nachhilfe-aus/
34 https://www.globenewswire.com/news-release/2019/01/22/1703399/0/en/Global-Private-Tutoring-Market-Will-Reach-USD-177-621-Million-By-2026-Zion-Market-Research.html
35 https://www.globaldata.com/store/report/gdtmt-tr-s212--video-games-thematic-research/
36 https://www.prnewswire.com/news-releases/global-beauty-and-personal-care-products-market-2018-2025---increasing-adoption-of-augmented-reality-in-the-beauty-industry-300750230.html
37 Karpicke JD et al. (2009) Metacognitive strategies in student learning:Do students practise retrieval when they study on their own?, Memory, 7(4):471–479

38 Rothkopf EZ (1968) Textual constraint as function of repeated inspection, Journal of Educational Psychology, 59(1, Pt.1):20–25
39 Rawson KA, Kintsch W (2005) Rereading effects depend on time of test, Journal of Educational Psychology, 97:70–80
40 Roediger HL, Karpicke JD (2006) Test-enhanced learning: taking memory tests improves long-term retention, Psychol Sci, 17(3):249–255
41 Mueller PA, Oppenheimer DM (2014) The pen is mightier than the keyboard: advantages of longhand over laptop note taking, Psychol Sci, 25(6):1159–68
42 Lin C et al. (2018) Effects of Flashcards on Learning Authentic Materials: The Role of Detailed Versus Conceptual Flashcards and Individual Differences in Structure-Building Ability, Journal of Applied Research in Memory and Cognition, 7(4):529–539
43 Roediger HL, Karpicke JD (2006) Test-enhanced learning: taking memory tests improves long-term retention, Psychol Sci, 17(3):249–55
44 https://www.worldmemorychampionships.com/wmc-2018/
45 Fellner MC et al. (2017) Spatial Mnemonic Encoding: Theta Power Decreases and Medial Temporal Lobe BOLD Increases Co-Occur during the Usage of the Method of Loci, eNeuro, doi:10.1523/ENEURO.0184-16.2016
46 Müller NCJ et al. (2018) Hippocampal-caudate nucleus interactions support exceptional memory performance, Brain Struct Funct, 223(3):1379–1389
47 Wang AY (1992) Keyword mnemonic and retention of second-language vocabulary words, Journal of Educational Psychology, 84(4):520–528
48 Schmidgall SP, et al. (2019) Why do learners who draw perform well? Investigating the role of visualization, generation and externalization in learner-generated drawing, Learning and Instruction, 60:138–153
49 De Beni R, Moè A (2003) Presentation modality effects in stu-

dying passages. Are mental images always effective?, Applied Cognitive Psychology, 17(3):309–324
50 Leutner D et al. (2009) Cognitive load and science text comprehension: Effects of drawing and mentally imagining text content, Computers in Human Behavior, 25:284–289
51 Smith MA et al. (2013) Covert retrieval practice benefits retention as much as overt retrieval practice, Journal of Experimental Psychology: Learning, Memory, and Cognition, 39(6):1712–1725
52 Hattie JAC, Donoghue GM (2016) Learning strategies: a synthesis and conceptual model, NPJ Sci Learn, 1:16013

2 Verstehen

1 https://www.cs.cornell.edu/courses/cs6700/2013sp/readings/01-a-Watson-Short.pdf
2 https://www.spiegel.de/netzwelt/gadgets/watsons-sieg-im-jeopardy-duell-der-gewinner-schweigt-und-surrt-a-746056.html
3 https://gizmodo.com/ibms-watson-is-now-the-size-of-3-pizza-boxes-its-als-1497914636
4 Molino P et al. (2015) Playing with knowledge: A virtual player for »Who Wants to Be a Millionaire?« that leverages question answering techniques, Artificial Intelligence, 222:157–181
5 https://www.youtube.com/watch?v=D5VN56jQMWM
6 https://en.wikipedia.org/wiki/William_Wilkinson_(diplomat)
7 https://www.forbes.com/sites/erikaandersen/2012/03/23/true-fact-the-lack-of-pirates-is-causing-global-warming/
8 https://www.technologyreview.com/s/613943/facebooks-new-poker-playing-ai-could-wreck-the-online-poker-industryso-its-not-being/
9 Wallace E et al. (2019) Trick Me If You Can: Human-in-the-

Loop Generation of Adversarial Examples for Question Answering, Transactions of the Association for Computational Linguistics, doi:10.1162/tacl_a_00279
10 Schoenick C et al. (2016) Moving Beyond the Turing Test with the Allen AI Science Challenge, Communications of the ACM, doi:10.1145/3122814
11 https://www.nytimes.com/2019/05/22/technology/personaltech/ai-google-duplex.html
12 https://www.bloomberg.com/news/articles/2016-04-18/the-humans-hiding-behind-the-chatbots
13 https://twitter.com/gkoberger/status/704745266901966848?lang=de
14 Greving CE, Richter T (2019) Distributed Learning in the Classroom: Effects of Rereading Schedules Depend on Time of Test, Front Psychol, doi:10.3389/fpsyg.2018.02517
15 Smith MA et al. (2016) Does Providing Prompts During Retrieval Practice Improve Learning?, Applied Cognitive Psychology, 30(4):544–553
16 Hattie JAC, Donoghue GM (2016) Learning strategies: a synthesis and conceptual model, NPJ Sci Learn, 1:16013
17 https://www.weforum.org/agenda/2018/10/singapore-has-abolished-school-exam-rankings-here-s-why/
18 https://www.economist.com/asia/2018/08/30/it-has-the-worlds-best-schools-but-singapore-wants-better
19 Zhao Y (2012) Flunking innovation and creativity, Phi Delta Kappan, 94(1):56–61
20 Johansson S (2018) Do students' high scores on international assessments translate to low levels of creativity?, Phi Delta Kappan 99(7):57–61
21 https://reports.weforum.org/future-of-jobs-2018/shareable-infographics/?doing_wp_cron= 1565779648.2686231136322021484375
22 Holdgraf CR et al. (2016) Rapid tuning shifts in human auditory cortex enhance speech intelligibility., Nat Commun, 7:13654

23 Lake BM et al. (2015) Human-level concept learning through probabilistic program induction, Science, 350(6266):1332–1338

24 Caroline Korneli von Radio Fritz setzte dieses Wort Ende März 2019 in die Welt: https://twitter.com/FRITZde/status/1111510064257482752

25 Gervain J et al. (2012) Binding at birth: the newborn brain detects identity relations and sequential position in speech, J Cogn Neurosci, 24(3):564–74

26 Samuelson LK, McMurray B (2017) What does it take to learn a word?, Wiley Interdiscip Rev Cogn Sci, 8(1–2)

27 Merhav M et al. (2015) Not all declarative memories are created equal: Fast Mapping as a direct route to cortical declarative representations, Neuroimage, 117:80–92

28 Shtyrov Y et al. (2019) Explicitly Slow, Implicitly Fast, or the Other Way Around? Brain Mechanisms for Word Acquisition, Front Hum Neurosci, 13:116

29 Wojcik EH (2017) 2.5-year-olds' retention and generalization of novel words across short and long delays, Lang Learn Dev, 13(3):300–316

30 Holland AK et al. (2016) Get Your Facts Right: Preschoolers Systematically Extend Both Object Names and Category-Relevant Facts, Front Psychol, 7:1064

31 Kimppa L et al. (2016) Individual language experience modulates rapid formation of cortical memory circuits for novel words, Sci Rep, 6:30227

32 Gefunden auf: https://deecee.de/optische-illusionen/kippbilder/

33 Kizilirmak JM et al. (2019) Learning of novel semantic relationships via sudden comprehension is associated with a hippocampus-independent network, Conscious Cogn, 69:113–132

34 https://www.bbc.co.uk/news/health-17511011

35 Golomb BA et al. (2012) Association Between More Frequent Chocolate Consumption and Lower Body Mass Index, Arch Intern Med, 172(6):519–521

36 https://www.wsj.com/articles/SB10001424052702303404704577305611908900258

37 https://time.com/12933/what-you-think-you-know-about-the-web-is-wrong/#

38 Messerli FH (2012) Chocolate consumption, cognitive function, and Nobel laureates, N Engl J Med, 367(16):1562–4

39 Maurage P et al. (2013) Does chocolate consumption really boost Nobel Award chances? The peril of over-interpreting correlations in health studies, J Nutr, 143(6):931–933

40 https://www.google.org/flutrends/about/

41 Youyou W et al. (2015) Computer-based personality judgments are more accurate than those made by humans, Proc Natl Acad Sci U S A, 112(4):1036–1040

42 Wang Y, Kosinski M (2018) Deep neural networks are more accurate than humans at detecting sexual orientation from facial images, J Pers Soc Psychol, 114(2):246–257

43 Matz SC et al. (2019) Predicting individual-level income from Facebook profiles, PLoS One, 14(3):e0214369

44 https://www.tylervigen.com/spurious-correlations

45 https://www.cnbc.com/2018/05/21/2018s-fortune-500-companies-have-just-24-female-ceos.html

46 https://www.reuters.com/article/us-amazon-com-jobs-automation-insight/amazon-scraps-secret-ai-recruiting-tool-that-showed-bias-against-women-idUSKCN1MK08G

47 https://www.nzz.ch/wirtschaft/tesla-aktie-investoren-sauer-ueber-musks-aprilscherz-ld.1371191

48 Buchsbaum D et al. (2015) Inferring action structure and causal relationships in continuous sequences of human action, Cogn Psychol, 76:30–77

49 Gweon H, Schulz L (2011) 16-month-olds rationally infer causes of failed actions, Science, 332(6037):1524

50 Rakison DH, Krogh L (2012) Does causal action facilitate causal perception in infants younger than 6 months of age?, Dev Sci, 15(1):43–53

51 Meltzoff AN et al. (2012) Learning about causes from people: observational causal learning in 24-month-old infants, Dev Psychol, 48(5):1215–1228
52 Pulvermüller F (2018) The case of CAUSE: neurobiological mechanisms for grounding an abstract concept, Philos Trans R Soc Lond B Biol Sci, 373(1752)
53 https://www.telegraph.co.uk/news/uknews/9959026/Mothers-asked-nearly-300-questions-a-day-study-finds.html
54 Rizzolatti G, Sinigaglia C (2016) The mirror mechanism: a basic principle of brain function, Nat Rev Neurosci, 17(12):757–765
55 Nogueira Let al. (2011) (-)-Epicatechin enhances fatigue resistance and oxidative capacity in mouse muscle, J Physiol, 589(18):4615–4630
56 Sievers B et al. (2019) A multi-sensory code for emotional arousal, Proc Biol Sci, 286(1906):20190513
57 Bremner AJ et al. (2013) »Bouba« and »Kiki« in Namibia? A remote culture make similar shape-sound matches, but different shape-taste matches to Westerners, Cognition, 126(2):165–172
58 Tenenbaum JB et al. (2011) How to Grow a Mind: Statistics, Structure, and Abstraction, Science, 331(6022):1279–1285
59 Foster-Hanson E, Rhodes M (2019) Is the most representative skunk the average or the stinkiest? Developmental changes in representations of biological categories, Cogn Psychol, 110:1–15
60 Sommer T (2017) The Emergence of Knowledge and How it Supports the Memory for Novel Related Information, Cereb Cortex, 27(3):1906–1921
61 Gilboa A, Marlatte H (2017) Neurobiology of Schemas and Schema-Mediated Memory, Trends Cogn Sci, 21(8):618–631
62 Mutter SA, Asriel MW (2018) Gist and Generalization in Young and Older Adults' Causal Learning, J Gerontol B Psychol Sci Soc Sci, 73(4):594–602
63 Zhan Q et al. (2018) Fast Memory Integration Facilitated by Schema Consistency, Conference Paper: The 40th Annual Con-

ference of the Cognitive Science Society, doi: https://doi.org/10.1101/253393
64 Wang M & Xie L (2016) The influence of category representations on exemplar generation, The Quarterly Journal of Experimental Psychology, 69(9):1851–1860
65 Warneken F, Tomasello M (2006) Altruistic helping in human infants and young chimpanzees, Science, 311(5765):1301–1303
66 Nelson TO., Narens L (1980) Norms of 300 general-information questions: Accuracy of recall, latency of recall, and felling-of-knowing ratings, Journal of Verbal Learning and Verbal Behavior, 19:338–368
67 Tauber SK et al. (2013) General knowledge norms: updated and expanded from the Nelson and Narens (1980) norms, Behav Res Methods, 45(4):1115–1143
68 Erhan Genç et al. (2019) The Neural Architecture of General Knowledge, European Journal of Personality, 33(5):589–605
69 Fazio LK et al. (2015) Knowledge does not protect against illusory truth, J Exp Psychol Gen, 144(5):993–1002
70 Brashier NM et al. (2017) Competing cues: Older adults rely on knowledge in the face of fluency, Psychol Aging, 32(4):331–337

3 Lernst du noch oder verstehst du schon?

1 Kang SHK, Pashler H (2012) Learning Painting Styles: Spacing is Advantageous when it Promotes Discriminative Contrast, Appl. Cognit. Psychol., 26:97–103
2 Verkoeijen PP, Bouwmeester S (2014) Is spacing really the »friend of induction«?, Front Psychol, doi:10.3389/fpsyg.2014.00259
3 Sana F, et al. (2017) Study sequence matters for the inductive learning of cognitive concepts, Journal of Educational Psychology, 109(1):84–98
4 Zulkiply N et al. (2012) Spacing and induction: Application to

exemplars presented as auditory and visual text, Learning and Instruction, 22(3):215–221

5 Porter JM, Magill RA (2010) Systematically increasing contextual interference is beneficial for learning sport skills, J Sports Sci, 28(12): 1277–1285

6 Taylor K, Rohrer D (2010) The Effects of Interleaved Practice, Appl. Cognit. Psychol., 24:837–848

7 Zollo F et al. (2017) Debunking in a world of tribes, PLoS One, 12(7):e0181821

8 Vosoughi S et al. (2018) The spread of true and false news online, Science, 359(6380):1146–1151

9 Ebbinghaus H (1885) Über das Gedächtnis, Verlag von Duncker & Humblot

10 Cepeda NJ et al. (2008) Spacing effects in learning: a temporal ridgeline of optimal retention, Psychol Sci, 19(11):1095–1102

11 Kapler IV et al. (2015) Spacing in a simulated undergraduate classroom: Long-term benefits for factual and higher-level learning, Learning and Instruction, 36:38–45

12 Kang SHK (2016) Spaced Repetition Promotes Efficient and Effective Learning: Policy Implications for Instruction, Policy Insights from the Behavioral and Brain Sciences, 3(1):12–19

13 Birnbaum MS et al. (2013) Why interleaving enhances inductive learning: the roles of discrimination and retrieval, Mem Cognit, 41(3):392–402

14 Lee SW et al. (2015) Neural computations mediating one-shot learning in the human brain, PLoS Biol, 13(4):e1002137

15 Gick ML, Holyoak KJ (1980) Analogical problem solving, Cognitive Psychology, 12(3):306–355

16 Grant HM et al. (1999) Context-dependent memory for meaningful material: information for students, Applied Cognitive Psychology, 12(6):617–623

17 Radvansky GA et al. (2017) Walking through doorways causes forgetting: Further explorations., Q J Exp Psychol, 64(8):1632–1645

18 Pan W et al. (2013) Urban characteristics attributable to density-driven tie formation, Nat Commun, 4:1961
19 https://de.fifa.com/worldcup/matches/round=255955/match=300186474/statistics.html
20 Sidney PG et al. (2015) How do contrasting cases and self-explanation promote learning? Evidence from fraction division, Learning and Instruction, 40:29–38
21 Lombrozo T (2016) Explanatory preferences shape learning and inference, Trends in Cognitive Sciences, 20(10):748–759
22 https://spielverlagerung.de/2014/07/09/das-71/
23 https://www.edge.org/annual-question/what-is-your-favorite-deep-elegant-or-beautiful-explanation
24 https://www.pewforum.org/2019/02/06/the-evolution-of-pew-research-centers-survey-questions-about-the-origins-and-development-of-life-on-earth/
25 Pacer M, Lombrozo T (2016) Ockham's razor cuts to the root: Simplicity in causal explanation, J Exp Psychol Gen, 146(12):-1761–1780
26 Lombrozo T (2007) Simplicity and probability in causal explanation, Cogn Psychol, 55(3):232–257
27 http://transcripts.cnn.com/TRANSCRIPTS/0006/26/bn.01.html
28 Weisberg DS et al. (2015) Deconstructing the seductive allure of neuroscience explanations, Judgment and Decision Making, 10(5):429–441
29 Eriksson K (2012) The nonsense math effect, Judgment and Decision Making, 7(6):746–749
30 Kelemen D et al. (2013) Professional physical scientists display tenacious teleological tendencies: purpose-based reasoning as a cognitive default, J Exp Psychol Gen, 142(4):1074–1083
31 Mares M-L, Acosta EE (2008) Be Kind to Three-Legged Dogs: Children's Literal Interpretations of TV's Moral Lessons, Media Psychology, 11(3):377–399

32 Walker CM, Lombrozo T (2017) Explaining the moral of the story, Cognition, 167:266–281
33 Jacobson MJ et al. (2017) Designs for learning about climate change as a complex system, Learning and Instruction, 52:1–14
34 Kant I (1784) Beantwortung der Frage: Was ist Aufklärung?, Berlinische Monatsschrift 4: 481–494
35 Ich danke Endre Kajari, einem preisgekrönten Lehrer aus Niedersachsen, der mir diesen didaktischen Kniff verriet, mit dem er seine Schülerschaft neugierig auf die Fallgesetze macht.
36 Chi MTH et al. (1994) Eliciting self-explanations improves understanding, Cognitive Science, 18(3):439–477
37 Morrison JE, Meliza LL (1999) Foundations of the After Action Review Process, US Army Res. Inst. Behav. Soc. Sci., Spec. Rep. 42
38 Ich danke Hans-Dieter Hermann für diese Information.
39 Wade S, Kidd C (2019) The role of prior knowledge and curiosity in learning, Psychon Bull Rev, 26(4):1377–1387
40 Antony JW et al. (2017) Retrieval as a Fast Route to Memory Consolidation, Trends Cogn Sci, 21(8):573–576
41 Wiklund-Hörnqvist C et al. (2019) Neural activations associated with feedback and retrieval success, NPJ Sci Learn, doi:10.1038/s41539-017-0013-6
42 Und noch einen Dank an Hans-Dieter Hermann für seine Infos über die Nationalmannschaft.
43 Loibl K et al. (2017) Towards a theory of when and how problem solving followed by instruction supports learning, Educational Psychology Review, 29(4):693–715
44 Kapur M (2014) Productive failure in learning math, Cogn Sci, 38(5):1008–1022
45 Steenhof N et al. (2019) Productive failure as an instructional approach to promote future learning, Adv Health Sci Educ Theory Pract, doi:10.1007/s10459-019-09895-4
46 Muller DA et al. (2008) Saying the wrong thing: Improving

learning with multimedia by including misconceptions, Journal of Computer Assisted Learning, 24(2):144–155

47 Overoye AL, Storm BC (2015) Harnessing the power of uncertainty to enhance learning, Translational Issues in Psychological Science, 1(2):140–148

48 Kapur M (2013) Comparing Learning From Productive Failure and Vicarious Failure, Journal of the Learning Sciences, 23(4):651–677

49 Lai PK et al. (2017) Does sequence matter? Productive failure and designing online authentic learning for process engineering, British Journal of Educational Technology, 48(6):1217–1227

50 Chowrira SG et al. (2019) DIY productive failure: boosting performance in a large undergraduate biology course, NPJ Sci Learn, doi:10.1038/s41539-019-0040-6

51 Baldassari, MJ, Kelley M (2012) Make 'em laugh? The mnemonic effect of humor in a speech, Psi Chi Journal of Psychological Research, 17(1):2–9

52 Hans-Dieter Hermann erzählte mir diese Anekdote.

53 Metcalfe J (2017) Learning from Errors, Annual Review of Psychology, 68:465–489

54 Hew KF, Lo CK (2018) Flipped classroom improves student learning in health professions education: a meta-analysis, BMC Med Educ, 18(1):38

55 van Vliet EA et al. (2015) Flipped-Class Pedagogy Enhances Student Metacognition and Collaborative-Learning Strategies in Higher Education But Effect Does Not Persist, CBE Life Sci Educ, 14(3). pii: ar26

56 van Alten DCD et al. (2019) Effects of flipping the classroom on learning outcomes and satisfaction: A meta-analysis, Educational Research Review, doi:10.1016/j.edurev.2019.05.003

57 Styers ML et al. (2018) Active Learning in Flipped Life Science Courses Promotes Development of Critical Thinking Skills, CBE Life Sci Educ, 17(3):ar39

58 http://www.newschools.org/wp-content/uploads/2019/09/Gallup-Ed-Tech-Use-in-Schools-2.pdf

59 Carter SP et al. (2017) The impact of computer usage on academic performance: Evidence from a randomized trial at the United States Military Academy, Economics of Education Review, 56:118–132

60 Patterson RW et al. (2017) Computers and productivity: Evidence from laptop use in the college classroom, Economics of Education Review, 57:66–79

61 Mangen A et al. (2019) Comparing Comprehension of a Long Text Read in Print Book and on Kindle: Where in the Text and When in the Story?, Front Psychol, doi:10.3389/fpsyg.2019.00038

62 Freund L et al. (2016) The effects of textual environment on reading comprehension: Implications for searching as learning, Journal of Information Science, 42(1):79–93

63 Bano M et al. (2018) Mobile learning for science and mathematics school education: A systematic review of empirical evidence, Computers & Education, 121:30–58

64 Reber TP, Rothen N (2018) Educational App-Development needs to be informed by the Cognitive Neurosciences of Learning & Memory, npj Science of Learning, 3:22

65 https://www.gminsights.com/industry-analysis/elearning-market-size

66 Sung Y-T et al. (2016) The effects of integrating mobile devices with teaching and learning on students' learning performance: A meta-analysis and research synthesis, Computers & Education, 94:252–275

67 Hu X et al. (2019) Implementation of flipped classroom combined with problem-based learning: an approach to promote learning about hyperthyroidism in the endocrinology internship, BMC Med Educ, 19(1):290

68 https://www.insidehighered.com/digital-learning/article/2019/06/14/google-it-certificate-program-expands-more-community-colleges

69 https://www.businessinsider.in/tech-workers-in-silicon-valley-are-sending-their-kids-to-a-28000-a-year-private-school-that-shuns-technology/articleshow/62935547.cms

70 https://www.cnbc.com/2018/06/05/how-bill-gates-mark-cuban-and-others-limit-their-kids-tech-use.html

71 https://www.ilac.com/tech-free-schools-for-children-of-silicon-valley/

72 Kishida KT et al. (2012) Implicit signals in small group settings and their impact on the expression of cognitive capacity and associated brain responses, Philos Trans R Soc Lond B Biol Sci, 367(1589):704–716

73 Subhash S, Cudney EA (2018) Gamified learning in higher education: A systematic review of the literature, Computers in Human Behavior, 87:192–206

74 Gentry SV et al. (2019) Serious Gaming and Gamification Education in Health Professions: Systematic Review, J Med Internet Res, 21(3):e12994

75 Rondon S et al. (2013) Computer game-based and traditional learning method: a comparison regarding students' knowledge retention, BMC Med Educ, doi:10.1186/1472-6920-13-30

76 https://www.knowhow.de/fileadmin/knowhow/redaktion/pdf/award/2018/JB2018_AWARD_KH_Netto_2018.pdf

77 Ich danke Endre Kajari, Wiebke Endres und Dominic Spittmann, deren Ideen von moderner Wissensvermittlung sich in diesem Buch wiederfinden.

78 https://www.economist.com/leaders/2018/08/30/what-other-countries-can-learn-from-singapores-schools

79 Darling-Hammond L (2017) Teacher education around the world: What can we learn from international practice?, European Journal of Teacher Education, 40(3):291–309

80 Kornell N, Hausman H (2016) Do the Best Teachers Get the Best Ratings?, Front Psychol, doi:10.3389/fpsyg.2016.00570

81 Ein Zitat, das ursprünglich dem Autoren E. M. Kelly zugeschrieben wird.

82 Ich danke Khe Hy, der mich auf diese Studie aufmerksam gemacht hat. https://www.psychologytoday.com/us/blog/creativityrulz/200908/the-5-challenge

83 Saggar M et al. (2019) Creativity slumps and bumps: Examining the neurobehavioral basis of creativity development during middle childhood, NeuroImage, 196:94–101

84 Besançon M et al. (2015) Influence of school environment on adolescents' creative potential, motivation and well-being, Learning and Individual Differences, 43:178–184

85 Siemens Geschäftsbericht 2000, Seite 43, https://www.siemens.com/investor/pool/en/investor_relations/downloadcenter/gb2000_d_1365090.pdf

86 Siemens Geschäftsbericht 2005, Seite 97, https://www.marketscreener.com/SIEMENS-436605/pdf/37190/Siemens_Annual-Report.pdf

87 https://www.heise.de/newsticker/meldung/Siemens-verteilt-die-Mitarbeiter-der-Com-Sparte-155935.html

88 Ich danke Christoph Fuchs, der mich auf diese Geschichte stieß. Genauere Details in: Christoph Fuchs, Franziska J. Golenhofen, Mastering Disruption and Innovation in Product Management, Springer Nature, 2019, S. 12 ff.

89 Diese Anekdote wird von Joe Kaeser im *Handelsblatt* beschrieben. Nachzulesen auch unter: https://www.golem.de/news/startups-siemens-hat-in-80er-jahren-idee-fuer-voip-abgelehnt-1605-120754.html

90 https://www.wsj.com/articles/SB10001424052702304388004577531002591315494

91 Geschäftsbericht Siemens 2018, S. 66 https://www.siemens.com/investor/pool/de/investor_relations/Siemens_GB2018.pdf

92 Kaplan JT et al. (2016) Neural correlates of maintaining one's political beliefs in the face of counterevidence., Sci Rep, 6:39589

93 https://www.boersenblatt.net/2019-02-15-artikel-_e-books_im_hoehenflug_-kennzahlen_zum_buchmarkt_2018_.1599949.html

94 Millard-Ball A (2016) Pedestrians, Autonomous Vehicles, and Cities., Journal of Planning Education and Research, 38(1):6–12
95 https://www.businessinsider.de/fussgaenger-schikanieren-selbstfahrende-uber-autos-das-fuehrt-zu-gravierenden-problemen-2019-6
96 https://www.insider.com/instagrammer-arii-2-million-followers-cannot-sell-36-t-shirts-2019-5
97 Beckett S (1983) Worstward Ho
98 https://www.nytimes.com/2014/09/28/fashion/arianna-huffington-kobe-bryant-meditate.html
99 Statistische Erhebung der Gutachterkommissionen und Schlichtungsstellen für das Statistikjahr 2018, Bundesärztekammer, 2018, https://www.bundesaerztekammer.de/fileadmin/user_upload/downloads/pdf-Ordner/Behandlungsfehler/Behandlungsfehler-Statistik_2018.pdf
100 https://www.businessinsider.com/the-full-text-of-steve-jobs-stanford-commencement-speech-2011-10?IR=T
101 Belski I et al. (2016) Educating a Creative Engineer: Learning from Engineering Professionals, Procedia CIRP, 39:79–84